核电——未来中国清洁能源之脊梁

阮大伟　编著

中国原子能出版社

图书在版编目(CIP)数据

核电:未来中国清洁能源之脊梁 / 阮大伟编著.
—北京:中国原子能出版社,2013.6
ISBN 978-7-5022-5652-4

Ⅰ.①核… Ⅱ.①阮… Ⅲ.①核电工业—工业发展—中国 Ⅳ.①F426.23

中国版本图书馆 CIP 数据核字(2012)第 184411 号

内 容 简 介

本书通过对核电、水电、风电、太阳能等可再生能源优缺点的分析比较，阐述了核电在能源结构调整和确保我国能源安全等方面不可替代的重要作用;并在借鉴世界核电发展经验及归纳总结我国核电建设的基础上，重点分析核电技术自主化、铀资源保障、核电厂址选择、核电设备供应、核电人才培养、核电投资主体多元化、核电企业管理信息化等方面应对"安全高效发展核电"的促进作用及存在的问题，希望我国早日实现由"核电大国"到"核电强国"的转变，实现我国以清洁能源为主的理想。

核电——未来中国清洁能源之脊梁

出版发行 中国原子能出版社(北京市海淀区阜成路 43 号 100048)
责任编辑 王 丹
责任校对 冯莲凤
责任印制 潘玉玲
印　　刷 保定市中画美凯印刷有限公司
经　　销 全国新华书店
开　　本 850mm×1168mm 1/32
印　　张 9 **字 数** 240 千字
版　　次 2013 年 6 月第 1 版 2013 年 6 月第 1 次印刷
书　　号 ISBN 978-7-5022-5652-4 **定 价 36.00 元**

网址:http://www.aep.com.cn **E-mail:atomep123@126.com**
发行电话:010-68452845

序

自1954年6月世界第一座核电站——苏联奥布宁斯克5兆瓦核电站发电以来，经过半个多世纪的发展，核电已经成为世界能源结构的重要组成部分。虽然在核电发展历史上，先后发生过美国三哩岛、苏联切尔诺贝利和日本福岛三次较大的核事故，但是核电作为清洁、安全、高效和经济的大规模能源，作为能源结构的重要组成部分具有宽广的发展前景和不可替代性，随着科技进步和技术革新，将会在未来发挥越来越大的作用。

我国核电自秦山一期核电站起步，截至目前装机规模已经超过1 200万千瓦。运行的核电站总体安全，从未发生过国际核事件分级2级及以上的运行事件，运行水平均处于国际中上水平。在建核电站进展良好、质量受控，通过经验反馈、科技更新和设计改进，提高了安全水平，设备国产化率逐步提高。未来，我国将坚持"安全高效发展核电"的产业政策，继续推进三代核电机组的建设，持续提高核电在电力装机容量中的比例。

《核电——未来中国清洁能源之脊梁》一书介绍了核电的优势及特点，分析了我国核电发展的形势、国产化方式、铀资源保障；作者结合实际工作经验，论述了核电厂厂址选择、核电厂设备供应、核电管理信息化和核电专业人才培养等方面的内容，提出了核电投资主体多元化的建议，具有很大的参考价值。

我衷心祝贺《核电——未来中国清洁能源之脊梁》的出版发行，并向广大读者推荐本书。

中国工程院院士 叶奇蓁

2013年6月

前　言

为应对全球气候变化，我国政府已向全世界庄严承诺：争取到2020年非化石能源占一次性能源消费比重达到15%左右。单位GDP二氧化碳排放比2005年下降40%～45%。我国要实现2020年预定的清洁能源比重目标和减排目标，核电和可再生能源无疑将“挑大梁”。

自2007年《核电中长期发展规划(2005—2020年)》正式颁布以来，我国核电进入了快速发展阶段。截至2013年6月，我国大陆现役的核电机组有17个，装机容量超过1 400万kW，已开工在建机组接近30台、装机容量超过3 000万kW，占世界在建核电机组的40%，在建核电机组规模位居世界第一，我国已是全球核电在建规模最大的国家。即便如此，核电在我国能源消费结构中所占的比例仍然较低，与世界水平仍然存在着较大的差距。全球核电占电能的比重平均为17%，已有17个国家的核电在本国发电量中的比重超过25%。我国核电发电量占全国发电总量不足2%，远低于法国的85%、美国的30%，在多核电国家中的排名倒数第一。

未来二三十年，我国社会经济发展对能源，特别是电力能源的需求将保持十分旺盛的势头，减排二氧化碳的压力迫使我国需要尽快改变过分依赖煤炭、石油等化石燃料的局面。因此，核电必将成为优化我国能源结构和确保我国能源安全的“主力军”。到2020年，中国的核电运行装机容量将达到8 000万kW左右，占电力总装机容量的5%以上。据估计，2030年我国核电比例将达到约10%，2050年将可能超过40 000万kW，比目前全世界核电装机容量的总和还要多，核电必将与火电、水电成为我国电力的三大支柱。简而言之，加快推进核电建设是我国今后能源发展战略的重点。我国核电面临着大好的发展机遇，国家各有关部门和单位正在按规划要求，充分利用我国已积累的核电技术和经验，并充分吸取国际先进技术和经验，既自主设计和建造一定数量的第二代改进型核电机组，再进入第三代先进核电技术发展阶段，并自主创新地创建具有自主知识产权的大型先进压水堆核电机组和高温气冷堆核电机组，更安全、更经济地优质高效发展核电。预计到2020年，我国在核电发展方面的成就将使我国成为自主创新型国家的标志之一，我国核能利用的发展前景将越来越广阔。

作　者

2013年6月

目　录

第一章

核电将成为未来中国清洁能源之脊梁

1.1 发展核电的优势

1.1.1 什么是核电

世界上一切物质都是由原子构成的，原子又是由原子核和它周围的电子构成的。轻原子核的融合和重原子核的分裂都能释放出能量，分别称为核聚变能和核裂变能，简称核能，现在通常说的核能是指核裂变能。

1939 年，德国科学家奥托·哈恩发现铀-235 的原子核在中子的撞击下可以分裂成若干原子量较低的原子核，同时释放出2～3个中子和大量的能量，释放出的能量比化学反应中释放出的能量大得多，这种反应就是原子核的“裂变反应”。释放出的能量就是核裂变能，也就是人们所说的核能。目前大多数核电厂的主要燃料是铀-235，铀是一种重金属元素，一个铀-235 原子有 92 个电子，其原子核由 92 个质子和 143 个中子组成。50 万个原子排列起来相当于一根头发的直径，如果把原子比作一个巨大的宫殿，其原子核的大小只是一颗黄豆，而电子相当于一根大头针的针尖。天然铀由 3 种同位素组成：铀-235 在天然铀中含量占 0.71%，铀-238 含量占 99.28%，铀-234 含量占 0.005 8%。铀-235 是自然界存在的易于发生裂变的唯一核素，它有一个特性，即当一个中子轰击它的原子核时，它能分裂成两个质量较小的原子核(这些裂变碎片一般具有放射性，这就是核电厂辐射的主要来源)，同时产生2～3个中子和β、γ等射线，并释放出约200 MeV的能量(相当于3.2×10^{-11} J)。也就是1 kg铀-235全部裂变大约释放出相当于2 700 t标准煤燃烧放出的能量(一个30万kW电功率的核电厂，每天仅消耗约1.1 kg铀-235)。我们能够利用核能，是因为铀-235原子核在发生裂变时还同时放出2～3个中子(平均2.43个)，如果由一个新产生的中子，再去轰击另一个铀-235原子核，便引起新的裂变，以此类推，这样就使裂变反应不断地持续下去，这就是裂变链式反应，以用一种“自持式链式反应”来维持连续的裂变反应，核能就连续不断地释放出来。核电厂就是利用可控的“链式反应”获得能量用来发电的。

核电厂就是实现核裂变能转变为电能的装置，它与火电厂最大的不同是蒸汽供应系统。核电厂利用核能产生蒸汽推动汽轮发电机组工作，经过核能—热能—电能的能量转换来发电。核电厂的反应堆和蒸汽发生器起到了相当于火电厂的化石燃料和锅炉的作用，即核电厂与火电厂的主要区别是核电厂用反应堆替代了火电厂的锅炉。

反应堆是核电厂的心脏，它是使原子核裂变的链式反应能够有控制地持续进行的装置，从而实现核能转换成热能的装置。1942年，美国芝加哥大学建成了世界上第一座自持的链式反应装置，从此开辟了核能利用的新纪元。反应堆中有控制棒，是保证反应堆安全的重要部件，它是由能强烈吸收中子的材料制成的，主要材料有硼和锆。

核电厂的类型包括了压水堆、沸水堆、重水堆(如加拿大的CANDU堆)、气冷堆(如英国的GCR和一些国家目前正在开发的高温气冷堆)、钠冷快中子增殖堆等多种堆型，但应用最广泛的是压水反应堆。压水堆是以普通水作冷却剂和慢化剂，它是从军用堆基础上发展起来的最成熟、最成功的动力堆堆型。压水堆核电厂目前占据世界核电领域的主要部分，我国已明确以压水堆为主的核电发展技术路线。压水堆的名称来源于冷却堆芯的轻水是采用高压过冷的方式，轻水既是冷却剂又是慢化剂。最初发展压水堆型是为了服务于船舶核动力，由于其技术成熟很快转移到民用领域。国际上技术最为成熟的核岛设计多采用压水式反应堆，我国也不例外。图1.1、图1.2是压水堆、沸水堆两种反应堆的核电厂结构图。

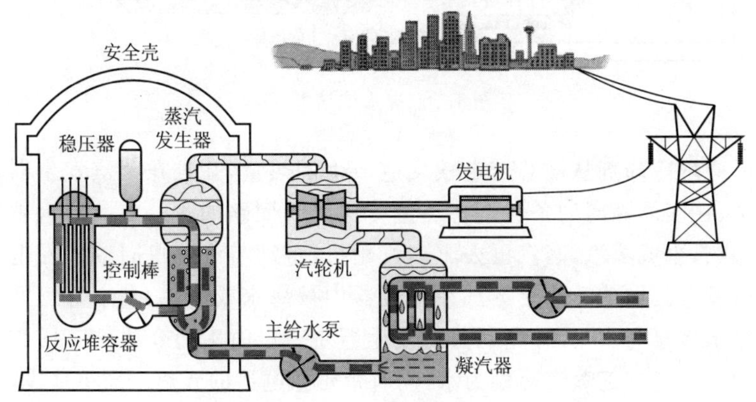

图1.1 压水堆核电厂

目前大多数压水堆核电厂用的燃料是铀-235，一般将其制成金属氧化物等形式，把小指头大的烧结二氧化铀芯块装到锆合金管中，将300多根装有芯块的锆合金管组装在一起，成为燃料组件。大多数组件中都有一束控制棒，控制着链式反应的强度和反应的开始与终止。核电厂中的能量转换一般借助于三个循环来实现。反应堆冷却剂在主泵的驱动下进入反应堆，流经堆芯后从反应堆容器的出口管流出，进入蒸汽发生器，然后回到主泵，这就是反应堆冷却剂的循环流程，也称一回路循环。在循环流动过程中，

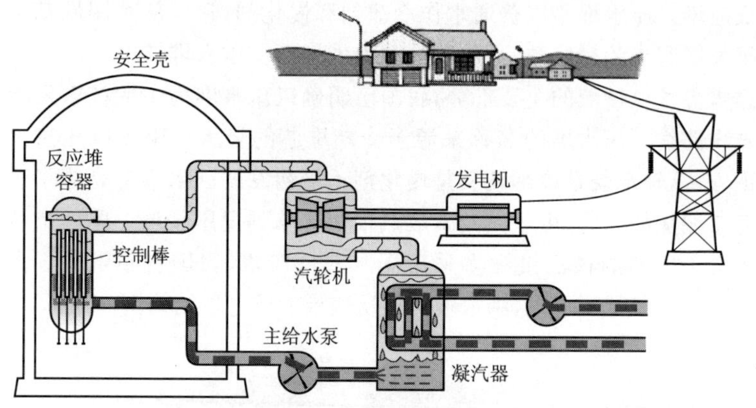

图 1.2 沸水堆核电厂

反应堆冷却剂从堆芯带走核反应产生的热量，并且在蒸汽发生器中、在实体隔离的条件下将热量传递给二回路的水。二回路水被加热，生成蒸汽，蒸汽再去驱动汽轮机，带动与汽轮机同轴的发电机发电。做功后的乏蒸汽在冷凝器中被海水或河水、湖水等三回路水冷凝为水，再补充到蒸汽发生器中。以海水为介质的三回路的作用是把乏蒸汽冷凝为水，同时带走核电厂的弃热。简单地说，新型核电厂大体分为两部分：一部分是利用核能生产蒸汽的“核岛”，包括反应堆装置和一回路系统；另一部分是利用蒸汽发电的“常规岛”，包括汽轮发电机系统。核燃料在“反应堆”内发生裂变而产生大量热能，再用处于高压力下的水把热能带出，在蒸汽发生器内产生蒸汽，蒸汽推动汽轮机带着发电机一起旋转，电就源源不断地产生出来，并通过电网输送到四面八方。一座百万千瓦级的核电厂每年只需要补充 30 t 左右的核燃料，而同样规模的烧煤电厂每年要烧 300 万 t 煤。同时由于核电厂和燃煤火电厂燃料的不同，导致了核电厂存在一种火电厂没有的潜在危害——核辐射。这也是为什么核电厂需要辐射防护和应急管理的原因。由于核电

厂的核裂变反应主要集中在堆芯所在的一回路,故这种潜在危害主要集中在一回路及相关的系统和厂房(核岛),而核电厂二回路及相关的系统和厂房(常规岛)与火电厂大同小异,故一般在常规岛部分没有这种潜在危害。

另外,谈到核事故,有人总会与原子弹爆炸相联系,但两者有很大的区别。铀-235 是核燃料中的有效成分,也是原子弹的主要成分,但核燃料中的铀-235 含量约为 3%,而原子弹中铀-235 的含量却高达 90%以上,就像啤酒和白酒都含有酒精,白酒因酒精含量高可以点燃,而啤酒则因酒精含量低却不能点燃一样,核电厂也不会像原子弹那样发生核爆炸。另外,核电厂里是不可能有形成原子弹核爆炸所要求的非常苛刻的条件的。核电厂对事故的防范是极其严密的,无论从设计还是运营都是以安全为第一要素。核电厂因设备故障或人为差错等导致事故的可能性已经非常低,但依然设计核事故应急响应作为核安全"纵深防御"的最后一道屏障,可在万一发生核事故时减轻事故的后果(主要指放射性对工作人员、公众和环境造成的危害)。许多国家已经以立法或颁布条例的形式明确了核事故应急准备的要求。

1.1.2 世界核电发展回顾

1942 年,美国建成了世界上第一座人工核反应堆,开创了核能利用的新纪元。到了 20 世纪 50～60 年代,美国、苏联等工业发达国家在进行军备竞赛的同时也竞相发展核电。1954 年,苏联建成一座电功率为 5 000 kW 的实验性核电厂,反应堆采用的是石墨压水堆。1957 年,美国建成一座电功率为 9 万 kW 的压水堆原型核电厂,它是在核潜艇所用压水堆的技术基础上开发出来的。英国也在 1956 年利用其石墨气冷堆(即生产军用钚)发电,建成两座军民两用堆核电机组,单机电功率为 4.6 万 kW。随后,苏联、美国、法国、比利时、德国、英国、日本、加拿大等发达国家相继建造了大量核电厂。日本是仅次于美国、法国的世界第三核电大国。2010 年,日本核电发电量约占全国总发电量的三分之一。截至 2011 年 3 月 10 日,日本核电反应堆情况:18 座核电厂 55 台核电机组运行,总装机容量 4 734.8 万 kW,其中沸水堆 30 台,压水堆 24 台,快堆 1 台(文殊核电厂,于 2010 年 5 月重新启动,现又停堆检修);2 台反应堆(沸水堆)在建,总装机容量 275.6 万 kW。目前,日本受 9.0 级大地震和海啸影响发生核泄漏的为福岛第一核电厂。

20 世纪 70 年代,工业发达国家受到两次石油危机的冲击,以核代油的选择使核电进入发展高潮,此时的核电发展速度要大于火电和水电发展速度,但是由于 80 年代以后受经济发展趋缓的影响,电力需求增速随之放缓,再加上 1979 年和 1986 年的美国三哩岛核事故和苏联切尔诺贝利核事故,核电发展陷入了长达 20 多年的低谷期。此后,人们对核电的安全性提出了新的要求,不断增加新的规则和技术标准。同时也相应地增加了建设与维护投资,使核电厂的建设与运营成本增加。虽然,人们对核电利用的安全性仍存在一定的疑虑,且核电厂的建设成本不断提高,但各国出于能源安全的种种考虑,仍然把核电放在重要的能源发展位置,并使其在本国能源结构中占有重要位置。

进入 21 世纪,随着对能源需求的增加、环境保护的压力、科学技术的不断进步,以及核电技术的发展和对核电产业的充分认识,核电越来越受到希望增加能源供应多样性、保障能源安全的国家的青睐,世界上最大的 3 个煤炭消费大国中国、美国和印度都推出了积极的核电发展计划(见图 1.3)。截止到 2011 年 3 月,世界上共有 443 台核电机组在运行,63 台核电机组正在建设中,核电的发电量将达 6 545.4 万 kW。其中,美国有 103 个核电机组,占其总发电量的 19%;法国 59 台机组,占 80%;日本核电发电量占总电量的 33.3%;韩国占 28%。核电使用广泛,大型化、标准化和系列化趋势明显。目前,在全球的发电量中,热电(煤炭、天然气和石

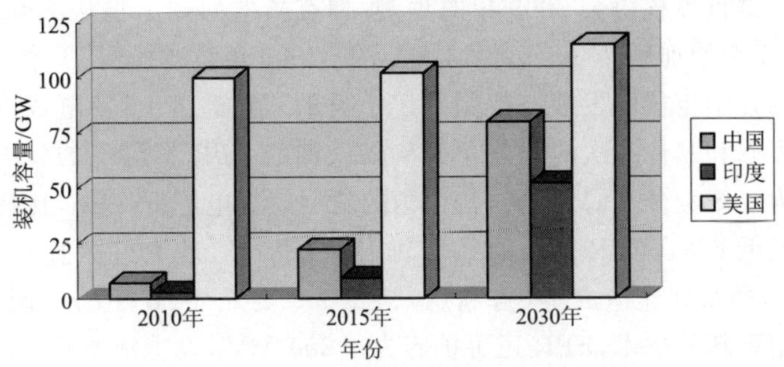

图 1.3　中国、印度和美国在 2005 年、2015 年和 2030 年的核电装机容量

油发电)占 65%,水电占 19%,而 31 个国家的 443 座反应堆生产的核电占全球发电量的 17%。现有核电的单机容量为 1 000 MW 以上的超过 60%,尤其以 1 200 MW 机组为多。法国 AREVA 公司目前已投产的单机最大容量为 1 450 MW 机组,由 1 个压力容器、4 个蒸汽发生器等组成,蒸汽发生器的出力达 380 MW,重 445 t,该公司已经开始规划设计 1 800 MW 机组。核电产业已成为许多国家重点扶持和发展的支柱产业。核电虽然提供了全球发电总量的 17%,但 83%的核发电量都集中在工业化国家。16 个国家的核发电量占国内总发电量的 25%以上,其中法国、立陶宛、比利时和斯洛伐克 4 国的核电超过 50%。现在,西欧和北美国家核电发展停滞衰退,而亚洲和东欧的一些国家核电正快速发展。发达的工业国家核电发展停滞,有生产力过剩和经济衰退的原因,有核废料处理的难题,也有受核电厂事故造成核泄漏,引发民众不满的因素。在世界更加重视环境保护,减少温室气体排放的今天,核能作为一种清洁安全并且有充分资源保证的能源,在今后世界能源结构中将占据更重要的地位和获得更快的发展是毋庸置疑的。

据世界核协会2009年的预测，拥有核电的国家将从2008年的31个增加到2020年的43个，而到2030年将增加到54个。未来的几十年核电发展态势是趋于上升的。在经济上，发电成本早已可以和其他一次能源竞争。例如欧洲的EPR核电厂的发电成本为3.8美分/(kW·h)，比德国的新型燃气电厂低22%，比燃煤电厂低6%。EPR运行的平均利用率为87%，理论目标值92%。10台的系列建造成本（含利息）为1 500美元/(kW·h)。同时，利用更新的技术，EPR还可扩容为1 800 MW，发电成本降为3.4美分/(kW·h)。目前，EPR最优化的目标是将发电成本降为2.9美分/(kW·h)，折合同期人民币为0.22元/(kW·h)，已经达到燃气发电成本曲线的最低点，使之更具竞争力。国际能源机构预测，2030年世界对电力的需求将在现有基础上翻一番，全世界用于新建核电厂的总投资将超过2 000亿美元，其中设备投资约1 000亿美元。欧洲许多国家对发展核电都表现出了更为积极的态度。2003年以来，全球石油需求增长加快，化石能源价格飞涨，世界各国对能源安全无不忧心忡忡。在能源供给日趋紧张的形势下，许多国家都认为核能将是今后解决能源危机的重要途径，不约而同开始重视核能的开发利用。2001年，美国新的能源政策把扩大核能作为国家能源政策的主要组成部分，俄罗斯总统普京在世界新千年峰会上发出推动世界核电发展的倡议。之后的几年，不少国家都开始陆续加快核电建设，可以预见的是今后几十年全球将形成核电厂建设热潮。自20世纪我国开始建造核电厂以来，核电经济性越来越受到关注。核电经济性可从宏观和微观两个层面来观察，宏观上讲，核电经济性首先表现在核电对社会经济发展的影响，即核电在促进国家能源结构优化调整、保障能源安全，推动相关产业优化升级、促进国民经济发展方面发挥的作用。

日本福岛核事故使世界上已经有核电站的国家和正在计划发展核电的国家都开始重新审视核电继续发展的问题，在“首尔第二届核安全峰会”上，各个国家在这个问题上形成不同的态度。一种态度是弃核；另一种态度是继续发展核电。真正表示弃核的有3个国家：德国、意大利、瑞士。选择弃核的国家需要选择合适的替代能源，其安全性和经济性可以和核电媲美，同时国内的资源能对替代能源有足够的支持。目前看来，这些弃核的国家并不是立刻放弃核电，核电站仍将在这些国家发挥作用，同时为今后核电的发展留下了余地。德国只是停止了最早的8台机组，其余核电厂还在继续运行，而这段时间还要积累资金，为今后它们的退役和新能源的替代准备足够的资金支持。瑞士的5台机组将在2034年到寿期后不再运行，而这段时间核电技术的发展、核电安全性的提高可以给这些国家提供进一步选择和考虑，为核电提供新的机会。

面对巨大的节能减排压力与刚性能源需求，许多国家对核电建设及核能开发热情不减，在注重安全的同时，积极从国内或者海外推进核能开发步伐。英国在最新的能源规划中全力支持发展核电，提出了雄心勃勃的核电建设计划，准备新建总装机达1 600万kW的核电站。2012年年初，美国国家核安全委员会批准南方电力公司建造AP1000核电站的申请，成为福岛核事故后世界首个获批的核电工程。俄罗斯核电企业也积极在土耳其、尼日利亚、哈萨克斯坦、匈牙利等国抢占市场。

亚洲部分国家对民用核能开发充分重视。印度核电公司日前与美国西屋电气公司签署谅解备忘录，印度计划到2030年时将核电占总电量比例提高到13%，到2050年时核电能力超越中美两国成为世界第一。此外，韩国、孟加拉国、印度尼西亚、泰国、越南、菲律宾、阿联酋、马来西亚和缅甸等国也纷纷规划自己的核电项目。

一些国家对核能开发的姿态反复。以日本为例，日本泊核电站3号机组于2012年5月初停止运行，这标志着日本54个商用核反应堆全部停运，42年来首次进入“零核电”时期。然而2012

年7月1日，面对巨大的夏季电力缺口，日本内阁又决定重启大阪核电站3号机组。

另外有一个核电技术划代的问题，其实是核电界为表达一个堆型大致的技术定位，为了讨论某些问题提供方便，提出了“第一代”、“第二代”和“第三代”核电厂的概念来划分核电发展的几个阶段。来源于2000年1月由美国发起，英国、法国、加拿大、日本、韩国、南非、巴西、阿根廷等国政府代表参加的第四代核电技术论坛，自此，核电的划代概念被国际核电界所广泛使用。但仔细地考察核电厂设计方案的变化时可以发现，其实大多数核电厂的设计都是一种持续改进的结果，都是在经验反馈和技术进步的基础上“小步慢跑”出来的，通常在其中很难找到一个明确的界限。

1.1.3 核电是清洁能源

(1) 核电的放射性

核电厂使用特殊的核燃料，也就必然存在一种火电厂少有的潜在危害——电离辐射。这也是为什么核电厂需要辐射防护和应急的原因。早在100多年以前，法国物理学家贝克勒尔发现铀化学物质能使放在附近的照相底片感光。后来认识到这个现象是由于铀发射出某种肉眼看不见的、穿透力相当强的射线造成的。随后的10多年里，多位科学家通过实验证实了某些天然核素的原子是不稳定的，它们能自发地转变成另一种核素的原子，并发射出某些射线或粒子。人们把不稳定核素放出射线的这种特性叫做放射性。原子序数从84起向上的所有元素都是不稳定的，具有天然放射性。而原子序数小于84的元素主要以稳定的同位素存在，只有少量的某些同位素是不稳定的。人们把不稳定核素自发地转变成为另一种核素的转变过程称为放射性衰变或蜕变。凡具有放射性的核素，称为放射性核素。这些核素的放射性衰变(或蜕变)过程，又称为核衰变。放射性核素衰变时都会因核结构的变化而发射出

某些射线或粒子，这就是所谓的核辐射（严格地说为电离辐射，以区别非电离辐射，如微波、紫外线、红外线等），辐射除来源于不稳定核素外，还有其他来源，如X射线机（在医院的胸透、拍片中都会用到）、宇宙射线等。核衰变主要发射出3种类型的核辐射，即α粒子、β粒子和γ射线，因此，核衰变也分为α衰变、β衰变和γ衰变。核衰变是放射性核素所具有的特征。衰变的速度（衰变率）由它本身的核特性决定，不受外界因素（如温度、压力、电磁场等）的影响，也不随核素的物理、化学状态的变化而改变。核电厂常见的辐射类型除包括α、β和γ 3种核辐射外，在核电厂还有另一种重要的辐射（中子辐射）。α、β和γ 3种核辐射主要来源于堆芯燃料核裂变反应的裂变产物以及由其产生的活化产物。中子不是由衰变产生的，而主要是由核反应产生的。核电厂中子辐射的产生机制为：1）反应堆运行时，来自反应堆堆芯的中子，这些中子是由堆芯核燃料重同位素的裂变核反应产生的；2）来自从反应堆卸出的用过核燃料（乏燃料）的中子，这些中子中的一部分是由乏燃料所含钚（Pu）、镅（Am）、锔（Cm）等重同位素的自发裂变产生的，另一部分是由Pu、Am、Cm等重同位素发射的粒子射在乏燃料所含氧元素核上发生（α，n）核反应产生的。虽然核电厂存在辐射风险，但其正常运行期间的辐射危害是可以忽略不计的。

（2）核电是清洁能源

火力发电厂在燃烧燃料时产生大量的灰尘和有毒有害物质，是引发酸雨和温室效应的主要原因。百万千瓦级的燃煤电厂每年要排放出近万吨的SO_2和氮氧化物等有害气体及致癌物质，而且烟尘中还含有少量钍、镭等放射性物质。核电厂使用核燃料不排放这些有害物质，核电厂对环境的污染要比燃煤电厂小得多，而核电厂周围居民每年所受剂量大约只有天然本底的1%，只相当于一次X光照射体检所接受的剂量，是毫无危险的。当然放射性废物的“后处理”是一个大难题，各国都非常重视，以确保妥善处理。

核能发电过程中不释放常规化石能源发电产生的 CO_2、SO_2 和 CO 等破坏环境的气体，尽管核电在发电过程中产生的废弃物及有害的辐射，但国际上一致认为，目前的技术处理手段可以使得在可以预见的时期内不会危害环境，使得核电与煤电等其他发电方式相比具有清洁无污染的特点（见表 1.1），具有很好的环境效益。从微观上看，核电经济性表现在发电成本和上网电价上，核电的电价已经具备与火电竞争的优势，远远胜于其他发电形式。

表 1.1　不同发电类型电厂对环境的影响指标

电厂类型	周围居民受到辐射剂量/(mSv·/a)	需要燃料/(t/a)	采矿面积/(m^2·a)	SO_2 排放量/(万 t/a)	氮氧化物排放量/(万 t/a)	烟尘/(t/a)	CO_2 排放量/(万 t/a)
100 万 kW 级燃煤电厂	0.048	300 万吨煤	806 707	2.6	1.4	3 500	600
100 万 kW 级核电厂	0.018	30 t 核燃料	20 001	0	0	0	0

燃煤电厂日益增长的二氧化碳排放量，也使发展核电等绿色新能源成为我国必然选择。一个 100 万 kW 级的核电厂，与同等规模的火电厂相比，每年可减排二氧化碳 600 万 t。发展核电不仅能解决电力供求问题，而且能调整能源结构，减少碳排放，是我国应对气候变化的重要选择之一。按照 2009 年发电量计算，核电相当于可以节省标煤 2 300 万 t，减排二氧化碳 6 400 万 t。

与人类接触到的天然放射性相比，人类生活在天然放射性环境中，直接面对 3 个方面的放射性：宇宙射线、地面和建筑物中的放射性及人体内部的放射性。空气、食物、水中的辐射照射剂量约为 0.25 mSv/a；甚至戴夜光表每年有 0.02 mSv 的辐照；乘飞机旅行 2 000 km 约 0.01 mSv；每天抽 20 支烟，一年有 0.5～

1 mSv;一次 X 光检查有 0.1 mSv 等。核电给人们带来的放射性呢?秦山地区居民的天然放射性本底是 0.24 mSv/a。而一座百万级核电厂周围的居民最多接受的放射性为 0.048 mSv/a。与每天抽一支香烟的剂量相当。核电厂有放射性物质排放,但火电厂排放的放射性物质一点也不比核电厂少。有的还大大高于一般的核电厂。秦山和大亚湾的核电厂运行十多年来,没有对周边环境造成任何放射性影响。

核电在世界上发展已有 52 年的历史,积累了 10 000 多堆·年的运行经验,核电发展的历史证明,核电是清洁、安全的能源。

1.1.4 核电技术是成熟的

自从人类发现铀裂变可释放出巨大能量以来,经过半个多世纪工程技术实践的充分检验,人们已经深刻认识到核电是一种安全、清洁、经济、高效的能源。积极发展核电是实现能源及电力可持续发展的必然选择。核能发电分为两种,一种是通过一些重原子核裂变释放出的能量,即核裂变能发电,现已达到工业应用的规模;另一种是核聚变能,是由两个轻原子核结合在一起释放出的能量,目前只实现了军用,即制造氢弹。通过有控制地缓慢释放核聚变能达到大规模和平利用的受控热核反应迄今尚未实现工业化应用。核能反应堆按照中子能谱可分为热中子堆和快中子堆。也可以根据冷却剂的不同(水冷、气冷或液态金属冷却)和慢化剂类型不同(轻水、重水或石墨)来划分。

从苏联建成第一座核电厂至今,世界核电得到了迅速发展。特别是 20 世纪 70 年代后,核电技术的成熟和中东战争引发的石油危机,更促成了核电发展的高潮。根据国际原子能机构(IAEA)统计,截至 2011 年,全世界共有 443 台核电机组正在运行,另有 63 座反应堆在建。核电总装机容量达到近 378 GW,满足了世界约 17%和经合组织(OECD)国家 25%的电力需求。经过多年的发展，西方国家的核电发展总体平缓，近期和远期核电的发展将主要集中在亚洲。在建的反应堆中，17 座在亚洲。在 2008 年前后并入电网的 35 座反应堆中，有 24 座在亚洲。但这并不是说西方国家在核能利用上已停步不前。事实上他们在大力发展核电新技术、积极开发新一代核电厂方面是非常活跃的，其中尤以美国为代表，不仅开发了第三代核电技术，而且还领导了第四代核电技术的研发。世界核电已经走过了早期原型反应堆、标准型商用核电厂反应堆、先进轻水堆等三代技术道路。第二代核能系统是指先进沸水堆、欧洲压水堆（EPR）和美国的先进压水堆（AP100）都属于这一代。尤其从 20 世纪 90 年代开始，ABWR、EPR、AP600、AP1000 等三代核电技术相继问世。累计超过 13 000 多个堆・年的运行实践证明，核电技术已经成熟，安全性能良好，经济上有较好的竞争力。

目前，全世界正式拥有核电厂的国家和地区只有 30 个，而美国、法国和日本三国的核电厂数量就接近全世界核电厂总数的 57%。一方面是由于核电厂建设需要巨额的资金投入；另一方面也说明核电技术是掌握在少数国家手里的高新技术。从一个侧面说明了西方发达国家的经济和技术能力。经过多年的发展与竞争，较成熟的核电技术大体已定型。在役运行的核电厂中有 90% 是水冷却型，其中压水堆约为 60%，沸水堆约为 21%，重水堆为 9%，剩下 10%为气体冷却反应堆、石墨慢化型水冷反应堆或是快中子增殖反应堆。商业应用最为广泛的主要有压水堆、沸水堆和重水堆 3 种堆型。压水堆以高压轻水作为慢化剂和冷却剂，将核裂变产生的热量导出，通过蒸汽发生器将热量传给二回路并产生蒸汽推动汽轮机发电，是现有核电厂采用最多的一种堆型。沸水堆也是用轻水做慢化剂和载热剂，但它不设置蒸汽发生器，一回路冷却剂直接在反应堆中将裂变产生的热量导出并转换为蒸汽送至汽轮机发电，因蒸汽直接从堆中产生，因此有一定放射性，对汽轮

机设计、运行、维修有较高要求。重水堆利用重水做慢化剂和载热剂，同样在蒸汽发生器中产生蒸汽推动汽轮机发电。由于重水本身成本较高，使重水堆的推广应用受到一定限制。

自从 20 世纪 50 年代核电厂诞生以来，世界核电建设经历了 3 个阶段：实验示范阶段（1965 年以前）、高速推广阶段（1966—1980 年）和滞缓发展阶段（1981 -2005 年）。开发了三代核反应堆，第一代反应堆以原型堆的形式在 20 世纪五六十年代投入应用；第二代反应堆以大型商业化核电厂的形式在 70 年代出现并运行至今，包括美国、欧洲和日本的压水堆（PWR）与沸水堆（BWR）以及俄罗斯的轻水堆（VVER）和加拿大开发的坎杜重水堆（CANDU），第二代反应堆已经在经济和环境等方面验证了核电的安全性能和竞争力；第三代反应堆发展于 90 年代，包括有美国研发的先进沸水堆（ABWR）、改进式先进压水堆（System 80＋）和非能动先进压水堆（AP1000），以及法国推出的欧洲先进压水堆（EPR）。第三代反应堆将安全作为首要参考因素，主要目标是进一步提高第二代反应堆的安全性和经济性，对这些机组的改进主要是从提高安全性，改善经济性、发挥机组设计裕量，提高额定功率、延长机组寿期三方面着手进行。通过这些改进，核电机组的可利用率从 70 年代初的 60%左右提高到了约 90%，寿命由 40 年延长到了 60 年，延寿后的发电成本降低至 1 188 美分/(kW·h)。此外，第四代反应堆的研究工作也已经逐步展开，这一代反应堆是未来的革命性反应堆系统，反应堆和燃料循环都将有重大革新和发展。世界上主要的核能比较发达国家早已开始第四代核电技术的研究和实验，这些技术主要包括 3 种快中子堆和 3 种热中子堆。3 种快中子堆是：带有先进燃料循环的钠冷快堆（SFR，Sodium-cooled Fast Reactor）、铅冷快堆（LFR，Lead-cooled Fast Reactor）和气冷快堆（GFR，Gas-cooled Fast Reactor），3 种热中子堆：超临界水冷堆（SCWR，Supercritical Water-cooled Reactor）、超高温气冷堆

(VHTR, Very-high-temperature Gas-cooled Reactor)和熔盐堆(MSR,Molten Salt Reactor)。这些设计特点都改进了经济性,增强了安全性,使废物量最小化和防止核扩散燃料循环。与此同时也积极开展可控核聚变利用研究,核聚变是几乎无穷无尽、安全和无放射性的能源。全世界大体上以 3 种技术路线探索了受控核聚变的应用,即以托卡马克为代表的磁约束核聚变,以激光聚变为代表的惯性约束核聚变和以负 μ 介子连续催化聚变为代表的冷聚变。迄今磁约束核聚变研究最多,大大领先其他途径。一系列实验设备的研发使得这项技术取得了相当可观的进步。美国、日本、欧盟的大型托卡马克在短脉冲(数秒)运行条件下,取得了许多重要成果:等离子体温度达 414 亿℃,脉冲聚变输出功率超过 16 MW,能量增益因子 Q(输出功率与输入功率之比)超过 1.25,表征聚变反应率最重要参数(聚变三乘积)已达到 1.5×10^{21} keV/(m^3·s),离聚变堆的要求仅差 10 余倍,人类已经看到了实现聚变能源的曙光。随着聚变物理学、技术和材料的不断发展,核聚变发电成本将在接下来的几十年内得到进一步的优化。第一个接近商业化规模的试验反应堆-国际热核聚变实验堆(ITER)项目是一个包括了中国、欧盟、印度、日本、韩国、俄罗斯和美国 7 国在内的国际合作项目。依照核聚变项目的规划图,ITER 将花大约 10 年时间建造并且运行 20 年左右。ITER 将会产生高达 500 MW 净热功率输出,从几百秒的持续脉冲直到稳定的运行。核能利用是解决能源问题的必由之路,它在能源中所占的比例将逐步加大,从而改善能源结构,并有希望在将来彻底解决人类对能源的需求。

水冷堆将会持续部署到 2050 年后。从 2010 年到 2020 年,由于采用第三代先进轻水反应堆,核能在世界发电市场上的份额会有所增加。部分第三代热反应堆准备投入市场,大部分使用加压水技术并且有着革新的设计。气冷反应堆具有有效的安全设施特

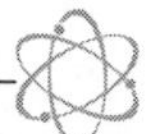

性和比轻水反应堆更高的热效率。

我国核电技术装备自主化水平已显著提高，百万千万级压水堆核电厂关键设备的设计制造已基本实现国产。通过大规模的技术改造，我国已经形成了世界一流的核电装备研发制造基地，可为未来20年中国核电发展提供可靠的设备保障。我国已明确第三代核电堆型AP1000为推广建设的主力堆型。AP1000通过独特的非能动安全系统设计，使反应堆设计更加简单，堆芯损毁概率可忽略不计，提高了核电厂的安全性和可靠性；实行模块化设计与建造，有利于提高核电厂建造质量和标准化程度；配备行业最先进的全数字化仪表和控制系统，使核电厂的运营更加简便。我国将引进此技术，在浙江三门和山东海阳建造4台核电机组，作为第三代核电自主化依托工程。我国核电技术装备自主化不断实现重大突破，第三代核电厂已开工建设。受环保、土地等制约，东部经济发达地区已不具备建设更多煤电工程，煤电布局要向西部、北部煤电基地转移，实行输煤输电并举，核电成为我国今后能源战略的重要组成部分，核电长期稳定发展有了根本保证。

1.1.5　核电的经济性

2010年3月，国际能源署(IEA)与经合组织下属的核能机构(NEA)联合发布了一个名为《发电成本预期(2010年版)的报告》。这份报告被认为是迄今为止对发电成本给出的最权威和最详尽的说法。IEA联手NEA召集了来自28个国家的50多名科学家，对21个国家的190座电站进行了研究比较。这些电厂样本中有34座是没有采取脱硫脱碳的燃煤电站，14座为应用了该技术的燃煤电站，还有27座天然气电站，20座核电厂，18个陆上风电场，8个近海风电厂，14座水电厂，17座太阳能光伏电厂，20座热电联产电厂及18座采用其他燃料和技术的电厂。该报告同时参考了我国20座在建电站的相关数据。报告指出，当贴现率为

5%时，需要大量投资的核电就优于煤电，成为最有竞争力的发电模式。当贴现率设定为10%时，燃煤电站就是最经济的选择。一般情况下，5%的贴现率反映了在受到监管的市场环境中可以接受的风险；而10%的贴现率更多地体现了在一个开放的市场环境中可以接受的风险。报告显示，即使在贴现率为10%的情况下，亚太地区的核电平均成本仍要比风电低一半左右。

核电是具有良好经济性、可规模化发展的重要绿色能源。综合考虑各种固定投资、燃料成本和运行费用等因素，我国煤电机组发电成本最低；核电发电成本其次，略低于负荷中心煤电机组发电成本。燃料成本较低是核电在全球范围内得到大规模商业化应用和推广的关键推动因素之一。一座双机组的百万千瓦级核电厂正常情况下每年的燃料消耗量(以金属铀计)仅约50 t。从发电成本看，以国内目前在建的二代加改进型机组为例，预期的换料成本约65元/(MW·h)，即便再加上后端的乏燃料后处理费用约30元/(MW·h)，其成本也仅为约95元/(MW·h)；而沿海地区同期建设的百万千瓦级燃煤电站的燃料成本约250元/(MW·h)。但一座同等规模的火电站每年要烧煤260万t标煤，平均每天要运煤近7 000 t，而且还会排放600万t二氧化碳和7万t二氧化硫。虽然核电的一次性投资较大、建设周期较长，但是它的燃料费和运行费却很低，核电的长期成本要低于煤电和油电，具有市场竞争优势。如果同时考虑因污染而产生的外部成本，核电的竞争优势则更为强劲；考虑未来水电开发多位于偏远地区，加上生态环境、移民等社会生态以及输电成本等因素，水电成本接近或略高于负荷中心煤电成本；天然气等发电成本远高于煤电、核电和水电；风电、太阳能、生物质能等新能源的单位能量输出需要大量的材料和劳动，需要相当大的收集系统和储存系统。

核电具有独特的后端成本。从核电厂反应堆堆芯中卸出来的乏燃料具有强放射性，因此，乏燃料的贮存、运输和处理都须有严

格的监管措施。核电厂作为民用核设施，运行到寿期末还要实施专业化的退役处理。从经济性角度看，目前国内的核电项目发电成本中乏燃料后处理费和退役基金都单独计列，乏燃料后处理费约 30 元/(MW·h)，退役基金约 7 元/(MW·h)。

由于我国核电建设管理模式的不断进步、成熟堆型的系列化建造效应以及核电相关设备的自主化进展，在我国建造核电厂的单位投资呈逐渐下降的趋势。大亚湾核电站、岭澳核电站、岭澳核电站二期均属于 M310 堆型系列，广东大亚湾核电站为成套进口设备、准交钥匙建设模式，建成价单位投资为 2 000 美元/(kW·h)；后来的岭澳核电站实现国产化率 30%，单位投资 1 800 美元/(kW·h)，比大亚湾核电站下降了 10%；采用二代加改进技术的岭澳核电站二期，建成价单位投资预期在岭澳核电站的基础上继续下降 15%以上，达到 1 500 美元/(kW·h)的水平。

从技术类型而言，秦山第二核电站、秦山第二核电站扩建基本上仍属于 M310 堆型系列(是在 M310 基础上减去一个环路)。秦山第二核电站按“以我为主，中外合作”的模式建设，实现国产化率 55%，单位投资 1 330 美元/(kW·h)，比大亚湾核电站低 37.8%。这主要得益于建造自主化、采购自主化，同时也体现了成熟堆型系列化建造的效应。

浙江三门核电一期和山东海阳核电一期均属于 AP1000 自主化依托项目，属于“三代”堆型的首堆建设，尚无建造经验，建造自主化和采购自主化的程度应该不会很高，单位投资高是情理之中的。

迄今为止，我国核电建设还处于起步阶段，随着后续大批核电厂的开工建设，核电设备开始形成批量规模，转入批量规模发展阶段，核电的经济性将随着核电建设的批量化、规模化和国产化而有较大提高，核电正在显示出其强劲的竞争力，将会给社会发展提供更多清洁的、更加经济的电力。

(1) 核电的上网电价情况

目前,我国核电上网电价一般按经营期电价办法进行电价测算,最终由价格主管部门批准后实行。从目前情况看,我国已经竣工的核电厂的电价普遍不低,但与当地火电价格相比仍然具有较强的竞争力。并且核电与煤电经济竞争力的演变趋势将继续向好,由于2008年增值税返还政策,商用压水堆核电机组的上网电价有30～40元/(MW·h)的下降空间,考虑到近两年投资成本和核燃料成本的上升,预期"十二五"期间建设的二代加改进型机组的上网电价可控制在400元/(MW·h)之内。在国家几次调整电价以及随着煤电价格联动进一步到位之后,现在国内多数带脱硫设施燃煤电厂的上网电价已高于400元/(MW·h)。尽管核电和煤电经济竞争力的对比出现转折部分得益于核电的增值税部分返还及带基本负荷运行的优惠政策,但随着我国核电产业化水平不断提高,核电较之常规电在经济上的优势将进一步显现。2012年底核电电价与其他电价比较如表1.2所示。

表1.2 核电电价与当地网区平均上网电价、煤电标杆电价的比较　　单位:元/(kW·h)

地区	平均上网电价	煤电脱硫脱销标杆电价	核电电价		核电电价与平均上网电价价差	核电电价与煤电标杆电价价差
广东	0.485	0.609	平均	0.415	−0.07	−0.038 2
			大亚湾核电站	0.414	−0.071	−0.039 2
			岭澳核电站	0.429	−0.056	−0.024 2
浙江	0.441	0.562	平均	0.426	−0.015	+0.006 5
			秦山第二核电站	0.420	−0.021	+0.000 5
			秦山第二核电站	0.393	−0.048	−0.026 5
			秦山第三核电站	0.464	+0.023	+0.044 5

(2) 发电成本情况

从发电成本和上网价格角度分析,核电目前已经具有竞争力。国际上核电和煤电发电成本比率从0.58～1.1不等,最低为俄国,最高是中国,美、日、韩在0.85左右。在国内,随着国产化比例的提高,核电发电成本明显降低。目前,国产2×600 MW超临界火电发电成本为217.26元/(MW·h),当核电国产化率达到50%时,1 000 MW级核电的发电成本为253.72元/(MW·h),较火电高出约15%;在国产化率达到70%时,核电发电成本可降低到211.15元/(MW·h),已较火电低。我国核电执行的是“一厂一价”的上网电价制度,目前国内核电最低的上网价是秦山核电厂二期上网电价为0.393元/(kW·h),大亚湾核电站上网电价为0.414元/(kW·h),接近火电价格[(火电平均价格为0.387元/(kW·h)]。而大亚湾核电站和秦山第二核电站上网电价低于广东省和浙江省的平均上网电价,已经具备了与火电价格竞争的能力。即便是最高价0.464元/(kW·h)(秦山第二核电站)也远低于均价为0.56元/(kW·h)的同是新能源的风电上网价格。核电的发电成本按照国际上通用的由国际发供电联盟(UNIPED)专家组于20世纪70年代末提出的全寿期平准化贴现发电成本(Lifetime Levelised Generation Cost)分析的,从过去的一些数据分析,核电厂按照30年期计算,平准化成本的折现率为5%计算,仍然可以看出核电的成本也是可以接受的。我国核电项目成本如表1.3所示。

表1.3 我国有关核电项目成本构成

单位:分/(kW·h)

电厂名称	秦山第二核电站扩建	岭澳核电站二期	AP1000	EPR1500
计算期平均成本	21.00	21.31	25.27	25.99
其中:投资成本	8.29	8.19	12.16	13.62

续表

电厂名称	秦山第二核电站扩建	岭澳核电站二期	AP1000	EPR1500
燃料成本	7.04	6.85	7.30	6.30
运行维护成本	6.27	5.67	5.81	6.07
计算期平准化贴现成本	22.79	22.24	26.91	28.23
其中：投资成本	10.76	10.16	14.52	16.59
燃料成本	6.53	6.18	6.86	5.76
运行维护成本	5.50	5.90	5.53	5.88

虽然，核电初始投资大、财务费用高，但核电厂具有运行寿命长、负荷因子高、燃料成本所占份额小且受资源价格影响小等特点，随着核电厂运行维修管理优化与运行寿命的大大延长，核电机组可用率大大提高，核发电成本的竞争力得到了较大幅度的提升。核电经济性是和其安全性、可靠性和清洁性密切联系的不能撇开核电的其他属性来讨论其经济性。可靠、安全尤其是清洁本身就是核电经济性的体现，反之，充分认识到核电的可靠、安全和清洁的特性将有益于核电事业的兴旺发展，在一定程度上能促进社会更进一步认识到核电的经济性。核电在实现 CO_2 减排上将发挥重要作用，对于优化我国能源结构和保障能源安全上也将发挥重要作用。

此外，在 2008 年，国家财政部和国家税务总局联合下发了《关于核电行业税收政策有关问题的通知》，统一明确了鼓励核电发展的税收政策。核电企业自核电机组正式商业投产次月起 15 个年度内，统一实行增值税先征后退政策，返还比例分 3 个阶段逐级递减，前 5 年内，可以返还 75% 的增值税，而且取得的增值税退税款，专项用于还本付息，不征收企业所得税。

(3) 核电带基荷运行的高效性

电力工作者都明白提高发电机组负荷因子的重要性，而核电一

般是承担电网的基荷运行，这既可以保证核电的经济性得以充分体现，同时还可以保障核电的安全性。世界核营运者协会（WANO）统计了世界上运行的多数核电机组的相关数据，有关分析资料反映出世界上核电机组的平均负荷因子都较高，据统计，世界前四分之一的运行核电厂，其年度容量因子达95%以上，美国年现役核电机组平均容量因子约为90%。国内核电机组的运行情况，也反映出国内电站的负荷因子在不断提高，我国核电厂运行容量因子也在不断提高，从初期的秦山一期设计容量因子为65%，大亚湾核电厂为70%，到新开工的红沿河核电厂、福建宁德核电厂设计容量因子均为85%。2006年大亚湾、岭澳4台机组容量因子更是达到了90.10%和91.26%。一个1 000 MW核电机组，容量因子从60%提高到90%，每年可多发电2.6×10^9 kW·h，即多发电约50%。这是十分有益的事情。负荷因子是影响核电经济性的重要因素，反映了机组的运行效率。核电带基荷运行，可以大大降低核电的成本，逐步提高的机组运行容量因子可以大大增强核电经济性。

核燃料价格最终会推动核发电成本上涨，目前我国核燃料组件实行保障供应，使得我国核电能在较长时间内保持稳定的上网价格，十分有利于电力市场的稳定，特别是在当前煤电电价随电煤不断上调的形势下，更能凸显核电的经济性。但随着“大力发展核电”规划的贯彻落实，势必出现对核燃料需求陡增的情况，核电行业早在未雨绸缪开展包括铀矿勘探、开采、储备在内的整个核燃料链的规划和发展，将为核电发展提供有力保障。

(4) 核电发展的规模效应和学习效应降低核电的建设成本

由于核电都需要接受国家核安全监管当局的严格监管，所以核电厂建设工程在设计、采购、建造、调试等各个环节上都有及其严格的、区别于常规发电技术的质保要求。特殊的监管体系和工程的特殊性要求决定了核电项目工程造价和投资成本的固有特性：一是核电厂设备制造材料有特殊要求，工艺标准要求也高；建造安装工程量大;施工和验收规范要求高、难度大。二是项目前期准备工作周期长,建设工期长。电厂的投资成本主要看其单位千瓦造价,核电的单位千瓦造价远高于火电。二代加改进型机组单位造价约为人民币 13 000 元/(kW · h),投资成本约 105 元/(MW · h);同期建设的百万千瓦级燃煤电厂的单位造价约为人民币 3 500～4 000 元/(kW · h),投资成本 40 元/ (MW · h)。而核电建设中的规模效应是指在建设单机容量大的机组时更能节省单位容量投资。研究表明,对于给定的工艺与技术类别,核电项目基础价单位投资随机组规模的增大而下降。参考国际上一些核电大国和权威的国际组织(如 IAEA、OECD/NEA)公开发表的有关研究结果表明:机组容量从 600 MW 增加到 900 MW,单位千瓦造价将下降约 13%;而从 900 MW 扩容到 1 200 MW,单位造价还将继续下降近 10%。随着核电技术的日益成熟,运行经验的不断积累,开发大容量机组已经成为核电业界的时代潮流,国际上新一代核电机组的设计容量大都在 1 000～1 500 MW;西屋公司将 AP600 升级为 AP1000 作为其全球范围的主推产品。

核电建设中的学习效应是指在相同机组重复建设中,会使得建设投资呈下降趋势。大亚湾、岭澳、秦山二期扩建和岭澳二期的单位投资呈逐渐下降的趋势,其中就有“学习效应”的体现。同一产品在某个较短的周期内通过批量化生产或建造,同一厂址的系列化建造不仅有批量效应和经验效应。持续生产中生产技能的熟练、供应链与生产设施的改良、程序化与信息化管理经验的积累等,都能提高生产率、降低成本。在核电建设中,批量效应主要体现在设备材料采购、建造安装施工等方面成本的降低,有效地节约工程费用。系列化建设还可以形成经验效应,显著地提高工程设计、施工管理、投资管理、调试和运行文件编制等软件方面的质量和效率,增加管理的稳定性,减少执照申请的时间和费用,降低工程费用。

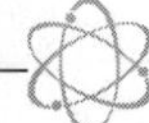

还有群堆效应，核电群堆效应是通过对若干投资者拥有的多个核电厂实施统一的管理原则、标准、要求和方法，优化资源配置，有效降低建设及运营成本，提高经济性。同一堆型的系列化建设，为实现群堆效应提供了基础和便利条件。推进核电标准化，不仅可以方便设计、建造、运营之间的衔接和交流，也有利于批量生产和建设，直接降低工程造价水平，提高核电的经济性。另外，学习效应还将在核电安全运营、自主创新等方面发挥重要作用。

(5) 保证核电经济性的主要条件

实施项目之间充分分析，并考察电力需求变化趋势情况，以保证电量的消纳(电力的市场问题)和电力的上网销售。上网电价核定之后，提高机组有效利用小时，增加上网电量就可以提高经济效益。如同火电企业经济调度、合理安排检修一样，核电企业也可以通过借鉴国内外同类型机组的运行经验，通过优化换料方案、合理安排大修和在役检查、加强可能导致自动停堆的设备和部件的实时监控和管理、合理安排运行人员的在岗培训等措施，尽量降低非计划停堆次数，提高机组的负荷因子，从而充分利用国家明确的核电带基本负荷运行的优惠政策，为投资方带来更大的回报。

投资者需要有足够的融资能力并承担相应的财务成本和投资风险。核电项目的建设周期一般划分为两个阶段:第一罐混凝土之前通常称为前期准备阶段，通常都在 18 个月以上;第一罐混凝土至机组商业运行称为建设期，对于二代加改进型机组单个机组的建设期一般控制在 60 个月以内。按照近期的市场利率和核电项目投资水平测算，建设两台百万千瓦级二代加改进型机组的建设期财务费用为 29 亿～32 亿元，占贷款本金总额的比例为 15%～17%;到建设期末，每个月的财务费用接近 1 亿元。如此庞大的财务费用支出是核电建设项目的固有特性所决定的。如果发生工期延误，财务费用还将进一步增加;反之，如果工期缩短，不仅可以降低建设期财务费用，机组提前投产还可以让投资方更早受益，加速还贷。

大力推进设计自主化和设备制造本地化，充分利用国内人力资源成本的优势，较大幅度地降低设计和技术服务费用开支，更重要的是通过高度的自主化，掌握关键设备设计、系统设计和工程设计的核心技术，具备修改、优化原设计方案的能力，从而实现对采购主动权的真正掌控。掌握了主动权，才有可能优化和变更设计方案，运用灵活的采购模式，培养国内制造能力和扩大国内采购范围，营造市场竞争环境等，为有效降低核电工程造价带来更大的好处。随着国内大型电力设备制造业整体技术水平的稳步提高，设备制造本地化的成本优势已经在部分核电项目的招标采购中得到显现。这种国产化能力不断提升的发展趋势及其营造出来的国内外供货商同台参与竞争的氛围必将对降低核电专用设备的采购成本起到重要作用。

在工程建设的各个阶段实施严格有效的投资控制，是控制工程造价的关键所在。国内外的工程实践证明，项目无论大小，控制工程造价的首要环节在于设计。通过运用工程经济学中的价值分析方法优化设计方案是确定和主动控制工程造价的主要方法。在工程建设的管理过程中，贯彻落实招标投标法的各项要求，按照市场竞争规律优选设备供货商和建造安装施工承包商，是降低工程造价行之有效的措施。重视和加强合同管理同样也会起到控制和降低工程造价的作用。从国内几个大型商用核电厂的建设经验看，设计变更和工程索赔普遍且大量存在，在一定程度上影响了投资控制的有效性。因此，加强工程设计管理和施工监理，在合同管理中强化各方风险共担机制，必将对减少设计变更和控制工程索赔起到积极作用。

与发达国家相比，中国的核电产业正在成长期，发电成本还比较高，对政策扶持的依赖性较强，核电的经济性有待进一步提高。但随着中国核电在工程设计、装备制造、建造安装、运营管理等方面水平的不断提高，其成本将得到有效的控制和降低，核电的经济

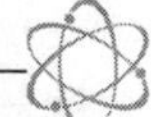

性将日益显现，竞争力也将进一步提高。

1.1.6 核电对电网的影响

随着基础能源价格的持续走高，无论是欧美发达国家还是中国，都在着手调整发电结构，以应对能源成本和环境成本的压力。2008年1月，在国务院核电领导小组召集的一次会议上，已明确对内陆核电厂的建设安排有所调整，因为一次能源（主要指煤炭）储备缺乏，确定了内陆核电条件成熟一家上一家。与此相对应的是国家电网公司正在实施的“一特四大”战略，即建设特高压电网，促进大煤电、大水电、大核电和大型可再生能源发电基地建设。

(1) 法国和日本核电机组在电网中的运行情况

根据其他核电国家的经验，除了法国核电比例太高，核电参与调峰外，其他国家均用水、火电调峰，让核电作为基荷运行，以保证核电的经济性和运行安全。核电厂的运行模式取决于电力需求、科技水平、电力管制、售电合同机制与经济性分析等许多因素，大多数国家的核电厂仍然是作为基本负荷电源点运行的，负荷跟踪仍然是相当特殊的运行方式。中国核电装机容量很小，即使到了2020年估计核发电量百分比也不会超过个位数。在如此大的减排温室气体压力下，用水、火电机组来执行电网调峰显然更为妥当。

日本和法国是核电发展相当发达的国家，它们都是从美国引进的核电技术，然后消化吸收再开发的。福岛核事故之前日本的核电占全部发电量的35%，而在法国该比例更高达80%左右，位居世界第一。日本的核电主力堆型为压水堆和沸水堆两种。据日本专家介绍，早在20世纪80年代，全部采用沸水堆的日本东京电力公司预计核电机组负荷跟踪很快就会势在必行，就已经开展了大量的功率范围在100%（运行14 h）～75%（运行8 h）～100%之间的日负荷跟踪试验。可能与沸水堆可以较为容易地通过调节冷却剂流量来调节功率有关，试验结果显示十分成功，所有运行参数均如预期落在限值以内。但是后来核电发展放缓，直到今日也没有实行日负荷跟踪运行。所有的核电机组绝大多数时间均为满发，甚至在冬天由于冷却水温低而超发，只是在新年假期这样负荷极低的特殊时刻才会降功率运行。夏季海水温度太高时也会降低一些功率，但不是应电网要求。电网的负荷跟踪全部由火电与水电机组承担。

法国的情况十分特殊，是核电比例最高的国家，目前运行的核电厂共 59 座，装机容量约为 63 GW，而氢燃料和化石燃料发电容量分别约为 25 GW、22 GW。现今法国核电装机容量已达 80％左右，大多数核电厂都必须降功率运行一段时间。一些机组必须有足够负荷跟踪的运行灵活性，以保证电网的稳定。法国电力负荷季节性差别很大，每年最高负荷发生在 12 月，最高负荷约为 50 000 MW，最低负荷发生在 8～9 月，最低负荷约为 3 4 000 MW，冬季和夏季负荷比约为 1.6。气候对法国用电负荷影响很大，冬季气温每变化 1 ℃，负荷约变化 1 800 MW，夏季气温每变化 1 ℃，负荷约变化 400 MW。为解决法国负荷变化对电网安全带来的影响问题，法国核电主要通过合理的机组组合实现调峰，即根据燃料情况合理分配负荷，确定每一台核电机组的调峰期间。为保证调峰效果，核电机组大修时间多数安排在夏季，最多检修 15 台核电机组，并尽可能采取长短大修结合方式进行，其中 90 万千瓦核电机组短大修时间为 3～4 周，长大修时间为 6 周，10 年大修时间为 20～30 周。同时，由于法国的电力市场开放缓慢，电力是分类计价。法国充分采取峰谷电价实现调峰目的。峰时段 16 h，谷时段 8 h，峰谷电价比高达 3～4 倍。在需求侧管理方面，法国每年设置 22 天避峰日，提前一天通知用户。在调度管理上，实行按边际成本高低调度原则，依次调用气电、抽水蓄能、火电、核电和统调水电。

现在法国正朝着更加灵活的能源市场迈进。运行灵活性被视为一种高价值产品而经常被利用。在这种情况下,运行灵活的核电厂既可以因其稳定运行性而获得恒定的收益,又可以因其相对灵活性而满足系统的要求。灵活的运营管理可以带来巨大的机遇。这就使得核电机组更加受到联合投资方的青睐。在法国,当电力需求不足时,法国电力公司挑选一些核电机组专门用于负荷跟踪,满足大的负荷变化。这样做或许费用要增加一些,但燃料的燃耗降低了。用这种办法可以使核电机组的换料时间更尽如人意地错开用电高峰季节。

(2) 核电机组对电网的影响很小

核电接入电力系统后将与系统之间产生相互的影响,核电厂并入电网后,给电力系统运行带来了一些新的特点,电网和核电厂运行管理人员应对此给予重视。在核电厂规划、设计及运行时,必须认真研究核电厂和电网的相互影响,并采取必要措施,以减轻这一影响。根据核电厂设计要求,核电机组具有负荷跟踪、快速升降负荷及调频的能力,但由于核安全、反应堆运行限制、燃料循环周转等核电厂的固有特点,也会限制核电机组的运行灵活性,从而给电力系统的运行调度带来一定的困难。众所周知,与火电机组的建设相比,核电因其核安全和高质量引起的核电厂资本投资大约占总平准化成本的60%,运行和维修费占20%左右,燃料费不到20%。总的说来,核电的固定资产成本总是比火电厂的要高,再加上建设周期长,其建设可行性研究都是在机组作为基荷运行的前提下进行的,而且考虑到其运行时间也比火电机组高得多,即使如此,还贷压力仍然很大,这是核电机组倾向要带基荷运行,并尽量不参与负荷跟踪及调频的根本性经济原因。但是,这一要求对电网运行调度的灵活性带来较大的限制,尤其是当核电装机容量在电网中占有较大的比例时。有时也要迫使核电机组参与调峰或降负荷运行,以满足电网运行的要求,但核电机组由于前述原因有时并不能按电网的要求参与调峰或降负荷运行,此时电网调度人员不得不采取其他措施来满足系统运行的要求，但这样可能会降低电网的安全裕度及运行灵活性。不过这种情况发生的前提是电网网架结构不够坚强，而我国的电网已经实现并网运行，网架对于在总装机容量占比不足1%的核电规模来讲暂时还不需要它参与调峰。电力系统故障时，如果故障切除迅速，系统保持稳定，核电机组的相关变量都变化较小，此时核电厂与电网之间的相互影响亦很小。

目前，我国大陆15台核电机组地处国内经济较为发达的浙江、广东和江苏，临近负荷中心，电力需求大，由于华东电网和南方电网容量极大，核电装机容量所占比重还很小，局部电力又常年短缺，在国家有关政策的照顾下，各个核电机组无论堆型和容量大小，全都用做电网的基荷机组，均未参加电网的调峰运行，电网调度一般情况下不进行负荷干预。即机组的一次调频和二次调频均未参与，机组始终按照最大可能出力运行。但是用电情况总是会有峰谷差别，总是会有季节变化的，随着核电在电网中装机规模的不断扩大，核电厂厂址向内陆省份的拓展，核电机组参与电网调峰应当充分考虑。不过，由于一座核电厂的停止运行，特别是其非计划停闭，会对电网运行产生冲击。作为一个世界通行的经验规律，对任何电网均不建议其中的某一个核电电源点的容量超过该电网总容量的十分之一。过去有的省份如福建省是一个独立电网，对大型核电机组的承受能力较弱。现在我国电网已基本实现全国相连，电力调度远比过去容易。跨出省际界限，在地区范围内寻找合适的调峰机组应当不是难事。

(3) 电网对核电机组的影响

核电接入电力系统后将与系统之间产生相互的影响，核电机组对系统电压和频率的波动非常敏感。电网如果发生扰动会对核电厂的安全可靠运行产生不利的的影响，故障扰动下电力系统和核电机组的动态行为及机网间的相互影响主要表现在机械功率、电压和频率等参数方面。核电机组虽然常常带基荷运行，机械功率的影响不大，但电网发生频率急剧下降或者频率急剧上升的频率扰动情况，必然会改变核电汽轮发电机组增加或者降低其功率输出，从而引起反应堆温度调节系统等相应反应参与调节。频率和电压变化直接影响冷却剂主泵的流量和出力，流量降低使得反应堆吸热能力下降，可能触发冷却剂主泵停运保护，导致核电机组切机，对于核电机组来说，紧急停堆在其生命寿期内是有一定的限制的。这就要求核电厂除了核安全方面的要求外，还要求具备较强的运行灵活性，能参与电网的负荷跟踪、调峰和调频、快速升、降负荷、带厂用电运行、延长换料周期等适应能力；对核电厂的某些辅助系统要求特殊设计，以适应电网电压频率的变化，保证核电机组正常运行，不受或减少由于电网电压频率变化对核电机组产生的影响。

自 1979 年发生在三哩岛核电站重大事故后，经过多年的努力，当今世界上新核电技术已经更加可靠，能够从容应对电网的突发故障。以 2003 年美国“8·14”停电为例，大停电时，位于停电区的 7 座核电厂的 9 个核反应堆，在遥感系统侦测到输配电系统出现异常后，立即自动安全跳机，创下世界核能发电以来最大规模的核能发电机组安全跳机停止运转纪录。美国核能研究所表示，核能电厂大规模跳机运转停止没有造成任何重大事故，所有自动跳机的核电厂依设计功能安全关机。

只要结合核电机组运行的要求认真对输电网络的结构、核电机组并网后的潮流、短路、稳定性、无功功率配置和可靠性等进行详细的分析和研究，制订详细的系统解列、低频切负荷、高频切机等方案，以减轻和限制各种扰动对电力系统及核电厂供电可靠性的影响；加强电网网络结构和坚强程度，提高供电可靠性及供电质量；认真制订发电计划，进行水、火、核电及抽水蓄能电站的联合经济调度研究，精心安排检修计划，保留足够的旋转备用，保证电网的安全稳定运行。电网运行及管理人员应提高对核电的认识，了解核电厂工作的基本原理、运行特性以及对核安全的要求；而核电厂运行及管理人员认识到电网安全和稳定运行的重要性，与电网调度人员密切配合，以保证电网和核电厂的安全稳定运行。

1.2 发展风电存在的问题

1.2.1 发展风电受资源分布的制约

我国风电发展的模式是"建设大基地，接入大电网"和欧洲"分散上网，就地消纳"的模式不同。我国风能资源丰富且又适合大规模开发风力发电的地区一般都处于电网末端，远离负荷中心并且电网架构薄弱，风电电力中除少量由附近的电力负荷消纳外，大部分要通过更高电压等级的电网输送到较远的负荷中心。

由于风电是一种间隙性电源，因此大规模风电开发必须考虑风电与电网相容性的问题。并网发电是风能利用的主要形式，保证风电场向电网输电的电能品质是电网安全稳定运行的需要，风力发电存在"靠天吃饭"的不确定性，其随机性和间歇性对电网安全存在很大影响，导致目前的电网很难有效消纳和调度风电。风电规模化建设后对当地乃至区域电网的安全运行、电源结构配置、外送等都有很高的要求。

风电并网目前存在尚未解决的技术性难度，是目前影响风能持续发展的重要制约因素。在国家颁布《可再生能源法》后，风力发电受到一窝蜂式的追捧，几乎所有可能发展风电的地方政府都积极上马风电项目。很多风电场盲目上马，根本不考虑后期的电网配套输出和电力消费问题，导致发出来的电无法并网销售，这也是近1/3的风电机组闲置的主要原因。不少地方先后规划提出要争建"陆上三峡"，近期更是喊出了建设"海上三峡"的口号。内蒙古蒙东、蒙西各规划有一个千万千瓦级的风电基地，但时至今日，其风电送出方式和消费区域仍未落实。

另外,近几年中国风电发展速度大大超过预期,电网规划和建设的速度远远赶不上风电装机发展的速度,成为我国风电产业的发展障碍。虽然我国风资源丰富,但不同地域的资源条件差别很大。例如北方多高寒和沙尘暴,南方多高温、潮湿和台风,极端气候条件明显;并且还存在山地、丘陵等复杂地形。这些因素在目前引进风力发电机组时考虑并不充分。针对这些极端气候条件和复杂地形的基础研究欠缺,企业很难独立完成这样的研究工作。同时,对风能资源进行详查和准确评估是制定风能规划、风电场选址和风电功率预测的重要基础。但是,就目前风电场选址的实际情况看,我国风能资源可开发量的精细化评估工作仍需要加强,特别是复杂地形和近海风能资源的评估尤为重要,这一块在国际上也是一个难题。海上风电开发的运行环境相比陆上风电更复杂,技术要求更高,施工难度更大。由于盐雾腐蚀、海浪及潮流冲击、台风等因素,海上风电场对机组要求很高。

针对我国国情,为解决偏远无电地区用电需要,适当发展离网风电应用技术是必要的。而将风电和大规模蓄电相结合应用存在很多需要克服的困难,特别是有许多关键的技术需要一个一个去攻克。电网建设在内的很多风电配套设施并没有跟进,直接导致投入巨资的风电资源被大量闲置浪费。

1.2.2 接入系统成为制约风电发展的瓶颈

风电行业面临的最大问题,从来都是并网问题。由于风电依赖于风能,而风时大时小,因此,发出来的电也是时多时少。这就对电网的承受力提出严峻的考验。目前电网接入问题已成为制约风电发展的一大瓶颈,由于电网接入原因,很多新项目得不到核准,已建起的风电场并不了网导致风机只能“晒太阳”,已并网的风电场由于电没法输送出去只能弃风等。由于电送不出去，风电开发企业因限送电所受的损失十分惨重。因电网吸纳问题造成已建好的风电场利用效率不高、效益较差，给风电场业主造成巨大损失。2009 年因电网吸纳能力限制造成的风电场少发电量可能达到 20 亿千瓦时。按照可再生能源法的要求，电网应该全部接纳风电。但实际上电网对风电接入和运行调度没有积极性。2009 年 7 月 30 日国家电网发布《风电场接入电网技术规定》明确表示，对风电不可能“全额收购”。并网问题将限制风电进一步发展，特别是大规模风电场建设计划将难以实现。我国电网规划中没有充分考虑风电的发展需求，电网建设滞后于风电发展，电网技术有待提高。而且在吸纳风电上网所需的硬件配置、技术水平提升方面，电网公司目前还没有制定时间表。不少地方已核准并入电网的风电装机容量已经超出当地电网的接纳能力，并网是电网公司的事，不是地方政府所能左右的，电网公司有自己的发展规划，电网建设与风电发展往往不同步，这样就出现了风机“晒太阳”的情况。不仅我国存在这种情形，一些风电大国也不同程度地存在。此外，由于我国风能资源最丰富的地区主要分布在“三北”（华北、西北、东北）和东南沿海等地区，绝大部分处于电网末梢，电网建设相对薄弱；电网负荷能力不强，也只能限送。

风电接入系统是并网发电重要环节，随着风电场规模化发展，风电场对电网的要求越来越高，从电网稳定安全运行的角度必须考虑风电场对电网的影响，风电场接入要满足相应的技术规范，同时为了做到电网合理调度，保证供电质量，要求提供风电场发电量短期预报和考虑建设一定的配套设施；另一方面，由于我国风电场建设主要分布在远离负荷中心的边缘地区，网架结构相对薄弱，因此要考虑改善网架结构，在风电规划确定的大型风电场所在省（区）建设更高电压等级的主干电网。一般来讲，对于小型或中型风电场（指几兆瓦或几十兆瓦），一般可就近接入地区较低电压等

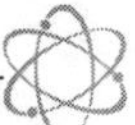

级的电网，所发风电电力可被附近电力负荷消纳。这种情况下，风电送出工程主要考虑的问题只是风电场升压变电站到地区电网变电站之间的电力输送问题。对于大型风电场或风电基地来讲，装机容量可达几百兆瓦，甚至可能由多个百兆瓦级的风电场汇集成的风电场群。风电电力除少量由附近负荷吸收之外，大部分电力要通过更高电压等级电网送到较远负荷中心，因此，还要考虑风电场群输出电网的构架、输电线路的传输、进入主干电网后风电电力消纳问题，以实现风电场发电量的顺利传输。我国富风区的电网基本还属弱网，美国风能协会（AWEA）和太阳能产业协会（SEIA）公布的《绿色电力高速公路：建立美国清洁能源未来之路》（*Green Power Superhighways*：*Building a Path to America's Clean Energy Future*）白皮书指出，电力传输能力不足是美国可再生能源开发的一个重大障碍。

1.2.3 风力发电经济性较差，不具备竞争力，需要政策对电价进行补贴

我国风电产业的现状是，在政策引导下表面高速增长，但市场缺乏真实需求，景气存在泡沫。另外风电需要电网接纳，电网建设跟不上。设备发不了电，就等于投资收益没有了。国家电监会近日公布的《我国风电发展情况调研报告》显示，目前全国风电场普遍经营困难，甚至亏损。“还有近 1/3 的风电机组处于闲置状态。”由于很多基础性问题没有解决，风电成了“绿色劣势能源”，这导致风电短期内看不到赢利前景。能源布局的重点，应该是供给端和使用端要做到平衡。而风电过热的现状是高级能源拉着低级能源运转。虽然具体数据难以统计，但至少有一半的风电企业经营困难。

由于技术瓶颈没有真正突破，到目前为止风力发电的成本依然较高，类似于德国等新能源应用大国的强制上网电价法并没有

推出，导致电网公司以及用户很难有积极性去购买。风电本身的成本就很高，再加上企业在招标过程中采用压价的方式以求获得项目，导致风电项目中标价格远低于合理价格，这样即使有国家的财政补贴，也会显得杯水车薪。快速发展的风电产业带来的巨大市场预期，过低的市场准入门槛导致风电设备制造业短时间内爆发式增长，行业产能过剩、过热，投入运行的设备质量难以保证。自主研发力量严重不足，缺乏基础研究积累和人才，我国在风力发电机组的研发总体来说还处于跟踪和引进国外的先进技术阶段。兆瓦级风力发电机组几乎全部由国外引进技术，风力发电机组研制、风电场建设、接网以及电网管理运行等方面经验均不足。本土化的兆瓦级风电机组已经占领国内风电市场的主要份额，在肯定我国风电发展进步的同时，设备制造工艺过程质量控制问题、运行维护不当等问题造成的风机故障比例远远大于预期。过于频繁地维修将会大幅降低机组利用率，影响风电场效益。另外，与其他风力发电比例较高的国家海洋性风资源不同，我国是风沙伴存，有风的地方就有沙，风电设备不可避免地受风沙磨损非常大，根本无法保证发电风机 20 年的寿命，设备寿命问题也导致价差的经济性。

当前国家制定的风电场建设指南中要求的风电场年平均等负荷运行时间是 2 000 h，是评价风电场建设工程优劣的重要指标，这个数已经低于国际上一般风电场的指标。这几年实际统计的数据结果表明，我们目前的风电场年平均等负荷运行小时数低于 1 800 h，直接导致风电项目经济性较差。因此解决风电的社会效应转化为以价值计量的成本(或收益)，即实现风电外部效应的内部化问题是风电的投资效益的关键问题之一，这已经不是一个行业的问题，而是涉及国家市场化体系完备程度的问题了。而目前来看，只有采取相应补贴政策，将风电项目运行的社会效应转变成风电投资的收益才是唯一有效的途径。

1.3 发展太阳能发电存在的问题

1.3.1 太阳能发电受资源分布的制约

光伏发电上网难是制约我国民用太阳能光伏产业的客观瓶颈。光伏并网系统作为分布式发电(DG)的一种,其工作特点是太阳电池组件产生的直流电经并网逆变器转换成符合电网要求的交流电之后,直接进入公共电网,产生的电力除了供给交流负载外,多余的电力反馈给电网。面临不同容量、不同并网方式、不同系统配置的光伏发电系统接入不同输电网或配电网的要求,从电网角度而言,由于光伏并网发电特性有别于常规发电方式,常规电厂的并网技术条件和接入计算方法就不再适用,加上国内没有全面、明确、可操作的管理标准和技术规范,电网企业就很难从电能质量、可靠性、安全性和规范管理的角度对光伏并网系统进行全面评估,从而导致了光伏发电系统并网的复杂性和困难性。造成上述局面的一个主要原因,是因为目前对并网光伏发电系统的特性(包含光伏系统本身、光伏对电网的影响和电网对光伏的影响)还不够熟悉。并网光伏发电系统根据设计容量的大小,可以选择 10 kV 以上、10 kV 和 380 V 等多种电压等级并网方式。目前国内的已建成的光伏发电厂,如上海崇明岛 1 MW 光伏发电项目采用 10 kV 电压等级并入了低压配电网;云南电网公司在云电科技园建设的 160 kW 光伏发电项目则采用 380 V 低压并入园区配电系统。光伏发电有以下几个有别于普通火力发电的特点:现有主要的光伏并网逆变器的控制方式为电压源电流控制,即输入侧为电压源,输出侧为电流源控制,通过控制输出电流以跟踪并网点电压,达到并网的目的。输出为纯有功功率,功率因数为 1,为有效利用太阳能,并网逆变器输出功率控制策略为最大功率点跟踪,光伏发电不具备功率调节能力;光伏发电输出受天气影响很大,尤其在多云天气,发电功率会出现剧烈变化,发电功率的最大变化率超过10%额定出力/秒;由于光伏发电功率的快速随机波动特性,当大容量并网时,就需要常规发电机组的旋转备用容量进行功率调整补偿,使得常规发电机组的发电成本增加。因此,大容量PV并网时,合理安排发电计划将是一项值得深入研究的课题;光伏并网系统中会有多种类型的并网逆变器接入同一并网点,导致互相干扰,即现有光伏并网控制技术不具备“电网友好型”特征。随着接入容量的增大,现有并网逆变器的控制保护功能与技术将不能满足输配电网安全稳定运行的需要,会成为制约光伏发电并网的重要因素。所以需要进一步研究并网光伏发电系统的技术特点,来推动光伏并网技术的发展。由于太阳能光伏发电未能完全纳入《可再生能源法》实施细则(暂行办法)中的上网电价补贴政策,因而,电力部门尚未正式接受光伏发电上网,因此,我国目前太阳能发电的应用基本在集中供电成本过高的边远地区,尤其西藏、新疆、内蒙古、云南、贵州和四川等地处偏远和荒漠地带,太阳能资源丰富,利用太阳能光伏产品解决当地的用电难问题应是最佳选择之一。

在我国已启动了100多个光伏发电项目,由于没有特殊电价和补贴政策,都在以净电表方式运行,北京市电力公司只允许在配电侧运行,不允许多发电量逆流向10 kV供电。还有一种是德国和欧洲采用的上网电价方式,允许上网供电,但配电侧的所有分布式发电系统不能超过变压器容量的20%,美国则是15%,以保证分布式发电并入电网时,不必对原有计量保护装置进行改造。如果是大面积屋顶发电,直接上35 kV和10 kV电网,也属于输电侧并网发电,只能采用上网电价方式运行。2009年7月,财政部、科技部以及国家能源局三部委启动了“金太阳”示范工程,规定将对我国并网光伏发电项目按光伏发电系统及其配套输配电工程总投资的50%给予补助，偏远无电地区的独立光伏发电系统按总投资的70%给予补助，计划补贴规模已经达642 MW左右。工程实施伊始，一期申报在各省和企业掀起了不小的热潮。在“先占先得”的申报热潮中，企业做假标、使用劣质产品以次充好等纷至沓来。相当一部分企业为了多得到财政补贴，采取“低购高报”的办法骗取补贴；更有甚者，直接使用不符合补贴质量要求的劣质产品，甚至国外退货的废次产品；验收标准和机制尚不健全、后期监管措施几乎没有。这都给产业政策的实施留下了巨大的漏洞，发改委等部门取消已列入2009年“金太阳”示范工程目录但无法实施的项目39个，规模达54 MW。经多方努力获得审批的“金太阳”示范项目一年之后却被取消，这在光伏业界一石激起千层浪。“之所以没有继续推进‘金太阳’示范工程的建设，投资与回报很难持平是主要因素。在新发布的“金太阳”示范工程项目目录和关键设备入围企业目录榜上有名的无锡尚德、英利和江西赛维均表示，目前做“金太阳”示范工程项目基本是“不赚钱”的，公司申请该项目也并非以盈利为出发点的。“金太阳”示范项目属于用户侧并网，目前并没有专门的电价政策，并网的电价只是参照当地的脱硫电价，平均仅为0.3～0.4元/(kW·h)，按这个价格并网很可能是亏损的。“金太阳”示范工程在补助标准上，政策也进行了一定调整，示范项目建设的其他费用采取定额补贴。2010年补贴标准暂定为：用户侧光伏发电项目(“太阳能屋顶”)4元/(W·h)(其中建材型和构件型光电建筑一体化项目为6元/(W·h)，偏远无电地区独立光伏发电项目10元/(W·h)[其中户用独立系统为6元/(W·h)]，目前国内已建成的最大光伏电厂也仅为10 MW。而已经出现一些项目以劣质产品骗取国家补贴的现象。

“金太阳”项目推进确实碰到了不少难题，而其中，比较突出的就是电网在配合并网时积极性不高的问题。如其他包括风电、生物质发电等新能源发电并网中都存在的难题一样，“并网难”问题同样在“金太阳”工程中出现。

1.3.2 太阳能发电的劣势

(1) 设备昂贵

当前世界上主要的光伏发电技术一个是晶体硅电池,包括单晶硅太阳电池和多晶硅太阳电池。单晶硅太阳电池的实验室最高转换效率可达24.7%,批量生产不超过19%。多晶硅太阳电池的实验室最高效率超过20%,平均效率16%以上。晶体硅电池中还有一种背接触高效电池,实验室最高效率已达26.8%。另一种主要光伏发电技术是薄膜太阳电池,其中已商业化的主要是非晶硅薄膜电池,最高效率可稳定在12.8%左右。从整个市场分布看,仍以晶硅电池为主,目前占到90%;随着技术的进步,薄膜电池的份额将会逐步增长,到2012年会占到30%;薄膜电池中则以非晶硅电池为主,到2012年将占60%。而从电能应用的角度看,光伏发电需要微网系统和分布式独立电网系统程度较高。

成本的居高不下是太阳能发电在国内产业化运作中的主要难题。太阳电池仍然比较昂贵较贵,据德意志银行最近的一份研究报告估算,当多晶硅材料从250美元/kg降到2009年的50美元/kg时,太阳电池的售价将从4美元/(W·h)降到2美元/(W·h)。按此计算,太阳电池售价为人民币15元/(W·h),加上系统安装,约为30元/(W·h),也就是3万元/(kW·h),这是世界平均水平,我国一般往往会比国际平均水平低20%,即我国实际可达到2.5万元/(kW·h)。美国推出的“太阳能先导计划”的目标是到2015年将太阳能发电的成本降低到0.1美元/(kW·h),德意志银行的预测是到2015年可以降到0.15美元/(kW·h),这就约折合人民币1元/(kW·h)。所谓平价上网有两个概念,即区分输电侧上网和配电侧上网。配电侧上网也即分布式发电系统,分布式发电系统应为净电表运行,就是自发自用,可以与电网销售电价比较。我国民用电约 0.5 元/(kW·h),工业和商业用电 0.8～1 元/(kW·h),与此相比,只要达到 1 元以下就可算是平价上网。国际上绝大部分是配电侧并网的分布式发电系统,像德国和日本的十万屋顶计划,美国的百万屋顶计划都是配电侧并网。但如果是输电侧中高压并网,如大型荒漠光伏电站只能在输电侧并网,而我国常规电力上网电价一般仅为 0.3 元/(kW·h)左右,要在这个水平上达到平价上网还有相当的难度。

(2) 经济性差

毫无疑问,上网电价是目前制约国内光伏乃至整个新能源产业发展的最大问题。目前全球最大的光伏市场是在西班牙,2008 年的新增容量占到全球的 47%。这是由于其电价补贴非常高,达到 0.44 欧元/(kW·h);这个政策在 2008 年 10 月调整到 0.3 欧元/(kW·h)。德国、法国、意大利等欧洲国家都执行上网电价政策,采用的也都是政府定价,定得相当高,大致都超过人民币 3 元/(kW·h)。日本净电表电价相当于 2.4 元/(kW·h)。我国对于光伏发电电价上没有实行政府定价,而是采取招标定价的方式。没有固定的光伏上网电价,提高并网补贴,投资者始终无法预期投资太阳能发电厂可以获得的投资回报。最近批准的甘肃省敦煌市 10 MW 太阳能电厂项目,即人民币 1.09 元/(kW·h)。国内光伏市场目前仍在起步阶段,从特许权招标开始,按照一事一议的方式逐步摸索合理的上网电价。有专家认为,光伏产业要健康发展的话,目前上网电价定在 1.5 元/(kW·h)左右最为合适。兆瓦级地面光伏电站的建设安装(含土建、支架和布线)和土地价格,合计约为 9 元/(W·h)。除了上述成本外,还必须考虑电网接入费用(外线费用)、道路费用、财务费用、运营费用。如此高昂的费用,显然没有普及的可能。美国的 First Solar 公司去年签订了一项有望成为里程碑的项目,将在内蒙古建造全球最大的太阳能发电厂,但由于对融资和上网电价的担忧,项目陷入了停顿。

制约太阳能光伏产业发展的主要原因是太阳能发电的高额成本，中国缺乏固定的太阳能上网电价制度，而这一制度对国内太阳能行业的腾飞至关重要。我国既无光伏发电的专用法律，又缺乏必要、完整的促进政策拉动产业发展、推动技术进步，形成良性循环。电价分摊制相应的法律保障欠缺，相应的财政、投资、信贷和价格补贴等方面的优惠政策不足，而促进技术进步和产业发展，政府的法规政策支持将起到举足轻重的作用。除了劳动成本较低给国内企业带来的价格竞争力之外，太阳能发电上网电价的不确定性，开发商难以评估潜在的投资回报。相对目前的火电价格来说，太阳能发电的价格十分高昂。同时，目前中国的电网结构也不适应分散的太阳能光伏电源。而太阳能发电本身也具有不够稳定的特性，平均每年有效发电时间仅为 1 500 h 左右。

(3) 不具备竞争力，需要政策对电价进行补贴

发电企业的投资者喜欢固定电价制度，因为固定电价有助于明确企业未来的收入水平，而中国目前实行的是具体项目具体定价的制度，基于具体项目的招标制度使企业无法在项目建成前明确未来的收益状况。太阳能发电在中国还是新生产业，造价非常昂贵，国家媒体曾引述史立山的话称，发改委新能源司副司长史立山在可再生能源产业发展论坛上表示，自 2009 年敦煌中国首个太阳能示范电站招标之后，业界要求大规模发展光伏电厂的呼声很高，但目前国内尚不存在大规模发展太阳能电厂的条件。主要原因在于太阳能电厂的成本仍太高，除去电池板本身的成本，1 kW 的建设成本达 8 000 元。现在很多地方出现了为建电厂而建的现象，这并不是政策支持的方向。目前中国太阳能的发展政策仍是推动一些示范项目的发展，旨在提高科技研发，以及一些小规模的实际应用，如在新疆、西藏等地。解决规模化生产的难题在于技术和政策层面。在技术上，要努力攻坚难题，降低生产成本；而在政策层面，就需要政府大力来扶持引导。参考国外的成功经验，德国政府对光伏并网电价

的补贴不设上限,然后根据发电量给一个递减的补贴,成本下来了,就可以迅速发展。同时电网公司也要有积极性去购买,终端用户乐意去用才是最关键的。德国、西班牙等国的财政补贴正是从此处下手,使得光伏行业出现了爆发性的增长。对比之下,目前我国的"金太阳"补贴的重点则集中在安装,这并未解决上网电价这一实质性问题。"十二五"电力开发基调已定:优先开发水电;优化发展煤电;大力发展核电;积极推进新能源发电;适度发展天然气集中发电;因地制宜发展分布式发电。风电、太阳能等清洁能源将在2020年之后迎来大发展。"太阳能集中在甘肃、青海、新疆等地。"十二五"期间,国家将在甘肃敦煌、青海柴达木盆地和西藏拉萨建设大型并网型太阳能光伏电站示范项目,在内蒙古、甘肃、青海、新疆等地选择荒漠、戈壁、荒滩等空闲土地,建设太阳能热发电示范项目。到2020年太阳能发电规划容量将跃升至2 000万kW左右。

近期不会推出固定的太阳能上网电价制度。太阳电池的生产是光伏产业链中最关键的一环。目前世界上应用最广泛的太阳电池是晶体硅太阳电池,而生产晶体硅太阳电池的原材料——高纯度多晶硅在我国却极度短缺,绝大部分需要依赖进口。我国多晶硅的产量即使全部供应光伏产业,也仅是市场需求的2.6%,其余只能依赖进口。原材料受制于人,不仅成为制约我国光伏产业发展的瓶颈,还在一定程度上造成了行业的混乱。在我国的光伏产业链中,附加值高、环境污染小的环节都控制在国外公司,而将附加值低、能耗高的环节都留给了中国,目前我国的太阳电池生产线基本上都是从国外进口的,产品原材料也是高价买来的,产品的出口价格也受制于国外公司,因此"大头儿"都让国外公司赚去了,我国太阳能企业所得到的不过是5%～6%的加工利润。太阳电池能将太阳能转换成直流电能,太阳电池的生产是光伏产业链中最关键的一环。据中国工程院的专家调查,2005年我国对多晶硅的需求量为3 800 t,其中光伏产业需求2 691 t,而2004年我国多晶硅的产量只有 60 t。从而形成了中国光伏产业著名的“两头在外”现象：九成以上的原材料依赖进口，九成以上的产品出口。表面上原因是太阳能电池成本过高，暂不适于国内广泛应用。而造成这一现象直接原因在于技术跟不上，原材料受控。太阳能光伏电池的制造链为：石英砂—多晶硅—切割变为硅片（或者变为单晶硅）—电池以及电池组件（单个电池片无法发电），再将组件组合，最后安装在工程项目上用于发电。跨国公司垄断的产品，恰恰就是多晶硅。全球的七大公司，几乎控制了所有的高纯度多晶硅销售和制造，他们既不合作、也不合资，技术完全封闭。事实上，多晶硅的上游原材料石英砂在我国并不缺乏。不少海外的多晶硅公司都从中国直接采购。但中国企业对于硅的提纯技术，一直毫无进展。20 世纪 90 年代，国内有 40 多家小型公司都在研究多晶硅技术，但就是没有一家公司可以承担大型的多晶硅生产。技术瓶颈无法突破，处处必将受制于人，所以即使有原材料无技术，也只能成为廉价的国外环保产业加工厂。从而也导致了我国太阳能产业裹足不前。

1.4 发展水电存在的问题

1.4.1 发展水电受环境保护的制约

过去的 10 年里，我国水电装机容量新增 1 亿 kW，目前我国水电总装机达到 1.97 亿 kW，在建规模 6 700 万 kW，我国水电技术也已居世界领先地位。水电开发受到三大制约，即技术制约、经济制约和移民以及生态环境制约。今天看来，前两者已经不是问题，移民和环境问题成了最大的制约因素。过去最大的失误是水电开发把效益给了下游的发达地区，把困难和问题留给了库区和移民。发展水电的步伐可能会因此受阻。原因是由于全球变暖，水坝可能会逐渐干涸。比如在云南主要依靠水力发电，但干旱导致大坝水位非常低。与此同时,电煤供应吃紧。缺电问题将于3、4月份达到高峰。

随着人类社会经济的发展,水资源的开发利用强度和速度越来越高,在水资源问题上,水资源的利用主要考虑农业、工业和生活用水等经济效益方面的问题,而在维护生态平衡所需的用水方面,则没有得到足够的重视。正是由于这种忽视,在水资源的开发利用过程中,已经产生了水环境、水生生态严重破坏的现象。水资源的开发利用,加速了水体功能的衰退过程,使水资源的可再生性受到了根本性的威胁,进而加重了水资源危机,使环境更为脆弱,水灾害相对频繁。由于水资源开发利用强度过大,给生态环境的维持和保护,造成了很大的压力。因此,水资源利用、水利工程建设引起的环境问题,已经受到人们的重视。水电开发对生态地质环境影响对中国而言这并不是一个孤立的问题。水电工程形成的巨大的水域,必然对生态地质环境造成正面包括负面的影响,水电站建设会对周边的气候、生物资源、地质构造产生巨大的影响,从而产生高昂的生态与社会成本;大力实施水电建设计划与降雨量的减少以及冰河的缩小等现实情况相冲突,这是一个长期趋势;另外虽然水电对环境的破坏略小,但是也面临影响动物和鱼类脆弱的生活环境和长期共生群落的矛盾,需要奋力寻求适当的平衡。

水电工程对地质环境的影响及其灾害隐患。尤其西部地区是水电开发中地质环境风险最高的地区,大规模水电工程在建设和运营中更易诱发和加剧地震、滑坡、崩塌、泥石流等地质灾害。应当高度重视地质环境是水电开发极其重要的制约因素,同时,水电工程特别是大型水电工程对地质环境又会产生非常严重的影响,并会引发地质灾害、生态、社会等方面的一系列问题。因此必须认真对待地质环境在水电开发中的影响。水库可能诱发地震,取决于库坝区地质环境,地质构造背景的总体组合条件。根据国内外水库诱发地震的情况,可分为两类:一是水体渗透储积条件;二是诱震的地质构造条件。从对世界近2 000多座水库的分析表明,水深和库容在水库诱发地震的动力机制中具有十分明显的因果关系。由于上述河流流量季节变化大，河流上首尾相连的水库群消洪增枯现象的频繁交替以及水库间库容差异和频繁调度，引起库容水深的不断变化，也会引起库岸围岩结构瞬时应变，在这种快速频繁的变化中，可能导致应力失衡而诱发地震，汶川地震前的2005—2006年，沿岷江河谷和紫坪铺水库岸都汶高速公路施工隧道中多次发生瓦斯爆炸和岩压异常，这是非常值得研究的案例，可惜当时并没有引起警觉。地震预测预报是一个尚未攻破的世界性难题，水库诱发地震的动力机制、水文机制、岩石应变机制等都还存在着较大争议。特别是在青藏高原、横断山脉这样的科学堡垒、学术前沿地区。然而，在这些引起极大关注和争议的重大问题还没有取得共识，一些关键科学技术问题还没有突破性成果的情况下，贸然行动难免将承担巨大的地质风险。近几年，推动我国特别是西部大规模水电开发热潮的主要理由之一是西部富有极其丰富的水能资源和优越的水电开发条件，同时那里的水电开发率又很低。但如果从地质环境的制约因素和可能带来的严重影响来看，这种理由存在着很大疑问。我国西部地区地形反差巨大，处在印度洋、欧亚、太平洋三大构造板块的碰撞接合带，新构造运动十分活跃，地质环境很不稳定，地质灾害十分频繁，那里有我国几个最著名的地震区和地震活动带，这是必须认真对待的问题。有人认为，我国可以建设抗衡8级地震的大坝，从工程技术上讲这应该是没有问题的，我国的大坝技术已经是国际领先水平，他们更以岷江紫坪铺大坝为例，认为汶川大地震更坚定了在地震活动建设大型水电站的决心和信心。但是却回避了以下的事实：地震使水电站破坏造成了难以估量的损失，阿坝州岷江流域130座水电站受损，受损装机容量256.85万kW，占全州装机容量的90%，直接经济损失151.53亿元；四川省受损水电站470余座，装机容量330万kW。水利设施灾后的修复重建，包括应急除险在内，共需资金

360亿元。受损电站面临一系列难题，一是不能恢复重建电站的投资回收和职工就业问题严峻；二是刚投入运行电站的还贷和收益受到巨大影响，预期效益难以实现。恢复重建又需大量投入；三是许多大坝受损，厂房、开关站、输电线路受损严重，上游和库区地质环境进一步恶化，运行成本增加。据不完全统计，灾区河川次生灾害形成地质灾害点面12 000多处，产生崩滑泥石流物源10亿 m^3 以上，这不仅使电站继续面临次生灾害的威胁，而且使水库蓄水条件恶化，水库功能削减，缩短水库和电站的寿命；四是一些高坝大库地质变化较大，坝体、坝肩内伤严重，库区地质结构和地质环境改变，不稳定危岩增加，治理任务非常艰巨，水电站安全隐患并没有完全消除；五是一大批在建电站技术经济指标发生改变，资金投入受到影响。

还有水库泥沙问题，也是影响电站运行和寿命的关键因素。水库的退役电站报废主要是因为泥沙淤积所致。而报废水库特别是大型水库的泥沙处置目前全世界都还不曾遇到过，也没有这方面的成熟经验和技术。在高产沙河流河段的水库泥沙不仅淤积快速，导致库容锐减，在峡谷型库区，库尾抬高引发上游水患，更为严峻的是库尾大量的泥沙处置困难，在高产沙峡谷河流上建设一连串大型水库群，泥沙问题终将产生连锁反应，这种情形一旦发生，将使后人束手无策，黄河三门峡泥沙问题就是佐证。随着我国水资源形势的日益严峻，包括洪水、断流和泥石沙灾害在内的水患的日益加剧，大江大河治理和流域生态建设，已成为21世纪中国的目标之一。以金沙江为例，多年来输入长江三峡库区的泥沙为5亿t以上，有的年份超过7亿t(1980年达7.28亿t)，流域内年产沙量16亿t以上。靠干支流一级一级的水库拦沙，只能暂时解决问题，是把问题转移到上面或别处，把后患留给后代，但最终是不能解决问题的，甚至到了最后，泥沙还是要下来的，泥沙淤积在水库，堵塞河流，防洪功能逐渐失去，水库泥沙淤积和河道改变已经积累了大量的河害，到那时就成了恶性循环。

另外，由于水电发展受制于移民、环保等争议，使得国家对水电发展采取了更为谨慎的态度，大型水电项目核准权也从地方收回国务院投资主管部门。截至2009年年底，我国可再生能源“十一五”规划中列举的重点开工水电项目仅有1/3获批。再者水电项目建设周期长，需要超前规划。输电规划滞后于电源规划也是水电项目推进必须解决的问题。

1.4.2 发展水电受移民的困扰

移民安置是水电开发的重要环节，在落实科学发展观的今天，做好移民安置工作，既是必要的，也是必需的。根据国际经验教训，大型水电工程从长远效果来看，都是降低了多数人的生活水平，随着库区后靠居民和外迁移民人口的增加、环境恶化、资源不足、发展停滞、人们的生活水平得不到提高，反而下降，水电建设的这种弊端一般需要较长时间才能显出来。水电工程征地移民工作的难度很大，关系复杂。需要处理和协调好多方面的利益关系，包括协调处理开发水能资源带来的直接和间接收益，以及中央和地方、地方和地方之间分配关系；不同所有制水电业主之间对移民的补偿办法和标准的平衡关系；当前以及未来移民补偿标准、当前改革和即将进行的改革、当前发展阶段主要矛盾和未来发展阶段主要矛盾的关系。淹没处理补偿标准、征地移民投资使用管理、移民综合监理、电站利益分配等方面存在一系列问题需研究协调解决。由于不同地域两自然、经济等基础条件的些差异使征地移民工作中需协调的问题增多、难度加大，特别在电站利益分配等方面需要协调解决的问题非常之大。

随着国家越来越重视移民工作，对移民政策的政策支持力度不断加大，大幅提高征地移民补偿标准，使得水电工程建设中水库移民所占的投资比例越来越大。且还要承受库区征地移民安置所带来的各类现实和后续问题。这在我国各地区之间尚未建立起完善的财政“横向平衡”机制的情况下，导致跨省区的水电开发项目不能按最优方案开发，造成资源的严重浪费，影响了国家对水利水电基础设施开发政策的有效实施，在实践中很难实现“双赢”，而结果往往是“双输”。比如涉及贵州、重庆两地的芙蓉江水电开发过程中，由于两省市对某水电站的税收存在异议而重复建设造成资源、投资的严重浪费。又比如龙滩水电站 400 m 正常蓄水位方案分期建设也与贵州、广西两省政府没有达成“分税”协议，使得龙滩工程发电防洪效益的损失巨大。

做不到“迁得出、稳得住、能致富”的要求，移民将成为社会不稳定的因素。不少地方为少数民族集居地，宗教信仰复杂，如何妥善安置好移民，往往成为制约水电开发的首位因素。随着经济发展和人民生活水平的提高，法律和人权意识的普及，移民工作日益受到关注，但难度还会越来越大。由于我国现行的移民政策前期投入不足，若库区政府没有相对持续的财力和稳定的资金来源渠道，库区移民的后续问题很难解决，甚至会引起社会动荡。更少有人注意到水电大坝对下游的影响，往往只是强调水库对下游的防洪，灌溉和提供电力之利。但是，水库下游失去了肥沃的泥沙和土壤营养，失去水沙平衡，河堤淘空，河岸崩塌。夹带泥沙的洪水是冲积平原和河流维系生物群落的基本条件，也是维系生态平衡的根本，但是水库使河流丧失了这些功能，导致下游土地发生巨大变化。江河水电开发要慎重。因为，水电开发并不是改善民生和发展经济的唯一路径。而且，在生态脆弱及生态具有特殊价值的地区，尤其不能走片面的资源开发道路。如果开发不可避免，也要将之视为资源配置而不是利益蛋糕——要全面统筹规划，不能进行掠夺性资源开发，要在资源利用和生态保护、长远利益与短期利益、政府利益与民生利益、商业利益与公共利益、局部利益与整体利益之间找到一个有序的平衡点，实现共赢。

第二章

我国核电技术自主化之路

当前,全世界都面临着资源持续供应和环境保持清洁的巨大挑战,核能作为新型的清洁能源正在受到越来越多地重视。2000年10月,中国共产党第十五届中央委员会第五次全体会议通过了《中共中央关于制定国民经济和社会发展第十个五年计划的建议》,提出了“适度发展核电”的思路。2005年10月,中国共产党第十六届中央委员会第五次全体会议通过了《中共中央关于制定国民经济和社会发展第十一个五年规划的建议》,提出了“积极发展核电”的思路。2007年10月,国家发展和改革委员会公布了《核电中长期发展规划(2005—2020年)》提出了要“贯彻‘积极推进核电建设’的电力发展基本方针”。2010年10月,中国共产党第十七届中央委员会第五次全体会议通过了《中共中央关于制定国民经济和社会发展第十二个五年规划的建议》,提出了“在确保安全的基础上高效发展核电”。在福岛核事故发生之后,我国核电发展思路没有改变,2011年3月,十一届全国人大四次会议表决通过了关于国民经济和社会发展第十二个五年规划纲要的决议,仍然强调“在确保安全的基础上高效发展核电”。此外,在日本福岛核事故发生之后,温家宝总理及国家发展改革委、环保部等主管部门的领导曾先后强调,要在“确保安全的基础上,高效发展核电”,“中国发展核电的决心不会改变”。2012年3月,胡锦涛总书记在韩国首尔核安全峰会上也强调,“要坚持科学理性的核安全理念,增强核能发展信心,推动核能的安全、可持续发展。”可见,我国将继续坚持发展核电。目前,我国正在建设的核电机组数量位居世界之首。中国作为重要的发展中国家,也顺应世界的潮流,正大力积极地发展核电产业。

我国的核反应堆技术研究始于20世纪50年代中期,开始于苏联在中国原子能研究院援建的10 MW研究性重水反应堆,当时,与我国确定的自行研究、设计核潜艇动力堆的任务一起,带动了一系列反应堆技术的实验研究工作。而1956年至1958年开始兴建的水冶厂、铀同位素分离厂、核燃料元件厂和核燃料后处理厂,则为核电产业的成形奠定了核燃料的基础。经过50多年的不懈努力和发展,我国的核工业体系趋于完备。

我国的核电设计工作从20世纪70年代末就已经开始,但核电产业的真正起步是在80年代初,制定了发展核电的技术路线和政策,决定重点发展压水堆核电厂,采用"以我为主,中外合作"的方针,引进国外的先进技术,逐步实现设计自主化和设备国产化,并于1985年和1987年动工兴建浙江秦山核电站和广东大亚湾核电站。1994年,两座核电厂正式投入商业运行,这标志着中国的核电技术达到了世界先进水平,之后的十几年间再接再厉,相继建成了秦山第二核电站、秦山第三核电站、岭澳核电站、田湾4座核电厂;在建福建宁德、福建福清、广东阳江、山东海阳等核电厂。我国已商用的核电机组如表2.1所示。从最初单一的压水堆核电厂发展到压水堆、重水堆、钠冷快堆、高温气冷堆等多种堆型。从集中在沿海地区开始向内陆地区发展,中国核电事业迎来了一个崭新的局面,中国的核电事业走过了一条奋发自强的前进之路。

表2.1　我国已商用发电的核电机组

电站名称	额定电功率/万 kW	堆型
秦山第一核电站	31	压水堆
秦山第二核电站	4×65	压水堆

续表

电站名称	额定电功率/万 kW	堆型
秦山第三核电站	2×70	重水堆
大亚湾核电站	2×98	压水堆
岭澳核电站	2×99 2×108	压水堆
田湾核电站	2×106	压水堆
宁德核电站	108	压水堆
红沿河核电站	108	压水堆
合计	1 469	

2.1 第一步:外方为主,我方全面参与

在核电发展初期的20世纪50年代,各国核科技界对于究竟什么样的反应堆用于发电为宜,都在从技术可行性、安全性和经济性等方面进行探索和优选。美国经过对各种类型的小型试验堆的研究、实验和比较后,逐步选定了压水堆和沸水堆这两种轻水堆为其发展核电的主力堆型。苏联在石墨水堆的改进提高上下工夫,开发出了单机电功率为100万 kW 的 RBMK 型石墨沸水堆核电机组。切尔诺贝利核电厂用的就是这种反应堆。苏联发展的另一堆型为压水堆(苏联称为水水堆 VVER),它基本上与西方发展的压水堆类似。

英国经历了石墨气冷堆、天然铀石墨堆,改进型石墨气冷堆(AGR),到了20世纪80年代后期从美国西屋公司引进了压水堆核电机组,英国在发展核电技术路线选择上是不成功的。法国经过实践认识到:天然铀石墨气冷堆不是核电堆型的优选方向,于20世纪60年代末从美国西屋公司引进压水堆核电机组,实现高

起点，走批量化、标准化、自主化的发展道路。实现了90万kW机组和130万kW机组自主化发展的基础上，又自主创新，设计建成了4套145万kW的N4机组，终于法国成为核发电量占全国总发电量的76%的核电大国。可以说法国的核电技术路线选择是很成功的。日本由于能源资源缺乏，早在20世纪60年代即着手发展核电。走过些弯路，后来从美国引进沸水堆和压水堆，两种堆型并行发展，福岛核事故之前有30多座沸水堆机组和20多座压水堆机组在运行发电，单机功率从30万kW到130万kW。通过引进，消化吸收美国技术，逐步达到了核电自主化，是成功的，但自主化速度较慢。韩国于20世纪70年代开始发展核电，分别从加拿大进口了重水堆，从美国和法国进口了压水堆，经过十年的“以外方为主，自己只分包一些部件制造”的过程，到了20世纪80年代开始，依照法国模式，组织国内设计、研究、制造单位实行自主化战略，从美国引进压水堆核电机组，通过4套机组与国外合作设计建设和转让技术，实现了设计自主化和设备国产化，现正进行自主开发新型机组。

中国核电的自主化第一步：外方为主，我方全面参与。在20世纪80年代开始了“引进＋国产化”为主的路线，坚持“引进、消化、吸收、再创新”。20世纪80年代中期至90年代中期是我国核电发展的起步阶段，在我国核电技术的起步过程中采用了两种模式：一种是自力更生的模式，即由我国自己设计、自己制造为主，适当采用部分国外先进的设备和技术。另一种模式是由国外提供成套核电设备，并提供相应的买方信贷，引进国外设备的同时，引进先进技术和先进管理经验，为我国自行建设大型先进核电机组创造条件。首先自主设计建造秦山核电站（1985—1991年）1台300 MW压水堆核电机组。通过秦山核电站的建设为我国掌握核电研究、设计、建造、运行方面的技术积累了经验，培训了人员，为核电在我国的发展打下良好基础；1987年开工的广东大亚湾核电厂是法国成套进口的两台 90 万 kW 级核电机组，于 1994 年并网发电。

1996—2006 年，相继开工建设了 4 座核电站(8 台机组)，引进法国设备与技术建设岭澳核电站 2×990 MW 和 2×1 080 MW 压水堆核电机组，引进加拿大 CANDU 型重水堆核电机组设备与技术建设秦山第三核电站 2×700 MW 重水堆核电机组，引进俄罗斯设备与技术建设田湾核电站 2×106 MW 压水堆核电机组，截至 2007 年全部建成投产。其中自主设计建造秦山第二核电站 3×650 MW 压水堆核电机组并顺利投入商业运行，提高了核电设计自主化和设备国产化能力，增强了人们对中国核电发展的信心。

2.2 第二步：我方为主，外方支持

2007 年 10 月发布的国家《核电中长期发展规划(2005—2020 年)》推动了核电的发展，我国核电事业已由起步进入了发展阶段。基于“以我为主，中外合作”的战略思想，采取“以我为主，中外合作”的方式，由我国自主设计建造了秦山第二核电站两台 65 万千瓦核电机组的国产商用核电厂，于 1996 年正式开工建设，分别于 2002 年 4 月和 2004 年 5 月正式投入商业运行，许多参数达到了国际领先水平。在吸取秦山一期技术和经验的同时，参考从法国进口的大亚湾核电站，消化吸收其技术和经验，并适当引进了一些技术。以大亚湾核电站作基础进行改进的岭澳核电站两台百万千瓦级压水堆核电机组则采取设备国际采购为主，国内部分分包的方式建设。两套机组也分别于 2002 年和 2003 年投入商业运行。通过大亚湾和岭澳这 4 套核电机组的建设和运行，使我们积累了大型机组的技术和管理经验，增强了我国核电自主化的能力；通过秦山一期、秦山第 2 核电站的建设和技术引进，我国已经全面掌握第二代核电技术，形成了自主知识产权的 CNP300、CNP600、

CNP1000等系列压水堆堆型。标志着中国人在核电方面终于有了一套完整的自主创新的体系，形成了一个中国核电自主化品牌。证明了我国掌握了压水堆60万kW核电机组的核心技术，而且还具备自主设计建造百万千瓦级核电厂的能力。为全面实现大型商用核电厂的设计自主化和设备本土化打下了良好的基础。

核电装备制造企业在二代及二代改进型核电项目中，技术和自主制造能力有了很大提高。比如，反应堆压力容器技术将由中外联合负责转变为中方负责，国产化率将由50%提高到90%以上；蒸汽发生器、反应堆堆内构件、控制棒驱动机构的技术负责也将由中外联合转变为中方负责，国产化比例将由70%提高到90%以上；数字化仪控系统由外方负责转变为中方自主设计；应急柴油机、核级电气贯穿件的国产化比例也将在红沿河3、4号机组中达到80%和90%；关键泵阀的国产化率由早期的不足4%提高到40%。应该说，二代核电的"市场换技术"的成绩是理想的，正在进行中的三代核电"市场换技术"，将给中国的核电装备制造业带来又一次的发展和强壮的机会。我国将坚持以我为主，中外合作，以市场换技术，引进国外先进技术，国内统一组织消化吸收，并再创新，实现全面掌握第三代核电技术的目标。

目前，我国在役核电厂安全稳定运行，性能指标良好，核电厂管理水平不断提高，与WANO(世界核营运者协会)9类11项性能指标对比，我国2007年之前投入商业运行的9台机组平均性能有9项好于2006年WANO中值，其中6项进入2006年WANO先进值行列。在核电工程设计方面，具备了30万～60万kW压水堆核电厂自主设计，基本具备满足现行核安全要求的百万千瓦级核电厂设计能力，以及自主批量规模建设的工程设计能力，并形成了核电厂总体设计、核岛与常规岛设计等骨干队伍。在核电设备制造方面，已形成上海、东北和四川3大核电设备制造基地，除主泵、数字化仪控系统等小部分设备外，具备了百万千瓦级压水堆核电大部分设备的制造能力。60 万 kW 核电厂国产化率可以达到 70%以上，百万千瓦级核电厂可以达到 50%以上。在核燃料生产供应能力方面，实现了核电厂燃料组件国内供货，通过新建和改、扩建扩大生产规模，可以满足未来核电发展的需要。在建设安装及施工方面具备了同时在多个厂址上按不同进度建设 8 台核电机组的土建安装施工能力。已初步掌握了国际先进的核电建设与安全监管方面项目管理模式并配置了相应的软、硬件管理手段；初步建立了与国际接轨的核安全管理和监督的法规制度体系。经过 20 年的积累，我国核能行业（科研设计、设备制造、核燃料循环、核电建设与管理、人才培养等）已具备加快核电发展的条件。

2.3 第三步：全面自主创新

拥有了具有自主知识产权的大型先进核电技术，我国才能由“核电大国”转变成为“核电强国”，才能像美国、法国、韩国一样，在满足国内核电自主建设发展的同时，实施核电成套技术“走出去”战略，赢得世界核电大单。我国核能研究开始的并不晚，20 世纪 50 年代制定了《1956 年至 1967 年科学技术发展远景规划》，其中明确提出，“用原子能发电是动力发展的新纪元，是有远大前途的”，“在有条件下应用原子能发电，组成综合动力系统”。但是，我国核电起步较晚，30 万 kW 级的压水核电秦山核电站第一座由我国自主创新建成的核电工程，于 1983 年才基本完成研究开发和工程设计，1985 年 3 月 20 日正式开工建设，1991 年 12 月 15 日并网发电，从而结束了我国大陆无核电的历史，实现了我国核电技术的重大突破。

我国核电队伍已有能力自主设计 30 万 kW 和 60 万 kW 级的核电机组，基本有能力自主设计 100 万 kW 级的核电机组。但我们的技术水平还属于国际上第二代压水堆核电的水平。为了核电的发展不停步，我们应当再继续建造一些改进的第二代机组；与此同时，也必须以提高核电的安全性和经济性为根本目标，争取早日实现我国核电的升级换代，即从第二代往第三代发展；通过自主开发与引进技术相结合，达到能自主设计和建造第三代百万千瓦级大型先进压水堆核电机组的目标，形成先进的、标准化的、能批量建造的产业规模，以加快核电的发展。在此基础上还应不断改进、创新，开发出具有我国自主知识产权的中国品牌的先进的核电机组。事实表明，我国主要依靠自己的力量自主创新，结合引进技术，不仅能设计建成核电厂，也能运行和管理好核电厂，这对于增强我国自主掌握高科技的信心，对振奋民族精神，都有深远意义。总的来说，通过多年来的努力，我国已具有自主设计建造第二代核电机组的能力，并能加以改进。

国务院已经确定，今后我国核电发展应尽快实现大型机组的自主化、本土化，贯彻“采用先进技术，统一技术路线”的方针，结合我国具体情况，积极发展核电，增强自主创新。为此，国务院领导已决定，以浙江三门和山东海阳两个核电项目作为第三代核电自主化的依托工程，2007 年 7 月我国确定西屋联合体的 APl000 技术方案正式中标中国三代核电自主化依托项目，引进美国西屋公司的 AP1000 型先进压水堆核岛，合作设计建设 4 台核电机组。通过 4 台机组的合作设计建设和消化、吸收引进技术，使我国能独立自主设计建造和批量发展第三代百万千瓦级核电机组；并能进一步研究、开发、创新，在一定时期内设计出具有我国自主知识产权的中国品牌的第三代大型先进核电机组，并着手建造第一台这样的商用示范机组，成功后逐步推广。第一步：外方为主，我方全面参与，建成自主化依托项目 4 台 AP1000 机组，基本形成 AP1000 三代核电沿海厂址标准设计；第二步：我方为主，外方支持，形成 AP1000 内陆厂址的标准设计，完全具备在沿海和内陆建设AP1000核电机组的能力；第三步：实现全面自主创新，形成CAP1400标准设计，建成CAP1400重大专项示范工程及进行规模化建设，开展CAP1700的预研工作。通过第三代核电自主化依托项目工程建设，以及AP1000技术的引进、消化、吸收和再创新，实现设计、制造一体化的生产模式，提高核电成套设备制造技术和能力，建立与国际接轨的我国核电技术标准体系，实现核电设备制造国产化。

2008年2月，《国家中长期科学和技术发展规划纲要(2006—2020年)》将《大型先进压水堆和高温气冷堆核电厂》列为16个国家重大科技专项之一，正式启动大型先进压水堆核电厂工程项目、高温气冷堆核电厂示范工程项目。全力加以保证。目标是在消化、吸收、全面掌握我国引进的第三代核电AP1000先进技术的基础上，通过再创新开发形成具有我国自主知识产权的、功率更大的大型先进压水堆核电技术品牌。应该强调，自主创新始终是推动核电发展的主动力，这不仅是为第二代的改进提高，更是为了向第三代和第四代发展。

2.4 我国参与第四代核能利用研究

近年来，世界各国提出了许多反应堆设计和核燃料循环方案的新概念。2000年1月，在美国能源部的倡议下，美国、英国、瑞士、南非、日本、法国、加拿大、巴西、韩国和阿根廷10个有意发展核能利用的国家派专家参加了“第四代国际核能论坛”(简称GIF)，并共同签署了合作研究开发第四代核能系统的合约。第四代核能系统开发的目标是：2030年前创新地开发出新一代核能系统，使其安全性、经济性、可持续发展性、防核扩散、防恐怖袭击等方面都有显著提高；研究开发不仅包括用于发电或制氢等的核反应堆装置，还包括核燃料循环，以达到组成完整核能利用系统的目标。提出第四代核能系统的具体技术目标包括：1）核电机组比投资不大于1 000美元/(kW・h)，发电成本不大于3美分/(kW・h)，建设周期不超过3年。2）极低的堆芯熔化概率和燃料破损率，人为错误不会导致严重事故，不需要厂外应急措施。3）尽可能减少核从业人员的职业剂量，尽可能减少核废物产生量，有完整的核废物处理、处置方案，其安全性能为公众所接受。4）核电厂本身要有很强的防核扩散能力，核电技术和核燃料技术难于被恐怖主义组织所利用。5）全寿期和全环节的管理系统。6）国际合作开发机制。

GIF的专家研究了核能利用系统的开发路径进行，协商了国际分工合作，提出了初步的工作"路线图"(Roadmap)。按照GIF对第四代的发展计划，将在2020年前后选定一种或几种堆型，2025年前后建成创新的原型机组系统示范。如果在原型机组上能成功地显示这种创新技术在安全性和经济性上的优越性，确实能与其他能源的发电机组竞争，那么大约从2030年起就可广泛地采用第四代核电机组系统，而在那时，现在正在运行的第二代核电机组均将达到批准延寿后的60年寿期退役年限。我国目前也加入了GIF。国际原子能机构除了赞同GIF的GenIV倡议外，也在2001年倡议开始了"INPRO"创新型反应堆和燃料循环国际项目，参加INPRO项目的国家有：中国、法国、俄罗斯、欧洲联盟、印度、西班牙、加拿大、荷兰和土耳其等。

目前，世界上有443座核电机组在运行发电，总装机容量约3.78亿kW，其中除4座是快堆外，都是热中子堆。这就是说，核能的产业化利用目前还处于第一阶段。主要缺点是核燃料利用率很低，在开采精炼出来的铀中，只有1%～2%的燃料能够在热中子堆中产生核能，其余98%～99%的铀-238都将积压下来，要等到快中子堆才加以利用。快中子堆最大的优点就是能够充分利用核燃料，它在消耗裂变燃料来产生核能的同时，还能够生产相当于消耗量1.2～1.6倍的裂变燃料，使得热堆积压下来的铀-238的

60%～70%能在快堆中利用。在将来就是可控热核聚变堆阶段，聚变堆是利用氢的同位素氘、氚等聚变成氦而释放核能的反应堆，氘即重水中的“重氢”，而地球上的水中有 1/7 000 是重水，总计含氘量有 40 万亿吨，故聚变反应堆成功后，水中氘足以满足人类几十亿年对能源的需求。

然而，实现持续的可控聚变，难度非常大。各国已建造多种类型的试验装置共 200 多台，向可控聚变目标探索，已露出胜利的曙光。我国已建成的新一代受控聚变研究装置 HL-2A 和低温超导磁约束聚变装置 EAST 标志着我国聚变研究进入大规模装置试验阶段，具备了在高层次上参与国际合作的基础。国际上的磁约束聚变试验装置已得到了输出功率大于输入功率的成果，原则上证实了可控聚变堆的科学可行性。专家估计到 2050 年前后人类有可能实现原型示范的可控聚变堆核电厂发电。核聚变堆要发展到经济实用的阶段还有一段相当长的艰辛的道路，但它的前景是光明的。我国中长期科技发展规划已将磁约束核聚变列为前沿技术项目，并在科技前沿上与国际合作，推动我国聚变核能利用的发展。

第三章

核电的铀资源保障

3.1 我国核电发展对铀资源的需求分析

3.1.1 我国核电发展对天然铀的需求分析

我国目前核电在建规模世界第一，至 2015 年核电装机容量将达到 4 000 万千瓦，提前 5 年实现 2007 年版核电中长期发展规划的要求。预计到 2020 年，我国运行装机容量将有望达到 6 000 万千瓦左右，在建 3 000 万千瓦左右。这是一个宏伟的核电发展蓝图，包含着巨大的挑战，铀资源的需求将进一步加大。由于我国在役的、在建的、拟建的核电厂，绝大多数都是只能利用铀-235 的压水堆，对天然铀的需求量十分巨大，给铀资源保障带来了更大的压力。

一座 100 万千瓦级压水堆核电机组，首炉装料需要装入铀-235 富集度为 3%～5%的燃料元件 75 t，需天然铀约 400 t，每年换料用天然铀约 150 t；2008 年我国的天然铀产量为 769 t，主要产于江西、新疆、陕西和辽宁，可提供当前国内核电 40%的需求，不足部分主要从哈萨克斯坦、俄罗斯、纳米比亚和澳大利亚进口。我国 2009 年核电装机 908 万 kW，年需天然铀 1 600 t 左右。而我国目前已探明铀矿储量约为 10 万 t。按 2020 年建成核电装机 6 000 万 kW，在建 3 000 万 kW 计算，到 2020 年时，当年需要天然铀 1.1 万 t，累计需要天然铀接近 15 万 t；如考虑到在核燃料循环中提纯、精制、转换过程的利用率、各类核反应堆对铀“燃烧”的利用率以及铀矿水冶的采储比等因素的影响，则 2020 年消耗的铀资源总量将接近 40 余万 t。1 亿 kW 核电全寿期运行，则需要天然铀 107 万 t，需要消耗铀资源储量 153 万 t。这将是对铀资源勘查的巨大压力，仅靠国内铀资源量是不能完成此重任的。

3.1.2 天然铀生产对铀资源储量的需求分析

按照到 2020 年核电装机容量达到 6 000 万 kW 的发展目标进行测算，到 2020 年时，当年约需要天然铀 1.1 万 t，累计需要天然铀接近 15 万 t。按照目前我国现已探明的铀矿储量情况，满足这些核电机组全寿期运行所需的天然铀资源，近期供应能够得到保证，但与中长期的需求量之间差距较大，若按矿山保持稳定生产考虑，还应有适当的储采比作为保障。因此，中长期的天然铀供应保障程度还是较低的，而铀矿床从地质找矿、勘探到矿山建设一般需要 10 多年的时间，要提高国内天然铀的保障程度，必须从现在开始加大勘查投入力度，以尽快发现和探明一批大中型铀矿产地。同时，应积极在可以较经济、安全可靠地获取国外铀资源的有利时期尽可能使用一部分国外开发的份额铀或进口铀。从长期的天然铀安全供应角度考虑，无论从弥补国内铀资源相对不足，还是从谋求全球视野的多元化供应来考虑，都应积极采取措施走“两种资源、两个市场”的道路，积极开拓并获取国外铀资源，以建立多元化、国际化的安全稳定的天然铀供应保障体系，从而确保我国核电中长期发展的天然铀供应的战略安全。世界铀资源储量有限，最丰富的国家有加拿大、澳大利亚、美国、俄罗斯、南非、哈萨克斯坦和尼日尔等国，我国的铀资源对核电工状况是近期有富裕，中期有保障、远期有潜力。近年来新提交的铀资源储量远大于消耗。

铀资源的发展战略应坚持利用“两种资源、两个市场”、“立足国内、开拓海外”的原则，一方面加大国内铀资源勘查力度，充分挖掘潜力，积极开辟新的铀资源基地，大幅度增加铀资源储量储备；另一方面积极开展国外铀资源勘查和开发，通过相对稳定的国外铀资源供应体系，提高铀资源对我国核工业可持续发展的保障力，方可以确保我国核工业发展对铀资源的要求。无论国内勘查如何加强，都应该坚定不移地“走出去”。同样，利用国外资源无论达到多大程度和规模，都应该坚定不移地加大力度推进国内勘查，加快摸清自己的资源“家底”。只有如此，才能掌握主动，有备无患。除了加强勘察铀矿资源和开辟国际铀资源外，应积极发展钍资源的开发和利用。

3.1.3 铀资源供应分析

铀通常被人们认为是一种稀有金属，但实际上铀在地壳中的分布非常广泛，其在地壳中的含量是金的500倍，银的40倍，与锡、钨和钼的含量相当。地壳中大部分岩石与海水中都含有铀(见表3.1)。

表3.1 铀在各种载体中的含量

载　体	铀含量/ppm($\times 10^{-6}$)
极高品位矿石(加拿大)	200 000 (20%)
高品位矿石	20 000 (2%)
低品位矿石	1 000 (0.1%)
极低品位矿石注	(纳米比亚) 100 (0.01%)
花岗岩	4～5
水成岩	2
大陆地壳	2.8
海水	0.003

注：如果岩石或沙中的铀含量很低(不足0.1%)，只有在铀以容易分离的形式(铀能够以硫酸或碳酸钠浸泡的方式从其载体中分离出来)存在时，才能被称为“矿石”。

一座矿体可不可以开采，主要取决于铀的提取费用及其市场价格。就目前而言，海水以及任何花岗岩都是不可开采的矿体，但当未来铀价上升到足够的高度时，它们也可能成为可开采的矿体。因此，已测定的铀资源量，即可经济开采的已知铀资源量，是相对于开采成本和铀价而言的。开采成本或铀价的变动、或者进一步的勘探活动都可以显著改变已测定的铀资源量。如果铀价以现价为基础上涨 10 倍，那么海水也将成为铀的一个巨大来源。对于铀资源可利用性的任何预测通常基于目前的开采成本与铀价数据以及现有的地质知识，因此很可能是保守的。

经过 50 年的勘探，我国已经探明的铀矿资源，经逐个矿床按投资项目技术经济评价的方法和参数估算生产成本，并完全按 IAEA 的经济分类评价指标，重新评价结果表明：我国铀资源总量和经济储量分别占世界当量的 4%～7%，且勘探程度不够高，其中约 1/3 为 RAR 可靠资源。已经探明的铀资源经济储量，不能满足到 2020 年的高方案的铀需求量。目前国内的铀矿产能 1 040 t，产量只有 750 t，可以满足当前已运行核电厂的需要。但是，光靠国内已经探明的铀资源是无法支持我国核电的可持续发展的，铀供给的安全将是我国核电可持续发展的制约因素之一。若按照 2020 年我国核电装机容量达到 8 000 万 kW、在建 3 000 万 kW 的要求，可估算出 2005—2020 年我国核电发展对天然铀数量和铀资源的需求量。根据测算，2010 年到 2020 年的 10 年间，我国累计需要天然铀约 15 万 t，其中 2020 年当年就需要天然铀 1.9 万 t。世界铀资源供需趋势世界核协会对到 2020 年的全球核电装机容量进行了高、中、低位方案预测，并针对这三种方案进行了反应堆铀需求量预测，从高位方案看，全球核电装机容量较大范围的上升，到 2020 年全球核电装机容量为 486.9 GW、铀年需求量为 9.3 万 t。从这些数字看，我国已探明的国内地质储量和目前的生产能力满足不了核电可持续发展的要求，国内铀资源的保障能力对我国核电未来发展提出了挑战,需要进一步开拓铀矿资源拥有量。

在全球许多地方,煤灰将是另一种较为容易获得的铀资源。在中国云南省中部地区,煤矿中的铀含量最高可达 315 ppm,平均含量约为 65 ppm。煤灰中的平均铀含量约为 210 ppm,超出了一些铀矿的截止水平。小龙潭电站的煤灰堆中含有超过 1 000 t 铀,该电站目前每年还产生含有 190 t 铀的新煤灰。对这些煤灰进行酸浸的实验结果表明,回收率达到约 70%。未来,随着快堆的广泛投入使用,铀资源的利用率可能会提高 50 倍甚至更高。快堆可以使用从传统反应堆乏燃料中提取的钚作为燃料,并与后处理厂一起形成一个闭式燃料循环。燃烧同样数量的燃料,快堆可以比传统反应堆多产生 60 倍的能量。目前全球的核电总净装机容量约为 370 GW,每年消耗约 6.5 万 t 铀。随着反应堆容量因子的提升、现役反应堆提升功率以及新反应堆投入运行,全球的燃料需求将会不断上升,但燃料需求与核发电量不一定会出现同步增长。随着高燃耗燃料的使用以及其他一些提高效率的方法,燃料需求将会以相对较慢的速度上涨。在 1980—2008 年这段近 30 年的时间内,年度核发电量增长了 2.6 倍,但年度铀需求量仅增长了 1.5 倍。对于制造一定数量的燃料而言,降低浓缩尾料的丰度可以减少对天然铀的需求。对传统反应堆的乏燃料进行后处理,并对提取出的有用材料进行循环利用,可以将资源的利用率提高约 30%。反应堆的燃料需求通过两种供应源来满足:一次供应源为铀矿;二次供应源包括商业库存、库存核武器、通过乏燃料后处理提取的铀与钚以及贫铀尾料(首次浓缩作业产生的尾料)的再浓缩。拥有多种二次供应源是铀区别于其他能源矿物的独特之处。

今天,全球的库存核武器是核燃料的一个重要来源。自 1987 年以来,美国与苏联国家签署了一系列核裁军条约,从而将签署国的核武库规模削减约80%。核武器中含有大量铀-235丰度超过90%（为反应堆燃料丰度的25倍）的高浓铀。一些核武器中还含有钚-239。钚-239可被制成供民用反应堆使用的混合氧化物（MOX）燃料。自2000年以来，全球已有30 t武器级高浓铀被稀释成低浓铀，相当于每年向市场提供1.06万t氧化铀，约占全球反应堆需求的13%。其他二次供应源一种最为显著的二次供应源是由企业与政府持有的民用库存。由于涉及商业秘密，想了解这一库存的具体数量非常困难。根据部分企业与政府的数据（2007年版铀红皮书），截至2007年1月，已知的这一库存约有5.5万t铀。根据世界核协会市场报告提供的数据，仅企业的库存量估计有约12万t铀。为确保企业和政府的能源安全，预计未来这些库存不仅不会减少，反而会稳步上升。再循环铀与钚目前以1 500～2 000 t/a的速度在替代一次供应源。实际上，钚目前正在以MOX燃料的形式得到循环利用，而大部分后处理铀则被贮存起来。

另一种二次供应源是经过再浓缩的贫铀。目前全球总计有150万t贫铀可供使用。这些贫铀产生于自20世纪40年代以来的军用和民用铀浓缩活动，尾料中铀-235的丰度大部分在0.25%～0.35%。相对于其3.5万t/ a的产生量而言，贫铀在非核领域的使用量可以忽略不计。因此，大部分贫铀可用于与再循环钚混合制成MOX燃料，或在未来用作快堆燃料。而且，在一些开工率不足的浓缩厂中，可利用富余的浓缩能力对铀-235丰度较高的贫铀进行再浓缩，使其丰度达到天然铀甚至浓缩铀的水平。俄罗斯的铀浓缩厂目前每年对1万～1.5万t丰度超过0.3%的贫铀进行再浓缩，从而产生丰度为0.1%的尾料以及数千吨丰度达到天然铀水平的铀。尽管俄罗斯的这一计划规模未来会逐步下降，但预计未来美国将启动一个类似项目，处理约14万t铀-235丰度为0.4%的贫铀。可作为核燃料的钍今天，全球的民用反应堆均使用铀燃料。但在CANDU堆型或特别针对钍燃料设计的反应堆中也可以使用钍作为燃料。在使用铀-235或钚-239等易裂变材料启动以后,CANDU堆型等经过专门设计的反应堆就可以使用钍燃料。钍-232原子俘获一个中子后可生成铀-233,而铀-233是一种性能优良的易裂变燃料。尽管目前尚未投入商业应用,但钍燃料循环具有一些吸引人的特点。例如,钍在地壳中的含量是铀的近3倍。2007年铀红皮书表示,地球上已知与估计的钍资源总量为440万t,该书还指出,这一数据尚未将许多地区的资源量包括在内。

3.2 国内外铀资源及天然铀供应情况分析

3.2.1 我国铀资源勘察情况分析

我国铀矿地质勘查从1955年开始的,半个世纪以来,我国开展了较大规模的铀矿地质工作,已完成相当面积的航空放射性测量及地面放射性地质、物探、放射性水化学、遥感地质等专业性区域调查,并通过重点勘查查明了一批铀矿产地,提交和控制了一定规模的铀矿资源储量。在江南、秦岭、天山、祁连、燕辽、滇西等地区发现大小铀矿200多个,总探明储量为4.4万t,约占世界总储量2%。探明的铀矿资源储量是比较丰富的,保有的铀矿资源储量也是可观的。但是,已查我国的铀矿资源分布很不均衡,分布在23个省、区。其中,中东部12个省占总资源储量的72%;西部(含东北三省)11个省、区占总资源储量的28%;已探明的铀资源储量占主要比例的是著名的四大类型,即花岗岩型、火山岩型、碳硅泥岩型和砂岩型(其中,可供地浸开采的所占比例较低)。可供常规开采的(俗称硬岩型)铀矿资源储量相对集中分布于南方赣、粤、湘、桂等省区,可供地浸开采的(可地浸砂岩型)铀矿主要分布于新疆、内蒙古及滇西地区。铀矿山规模以中、小型为主，但已探明的经济可采资源储量比例不大。尚未发现10万t以上的大型和超大型铀矿床，铀矿石品位偏低。探明保有的远景储量在总资源储量中的比例也偏小。

由于国家投入有限，我国铀矿勘查程度低，而且我国对于东部地区铀矿资源勘查工作程度大大高于西部地区。西部地区工作程度较低，而且勘查深度不大。作详细勘查的区域更少，我国完成铀矿普查面积不到国土面积的三分之一，且大部分勘查区的勘探深度仅限于地表下500 m。而从世界上探明的铀矿床分析，铀矿体主要为盲矿或隐伏矿，内生铀矿化的垂幅可达2 km，露表矿只是一小部分。因此，我国在广度和深度上都有巨大的找矿潜力，近来有消息称我国在内蒙古、新疆、西藏等地的铀矿勘探都取得较大进展。根据有关地质资料分析，许多区域都有很好的找矿前景，1985—1991年我国做了一批铀矿资源总量预测课题，全国预测潜在铀矿资源总量为170万t。世界上的两条跨洲的巨型铀成矿带——近东西向欧亚巨型铀成矿带以及环太平洋巨型铀成矿带均贯穿我国境内，宏观的成矿环境十分优越，下一步就需要找矿。只要加大投入，提高铀矿地质勘查程度，在我国国土上找到几个大的铀矿还是很有希望的，近年来勘查工作进展也证实了这一观点。比如相继在伊犁盆地、吐哈盆地、鄂尔多斯盆地、二连盆地等地区取得重要突破，其他地区的探索也取得重要进展，从而展示出我国铀资源潜力的新的前景。伊犁盆地查明我国第一个具有一定规模的可地浸砂岩型铀资源开发基地，吐哈盆地在西南缘查明了规模较大的铀矿带，控制了相当的远景资源，鄂尔多斯盆地可能找到超大型规模的可地浸砂岩型铀矿床等。

铀矿资源勘探和开发行业方面的垄断，是造成国内铀资源生产不能满足需求的主要原因。计划经济体制在我国核工业业发展初期产生了巨大作用，然而已不能适应于现代市场经济条件下的竞争，这集中表现于铀矿资源勘探和开发方面。资源勘探和开发需要现代的企业管理制度和模式，而国内铀矿资源勘探和开发部门目前均是事业单位、科研单位，虽然科研能力较强，但不能满足现代企业制度的竞争要求。基本上勘探和开发的资金均由国家投入，这实际上是垄断了国家铀矿勘探和开发的财力资源。一方面，资源勘探和开发为高风险投入，资金投入巨大，不能及时收回成本的大量的资金投入会给国家财力造成困难，而且完全由国家财力支持还会造成铀资源勘探和开发部门的大锅饭现象。另一方面，如果投入的资金不足，将不可能给勘探和开发带来充分的效益，同时，还会造成铀资源勘探和开发部门的人才流失，给国家造成巨大的人力资源的浪费。

借鉴我国金矿勘探和开发的经验，我国的铀资源勘探和开发应该放开准入。首先允许国内的有实力有一定资质的资源勘探和开发部门、企业（如石油企业、地矿部门、冶金部门、中国核工业集团公司之外的其他核电公司等）进入铀矿资源勘探和开发领域。其次加大行业内的竞争，人员的流动和资本的投入，在有利时期鼓励私人资本的投入，国家仅对生产出的铀资源按市场价进行统一收购。因此，建立铀资源多元化勘探开发模式势在必行。勘探开发队伍多元化，用以保障勘探开发的人力资源丰富，人的要素是第一位的；勘探投资资金来源多元化，保障勘探资金来源渠道广阔，充分利用国内各行业、私人的资金；勘探开发项目多元化，保障进入勘探开发的公司和私人能够灵活通过项目管理，收回自己的投资并获利；勘探行业级别多元化，但行业资质及安全核准由国家核安全部门统一按一定规格发放和定期考察；国家按铀资源市场价统一收购，并监督负责铀资源勘探开发方面的安全及环境保护。

“立足国内”与“开拓国外”相结合，可以确保我国核工业发展对铀资源的要求。铀资源的发展战略应坚持利用“两种资源、两个市场”、“立足国内、开拓海外”的原则，一方面加大国内铀资源勘查力度，充分挖掘潜力，积极开辟新的铀资源基地，大幅度增加铀资源储量储备；另一方面积极开展国外铀资源勘查和开发，通过相对稳定的国外铀资源供应体系，提高铀资源对我国核工业可持续发展的保障力。无论国内勘查如何加强，都应该坚定不移地“走出去”。同样，利用国外资源无论达到多大程度和规模，都应该坚定不移地加大力度推进国内勘查，加快摸清自己的资源“家底”。只有如此，才能掌握主动，有备无患。

3.2.2 国际铀资源勘查情况分析

据国际原子能机构（IAEA）估计全球常规铀资源量 1 620 万吨铀，如按现在消费能力可供 250 年，此外世界还具有丰富的非常规铀资源，如磷酸盐中铀（2 200 万 t）和海水中铀资源（超过 40 亿 t），未来随着铀提取技术的进步这些铀资源也将逐渐得到使用。此外，开采难度较大、经济价值较低的非常规铀矿资源量（如摩洛哥磷块岩中的铀）可能高达近 3 000 万 t。这是比较保守的数据，因为国际原子能机构数据是根据各国上报数据统计出来的，而某些国家在上报数据时，出于种种考虑，经常会出现少报的现象。此外，与常见的矿产如石油、铁矿石等不同，全球铀矿的勘查程度较低，所以未来铀矿资源量增长潜力还很大。不过随着世界核电的快速发展，铀资源需求量将增大，可能出现铀供不应求的局面，今后铀价可能长期持续走高。

全球的铀资源分布在地域上极不均匀（见图 3.1），世界铀资源主要分布于澳大利亚、哈萨克斯坦、加拿大等国，分别占全球总储量的 29%、24%、13%。加拿大铀产量最大，供应全球 21% 的份额，其次是澳大利亚和哈萨克斯坦均约为 19%。钍主要分布在澳大利亚、美国、土耳其、印度和委内瑞拉等国，其钍资源储量分别占全球储量的 19%、15%、13%、12% 和 12%，是下一步我国走出去找矿的主要投资地区。根据经合组织核能机构（OECD/NEA）

与国际原子能机构(IAEA)于2008年6月正式发布的2007年版铀红皮书《2007年铀:资源、产量和需求》,全球已知可开采铀资源总量为546.9万t,而前三大铀资源拥有国的总量占全球总量的48%(见表3.2)。目前世界铀消费量大约每年6.5万t。当前探明低成本铀储量为243.8万t,储采比为38,此外还大约有970万t品位较低的铀矿,按当前消费速率可以保证世界长期需求。

图3.1 世界已探明资源分布

表3.2 已知可开采的铀资源分布[1)]

国家或地区	铀/万t	全球份额/%
澳大利亚	124.3	23
哈萨克斯坦	81.7	15
俄罗斯	54.6	10
南非	43.5	8

续表

国家或地区	铀/万 t	全球份额/%
加拿大	42.3	8
美国	34.2	6
巴西	27.8	5
纳米比亚	27.5	5
尼日尔	27.4	5
乌克兰	20	4
约旦	11.2	2
乌兹别克斯坦	11.1	2
印度	7.3	1
中国	6.8	1
蒙古	6.2	1
其他	21	4
总计	546.9	

注:1) 已知可开采的铀资源是指开采成本低于 130 美元/kg 的可合理确保资源与推断资源之和。表中数据均来自《2007 年铀:资源、产量和需求》。

据世界核协会网站 2010 年 4 月报道,2009 年全球天然铀总产量约为 50 572 t,比 2008 年的 43 853 t 增长了约 15.3%(6 719 t)。世界天然铀产量的地域分布极不均匀,自 2003 年来,前三大铀生产国即哈萨克斯坦、加拿大和澳大利亚的产量一直稳居世界前三,2009 年仍保持了这一趋势,这三国的天然铀产量占世界总产量的约 63%;地浸矿产量在总产量中的份额持续上升,2009 年达到 36%;在经历了 1993 年之前 10 年的产量下滑之后,世界铀矿产量逐渐回升,目前可满足全球核电厂 76%的需求(见表 3.3)。

表 3.3　各国天然铀产量　　单位：t

国家或地区		2003 年	2004 年	2005 年	2006 年	2007 年	2008 年	2009 年
哈萨克斯坦		3 300	3 719	4 357	5 279	6 637	8 521	13 820
加拿大		10 457	11 597	11 628	9 862	9 476	9 000	10 173
澳大利亚		7 572	8 982	9 516	7 593	8 611	8 430	7 982
纳米比亚		2 036	3 038	3 147	3 067	2 879	4 366	4 626
俄罗斯		3 150	3 200	3 431	3 262	3 413	3 521	3 564
尼日尔		3 143	3 282	3 093	3 434	3 153	3 032	3 243
乌兹别克斯坦		1 598	2 016	2 300	2 260	2 320	2 338	2 429
美国		779	878	1 039	1 672	1 654	1 430	1 453
乌克兰(估计)		800	800	800	800	846	800	840
中国(估计)		750	750	750	750	712	769	750
南非		758	755	674	534	539	655	563
巴西		310	300	110	190	299	330	345
印度(估计)		230	230	230	177	270	271	290
捷克		452	412	408	359	306	263	258
马拉维		0	0	0	0	0	0	104
罗马尼亚(估计)		90	90	90	90	77	77	75
巴基斯坦(估计)		45	45	45	45	45	45	50
法国		0	7	7	5	4	5	8
德国		104	77	94	65	41	0	0
总计	铀/t	35 574	40 178	41 719	39 444	41 282	43 853	50 572
	U_3O_8/t	41 944	47 382	49 199	46 516	48 683	51 716	59 640
在全球总需求中所占的份额/%				65	63	64	68	76

2009 年，在全球前十大产铀国中，除澳大利亚外，其他国家的铀产量均出现了一定程度的上升，其中增幅最大的为哈萨克斯坦，铀产量继续呈现大幅增长，达到 13 820 t，比 2008 年的 8 521 t 增

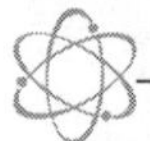

加了 5 299 t，增幅达 62.2%，占全球总产量的约 27.3%，一举超越加拿大成为全球全球份额第一大天然铀生产国；加拿大位居第二，为 10 173 t，比 2008 年的 9 000 t 增加了 1 173 t，增幅为 13.0%；澳大利亚位居第三，为 7 982 t，比 2008 年的 8 430 t 减少了 448 t，降幅为 5.4%。如图 3.2 所示。澳大利亚铀产量下降主要是因为奥林匹克坝(Olympic Dam)铀矿主矿井的矿石运输系统在 2009 年 10 月初的一次事故中受损，从而导致减产。铀产量居全球第六位的尼日尔，增幅为 7.0%。此外，2009 年出现了一个新产铀国，即马拉维，铀产量为 104 t，居全球第 15 位。全球前三大天然铀生产国的总产量占全球总产量的约 63%。全球前十大天然铀生产国的总产量占全球总产量的 96.7%。

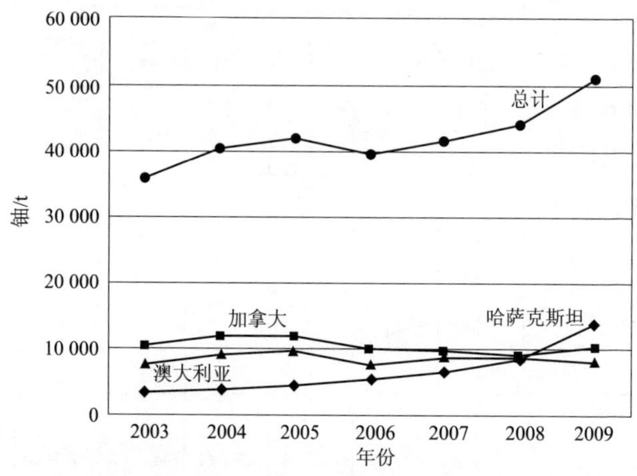

图 3.2　2003—2009 年的铀产量

世界铀资源开采的不同采矿方法的份额在继续变化，在 1990 年时，全球约 55%的矿铀来自地下铀矿；到 1999 年，这一比例缩减至 33%；2000 年后随着加拿大新铀矿的投产，这一数字又再次上升。在澳大利亚奥林匹克坝矿投产后，地下铀矿的产量占全球总产量的约50%。另外值得注意的是，地浸矿的产量一直在稳步增长，其在全球总产量中的份额也在逐步上升。2001年地浸矿产量仅占全球总产量的15.5%，但到2009年已增至36%。2009年各种采矿方法的产量占全球总产量的份额见表3.4。

表3.4　不同采矿方法在2009年的份额

采矿方法	份额/%
传统地下采矿与露天采矿	57
地浸矿	36
副产品	7

注：奥林匹克坝矿被视为以副产品形式产铀。

自20世纪90年代以来，全球铀矿开采业经历了大量的兼并与重组，使铀生产逐步集中在几个大型生产商手中。2009年，法国阿海珐集团(Areva)、加拿大矿业能源公司(Cameco)和澳大利亚力拓矿业集团(Rio Tinto)的铀矿产量占全球总产量的约49%，全球前十大采矿公司的总产量占全球总产量的近90%(见表3.5)。

表3.5　2009年全球最大的10家铀矿开采公司

公　　司	产量/t	全球份额/%
法国阿海珐集团(Areva)	8 623	17
加拿大矿业能源公司(Cameco)	8 000	16
澳大利亚力拓矿业集团(Rio Tinto)	7 963	16
哈萨克斯坦原子能公司(Kazatomprom)	7 433	15
俄罗斯国有铀资源公司(ARMZ)	4 624	9
澳大利亚必和必拓公司(BHP Billiton)	2 955	6
乌兹别克斯坦纳沃伊公司(Navoi)	2 429	5
一号铀业公司(Uranium One)	1 368	3
帕拉丁公司(Paladin)	1 210	2

续表

公　　司	产量/t	全球份额/%
海斯盖特公司(Heathgate)	583	1
其他	5 384	11
总计	50 572	100

2009年全球前十大铀矿的总产量为29 638 t,占全球总产量的约59%(见表3.6)。新铀矿自从天然铀价格于2003年开始不断上升以来,许多企业开始关注铀矿开采业,并向新铀矿的开发投入了大量资金。因此,世界核协会(WNA)预计全球的天然铀产量将大幅增长。2015年全球铀需求将达到约7.7万t/a,而其中绝大部分需求将通过铀矿得到满足(2009年,约24%的需求由二次再生铀来弥补,主要包括原军用核材料、被废弃铀储备再浓缩以及用过的反应堆核燃料再加工和其他可裂变核材料供应)。

表3.6　2009年全球最大的10座铀矿

铀　　矿	国家	大股东	铀矿类型	产量/t	全球份额/%
麦克阿瑟河(McArthur River)	加拿大	加拿大矿业能源公司	地下矿	7 339	15
兰杰(Ranger)	澳大利亚	澳大利亚能源公司(ERA)(力拓68%)	露天矿	4 444	9
罗辛(Rossing)	纳米比亚	力拓(69%)	露天矿	3 520	7
克拉兹博卡明斯克(Kraznokamensk)	俄罗斯	俄罗斯国有铀资源公司	地下矿	3 004	6
奥林匹克坝(Olympic Dam)	澳大利亚	必和必拓	副产品/地下矿	2 955	6

续表

铀　矿	国家	大股东	铀矿类型	产量/t	全球份额/%
托库杜克(Tortkuduk)	哈萨克斯坦	阿海珐	地浸	2 272	4
阿尔利特(Arlit)	尼日尔	阿海珐/尼日尔 Onarem 矿业资源公司	露天矿	1 808	4
兔子湖(Rabbit Lake)	加拿大	加拿大矿业能源公司	地下矿	1 447	3
阿库塔(Akouta)	尼日尔	阿海珐/尼日尔 Onarem 矿业资源公司	地下矿	1 435	3
布琼诺夫斯科耶(Budenovskoye)	哈萨克斯坦	哈萨克斯坦原子能公司	地浸矿	1 415	3
前十大铀矿总计				29 638	59

当前全球总计有 739 座商业核反应堆分布在 30 个国家运营，总发电能力估计达 372 GW。而且仍有 26 个国家中的逾 280 座核电厂正在研究勘查中。核电能力是铀需求的“晴雨表”，但是反应堆经营的特性仍在关键时刻和某一时期内容易被市场评论家忽视。比如最近注意到出现的一个趋势，由于铀和浓缩铀供应在某些程度范围相互替换。生产供应浓缩铀的数量(世界经营反应堆逾 90%需要)可能不同于铀和浓缩铀组合供应，取决于相对价格最合适的混合供应。当铀价格剧涨时，虽然刺激消费者减少铀购买量而转向购买浓缩铀，同时要求增加浓缩铀组成部分。这也表现在要求残渣成分化验的多少，换句话说，来自于浓缩工厂废流体铀-235 的化验分析，最佳水平已从 2005 年的逾 25%下降至目前的约 0.2%，从而将减少铀的需求 20%，相应浓缩铀需求趋于增加同样百分比。

而另一个主要因素是几乎全球普遍经历着的反应堆荷载系数上升，从而促使铀需求的增加。尽管全球核发电能力低速增长，但是从20世纪90年代至今世界核发电所占比例一直保持在16%的水平。法国为78%以及斯洛伐克、比利时、乌克兰和瑞典在40%～60%之间。而且其他主要因素还包括燃料烧光和浓缩水平以及反应堆的经营周期等。目前全球反应堆年需求铀约6.5万t，预计今后长期年增长率约为2%。

由于国际铀价的持续上涨，从而刺激世界铀开发勘探计划的明显加快。目前经调查世界证实铀储量达600万t，如按现行开采速度足可继续生产100年。而且随着未来进一步调查勘探这个数字还将不断提升。目前铀新项目的开发主要集中在已证实铀矿储量，不仅生产成本低，品位高，而且可适用于ISL技术。其中加拿大、澳大利亚、美国、苏联、蒙古、印度和中国仍在继续搜索优质铀矿储量。值得注意的是目前开发的铀项目大部分是20世纪80年代和70年代发现的铀矿储量。预计今后3～5年世界生产仍将稳定在逾6万t。主要生产除了来自加拿大、澳大利亚和哈萨克斯坦厂家以外，而且南非、纳米比亚和美国生产者产量也趋于增加。但是铀生产及供应趋势主要集中在有限的几个国家少数有规模低成本矿。但是也有一些生产者开始发展铀项目。而且近几年来由于铀价格的明显上涨，也有一些小规模项目参与市场竞争。虽然有些审批主要项目推迟，但是今后市场机遇仍较广阔，因为预计混合供应高浓缩铀将可能中断。其中哈萨克斯坦已经宣布计划将迅速扩大铀生产，而且部分项目将通过与国外合资方式开发生产。而且为了满足俄罗斯在印度和中国等国家设计反应堆所需要原材料，俄罗斯铀生产也趋于增加。

3.2.3 国际铀资源供应情况

随着全球核电产业的不断扩大，铀矿资源的需求量大幅增长，铀矿已经成为全球紧俏资源，铀资源已成为全球新的争夺热点。2010年欧盟发布了针对未来铀资源的评估报告，报告称全球核电厂的原料铀将在未来几年内骤减，铀矿价格也会飙升，该报告还悲观地表示，最晚到2020年，世界所有已开发的铀矿将开采完毕，届时全球435座核电厂每年所需的7万t铀资源将无法得到满足。

早在20世纪90年代，世界各国对铀的需求量就超过了铀产量，铀资源成为世界各国囤积储备的重要物质。未来几十年内，不仅是我国，全球范围内核电产业也将迎来新一轮高速发展期。预计到2050年，全球核电装机容量还将新增10多亿kW，天然铀的需求量将进一步增加。目前，世界核电国家都加大了在全球范围内寻找铀资源的力度。法国、美国、日本、中国、印度等国都是核电产业大国，铀需求量大。日本作为核电大国，但国内铀资源极为有限。日本为了获得更多的铀资源，与中亚国家建立了良好的外交关系，并给予相关援助。同时，日本还从俄罗斯进口铀资源。法国的阿海珐公司也在铀矿领域投资巨大，对核燃料的全领域包括铀矿勘探、铀矿冶炼、铀转化、铀浓缩、铀元件等都有所涉及，并占有世界核燃料市场份额的30%。全球的天然铀资源主要集中于澳大利亚、加拿大、哈萨克斯坦等国，其中多数被全球最大的核电公司阿海珐等巨头垄断。我国的天然铀资源则较为贫乏。据我国核能行业协会测算，要完成2020年所确定的核电发展目标，我国现已探明的铀储量仅能满足用量的1/3。

虽然全球铀资源争夺正酣，但是世界上真正掌握了核反应堆技术并能够建造核电厂的国家并不多，铀资源并不像石油那样使用广泛，只限于有限数量国家，因此铀资源的争夺只将发生在少数国家之间。即使铀资源会不断减少，人类也将努力通过科技进步不断提高铀资源的利用效率。

3.3 保障铀资源安全供应的措施

3.3.1 制定铀资源开发规划

我国拥有技术经验丰富的铀矿勘查技术队伍和完备、先进的勘查技术体系，从资源潜力看有较好前景，从铀资源的地位作用看关乎战略安全，因此，铀资源勘查必须立足国内。随着我国核电产业的迅猛发展，铀资源保有量和未来铀资源勘查所面临的压力不断增大，加之我国铀资源勘查在体制上尚存在缺陷，以及核燃料循环和铀矿冶建设必须至少各提前 3 年落实铀资源供应的技术要求，为此，必须未雨绸缪，及早制定新的铀资源勘查战略部署和改革现行铀资源管理体制，同时制定中长期铀资源开发规划。应加大勘查力度，加快摸清和查明我国潜在的铀资源；从核电厂寿命及运行特点看，从铀资源在国际市场的敏感性和全球分布的不均衡性看，铀资源应增加储备；从找矿周期（一般 10～15 年）和找矿风险看，铀资源勘查应确保有长效性的稳定的投入，保持可持续发展。因此，政府应对铀资源勘查进行长远规划，坚持铀资源勘查以“立足国内、增加储备”为基本方针。其中“增加储备”，应包括积极利用国外铀资源。

3.3.2 积极推进铀矿冶基地建设，扩大产能规模

矿产资源的开发一般都是从易到难，开采的条件会越来越复杂，相应要求技术含量越来越高，是一个伴随开采条件不断变化，开采技术不断革新的特种行业。铀矿开采的技术含量比一般性矿产开采技术含量要高。因此，铀矿开采企业的生产能力和生产技术是企业发展的关键环节。受多种因素的影响，天然铀的生产能力一直是制约铀矿冶发展的“瓶颈”，尤其是在核电加快发展的新

形势下，尽快提高天然铀的生产能力是加快铀矿冶系统发展，提高核心竞争力的关键。我国铀矿冶的地浸技术才刚起步，与国外相比还有一定的差距，同时由于我国大部分铀矿床的水文地质条件复杂，矿层渗透性差，给地浸技术的应用和发展带来了很大的困难。因此利用科技力量，依靠科技进步，学习国外先进技术，提高铀资源的回收率，增加天然铀产量。改变单一的利用地浸技术开采简单型铀矿床的现状，逐步向低水位、低品位、低渗透、高水头、高矿化度等复杂型矿床迈进。近年来，铀矿勘探部门已探明在新疆有着较好的可地浸铀资源储量前景，目前已发现了数个砂岩型铀矿床。但从总体上讲，这些矿床的地质条件，尤其是水文地质条件比较复杂，就现有技术水平难以将这些资源经济开采。

要将资源有效地转化为生产能力，必须将着力点放在铀矿开采的技术进步上，依靠科技进步提高产量。利用科技进步提高铀矿资源的综合回采率，提高资源的回采率，充分开发和利用有限的矿产资源。常规铀矿开采可以在地表采取有效的措施提高铀资源的回收率，其回收率超过 90%。地浸开采由于其浸出的过程是在地下完成的，浸出率低且可控性差，一般在 65%～80%。因此，在开采技术有新的进步的条件下，地浸采铀在提高浸出率方面尚有较大可挖掘的潜力。近年来，地浸技术不断进步，通过采用强化浸出试剂、贫富兼采、抽注交换等技术措施，浸出率得到一定的提高，对于提高产量和提高资源利用率起到一定的作用。

加强技术创新，采用先进采冶技术提高铀资源利用率，开发新的铀生产能力，扩大铀生产能力。运用地浸、堆浸、原地爆破浸出等新技术、新工艺，合理有效地利用铀资源，提高铀资源利用率。通过技术创新，探索新的采铀技术如非常规铀资源的研究开发、煤渣提铀技术和海水提铀技术等。一般认为，地质勘探从普查到详查再到正式提交储量，约需 10 年时间，而此后的矿山建设还需要 4 年左右时间。我国现阶段天然铀的生产规模很小，目前国内的铀矿产量约为 750 t。要求我国铀资源开发需要积极跟进，燃料铀产能需要进一步加大，因此加大资金投入，加快大基地建设，在“十二五”、“十三五”期间新开工建设一批铀矿山，以确保天然铀能实现快速增长，确保国家核能利用和核电发展的需要。

3.3.3 创新铀资源勘察思路，确保国内铀资源稳步增长

我国不是贫铀国，而是号称世界十大资源大国之一，铀矿资源总量并不少。勘探发现放射性异常点 3 000 多处，已探明大小铀矿 200 多个，显示找矿前景光明。只是铀矿分布比较分散，大矿少、埋藏深，挖掘成本较高；勘查工作相对滞后。

从正在组织实施的第二轮全国铀资源潜力预测评价工作来看，我国铀资源量完全有可能达到百万吨级，是铀资源较丰富的国家之一，这对保障我国核电快速、持续、稳定发展是十分有利的。但我国铀资源勘查工作相对滞后，基本状况是“潜在总量较大，前景广阔，勘查程度较低，探明有限”。加强铀成矿理论和规律的研究，尽快掌握世界先进的勘查理论、技术和方法，以便迅速地探明新的铀资源。制订大量的勘查计划，寻求新的铀资源，增加勘探投入，加强对铀资源的勘察工作，特别是加强对西北、华北和东北地区铀资源的勘探工作，实施“北方主攻地浸砂岩型铀矿，南方扩大、落实硬岩型铀矿”的勘查战略，坚持“合理部署，科学勘查；以人为本，不断创新；立足普查新增，择优详查勘探”的原则，开展铀成矿远景区和空白区的铀资源区域调查评价及重点铀成矿带、矿田的地质勘查，尽快探明一批大中型铀矿床，落实新的铀资源后备基地，提交一批可供矿山建设的资源储量。如在我国北部地区寻找大型可地浸砂岩型铀矿，在华南现有一些矿田深部寻找大型富矿。我国目前的铀矿勘查覆盖面不足，全国铀矿可勘查面积中，已勘查面不足 50%，大多数铀矿地质勘查和研究程度很低，有很多甚至是空白区；勘查深度十分有限，绝大部分铀矿床探明深度仅仅在

500 m以内。从成矿理论分析和找矿实践看，无论是国外还是国内，在目前技术水平条件下，1 000～1 500 m之内的深度应是有较大潜力的找矿深度；根据目前预测，铀资源的探明程度较低，我国当前铀矿勘查的年钻探工作量尚不足历史上最高年份的1/3，也仅是西方铀矿大国的1/5～1/3而已，与实际需求相去甚远。年钻探工作量的严重不足，极大地制约了探明程度。资金投入严重不足与中长期铀资源保障需求的矛盾在我国已非常突出，成为制约铀矿地质勘查工作的最主要因素。加大我国铀矿勘查的投入，通过对矿床深部和外围的勘查，新落实一批大中型铀矿床，为矿田范围内铀资源的规模开发、合理利用增加经济可采的资源储量。同时要适时推进一批有远景的探索区的调查和评价，进一步查明硬岩型铀矿资源的总体潜力，尽快摸清铀资源家底，通过积极实施“立足国内”与“开拓国外”相结合的铀资源勘查战略，我国铀资源勘查一定能实现“内外突破”，并构建起我国自己的安全保障程度较高的天然铀供应体系，确保满足我国核工业对铀资源的需求。

3.3.4 积极寻求海外开发战略，谋求海外勘查开发分布态势

铀矿被视为未来中国核电发展的瓶颈，“十二五”到“十三五”期间中国核电建设将进入的新时期，这就意味着在铀资源储备方面，除了加快国内铀矿资源的勘查开发，客观上也要求海外找铀工作加速向前推进。通过多渠道多途径获得国际铀资源是保障国内需求的重要因素，我国可借鉴法国和日本的经验。法国虽有自己的铀矿，但随着使用已近枯竭，因此，法国核燃料供应商——高杰马(COGEMA)只能充分利用国外市场以保障国内需求。COGEMA购买国外铀矿股权，如在尼日尔，COGEMA拥有SOMAIR矿的57%开采权，COMINAK矿的34%开采权；在加蓬，COGEMA拥有COMUF的68.4%开采权；在加拿大，

COGEMA 完全拥有 Cluf f 矿；在美国，COGEMA 拥有 Christensen Ranch 矿的 71％；在澳大利亚，COGEMA 拥有 Ranger 矿的 3.3％。此外，法国还积极参与国外寻求新的铀矿资源的活动，如 COGEMA 参与了加拿大的 5 个矿的初期研究，又在哈萨克斯坦、乌兹别克斯坦、内蒙古和马达加斯加岛等国家发动勘察新铀矿资源的活动。日本由于天然铀储量微不足道，因而所需的铀资源完全依靠进口。为了保障国内铀供给，日本核燃料事业团（PNC）积极参与海外铀勘测和开采。PNC 一方面在国内着力从事于先进堆（包括 ATR 和 FBR）、浓缩、后处理、核燃料技术及废物管理的研究与开发，另一方面，PNC 积极参与加拿大、澳大利亚西部、尼日尔、津巴布韦、中国和巴西的一些铀资源项目。要使我国有稳定可靠的国际铀资源的供给，我国有必要参与国外如尼日尔、纳米比亚、加拿大、澳大利亚、哈萨克斯坦和乌兹别克斯坦等国的一些铀勘探、开采等项目，并力争取得一定的铀矿开采权。

目前，我国的海外寻铀工作已在加速实施中。除广东核电集团同阿海珐和哈萨克斯坦签署了铀燃料的合作协议外，中国核工业集团公司也在年初同蒙古国探讨合作意向。而去年国资委还核准广东核电集团在主业中增加了“天然铀资源的勘查、境外天然铀资源的开发及相关的贸易与服务”一项，也可见中国寻铀之迫切。早在 2006 年，温家宝总理和澳大利亚总理霍华德共同签署了“中澳和平利用核能合作协定”、“核材料转让协定”。根据协议，中国将在 10 年内从澳大利亚进口大约 2 万吨铀矿石。2008 年，中核海外铀业控股有限公司成功收购了香港主板上市公司科铸技术集团公司（02302.HK）75％的股份，成为该公司第一大股东，并将公司名称变更为“中核国际有限公司”。中核集团成立了中核海外资源开发公司在全球范围内购买铀矿，“只要拿到资源就是好的，今天的资源就是明天的财富。”走国际收购的路线，通过融资、贷款，先到国际上去买。2010 年 8 月中核海外铀业有限公司与中非发展基金有限公司在京举行铀资源合作框架协议签字仪式，正式确立了双方长期合作、共谋铀资源发展的合作伙伴关系。根据此次签署的合作协议，国核铀业与中非基金将在北京共同出资设立一家对非洲铀资源投资与开发的平台公司，并通过该平台公司共同开展对非洲铀资源投资。平台公司设立之后，将充分利用中核集团的勘探、矿冶、运营经验和国开行的投融资优势，加快海外铀资源开发步伐，共同开拓非洲铀资源市场。谋求为我国核电事业的快速发展提供有力的资源保障。

在海外进行铀资源开发的难度是很大的，除了要考虑铀矿开采周期长投资大带来的风险外，还要在筛选项目时考虑政治及项目以外的更多因素。以世界上铀资源禀赋条件优越的国家为优先考虑对象，在综合评估投资对象国铀资源勘查开发风险的基础上，加大海外项目开发力度，进一步加强与世界主要产铀国的交流与合作，把握机遇，适时出击。对有一定勘查基础的项目，通过购买获取有利成矿远景区块的探矿权，采取独家风险勘探、合作风险勘探等多种方式，以发现和探明“整装”储量进行单独开发或获取“份额”储量进行联合开发，为我国建立中长期国外天然铀的稳定供应渠道提供资源基础。

2001 年国际市场氧化铀价格仅为 21.35 美元/kg，换算为人民币为 17.65 万元/t。此后随着核电的发展，价格一路上扬，特别是近两年来更多国家加大建设核电厂的规模，提高核电比重，铀需求不断增长。2006 年 10 月氧化铀价上涨到 132 美元/kg，换算人民币为 103.4 万元/t。自 2001 年至今，国际铀价上涨 4.88 倍。这对我国利用海外铀资源将非常不利。但是由于核燃料成本在核电成本中的比例很低，天然铀价格的上涨对核电成本影响不大，基本与上网电价上涨持平，可见收购在经济上的竞争力是显而易见的。

3.3.5 建立铀资源储备机制，确保铀资源安全可靠供应

2003 年，国家为实现铀资源有效保障，制定了“国内勘查

生产确保三分之一的供应、海外勘查生产满足三分之一的需求、国际天然铀贸易采购解决三分之一”的方针，同时建立国家天然铀储备制度。由于天然铀具备军民两用的特点，它的海外勘查开发和国际贸易严格地被控制在用于和平目的范围之内，并受到包括国际原子能机构在内的国际组织的严格监督。一方面我们应权衡这种监督的条件和可接受程度；另一方面，国内找矿承担的三分之一保障责任，这是关系到国家资源安全的重要任务。不能排除有些国家从国家战略考虑出发，将铀资源作为控制资源的武器，将铀价格政治化，设置了许多障碍。国际铀贸易面临复杂的竞争及限制。从20世纪90年代以来苏联向美国和欧盟出口铀受到限制。其中对美国出口分别采取配额的方式，而对欧盟则采取非正式配额的形式。美国限制进口的主要原因是当初生产者提出反倾销措施，而欧盟的动机则是欧洲原子能联营为了保证远期供应的安全。但是美国的限制除了来自俄罗斯的浓缩铀以外，正在趋于取消。同时欧盟目前关注的也是来自俄罗斯的浓缩铀，而且估计到规定时间以外控制将逐渐废除。

我国利用国外资源的两个三分之一的设想必然会受到多种因素制约，落实起来不见得会如我们所愿，为此，国家也调整了天然铀保障的思路：“铀资源保障应立足国内，即改革现行铀矿勘查管理体制，加大国内铀矿勘查投入，国内铀资源承担50%以上的保障任务”。将天然铀作为国家重要的战略资源，建立积极的天然油储备机制。

在世界铀资源市场趋于需求大于供给的背景下，我国核电企业可借鉴国外拥有核电的各大电力公司使用的战略库存方式，即通过提前签订铀供应合同方式来保证其贮存的铀比其他国家的电力公司贮存得多。由于预计核电未来仍具有很大的发展潜力，铀工业持续吸引着世界许多国家的高度重视。近几年来全球铀生产能力逐渐趋于增长，从2002年来年平均增幅超过10%，有的年份甚至超过15%。由于现有矿生产增长有限以及常规生产的波动，因此近几年来世界铀生产增势不十分明显，有的年份甚至出现下降。但是2007年全球铀库存仍有所增加，主要原因是欧美用户担心价格进一步上涨和供应短缺而寻求补充库存。2007年上半年国际铀价持续上涨，U_3O_8从年初的每磅72美元不断上涨至年中的138美元。而从2003年初之后至2007年中期间价格剧涨了逾15倍达历史最高纪录。而2003年初时的价格仅为每磅9.5美元。但是2007年中之后铀价则转趋回落到年底跌至每磅90美元，而且2008年以来持续下跌。到最近已跌至60美元。如同石油走过的价格之路一样，天然铀的资源性特性极其明显，尽管国际铀交易绝大多数都是签订远期合同，但是现货市场提供的交易价差导向仍影响着远期交易合同的成交条款。而且2007年底铀市场销售报价曾明显高于现行铀矿生产成本，从而刺激生产能力的扩大。尽管从2003年以后铀价上涨的基本原因相当复杂，但是主要原因还是原铀生产必须增加以便满足核电需求的扩大以及弥补再生核材料供应明显的下降。相应促使价格的上涨。而且由于对供应紧缺程度的估计有些夸大，因此新投资铀开发生产项目有增加之势。然而无论如何，铀价的上涨开始刺激一些新生产项目投资开发，但是不论是原铀，还是再生铀，未来生产反映的时间表还是数量规模仍不确定。

完善我国闭式核燃料循环技术，闭式核燃料循环技术是指为了充分利用铀资源，通过后处理将乏燃料中的铀、钚提取出来再制成燃料返回到反应堆的闭路循环。从循环经济角度来看，核电产业可通过“资源—产品—废弃物—再生资源”的反馈式循环过程，遵循着4R原则，即减量(Reduce)、再利用(Reuse)、再循环(Recycle)、再思考(Rethink)的行为原则，从而实现铀资源的低开采、高利用以及废物的低排放，获得尽可能大的经济效益和社会效益。目前，我国已建成从铀矿地质勘探、采冶、转换、铀同位素分离、核燃料元件制造直至堆后乏燃料处理的一整套完整的核燃料循环体系，但是我国核燃料循环技术与国外相比仍存在一定差距。在核燃料循环的前段，铀资源勘查和铀采冶技术、铀浓缩、高性能燃料制造等方面的技术水平和经济竞争力有待提高和完善，如在铀浓缩技术开发方面，除了开发碳纤维亚临界离心技术之外，还应积极开展激光同位素分离技术。在核燃料循环的后段，一是要加快世界先进后处理流程的研究，以经济、安全、废物最少化等为目标，提出兼顾铀、钚和次锕系元素分离的一体化流程，应在国际上成熟的 PUREX 流程的基础上，提出改进型的 PUREX 主流程和高放废液分离辅流程；二是要以建设商用后处理厂为目标的研究开发，应充分利用我国多年来积累的研究成果和后处理厂的运行经验，注意借鉴和引进国外先进和成熟的技术和装备，如关键工艺设备、远距离维修设备、自控系统等，通过消化吸收，形成我国的自主技术；三是 MOX 燃料制备必须与后处理紧密衔接。因此，通过完善和提高我国闭式核燃料循环技术，能体现我国核电产业在循环经济上的两个层次：一是以节约铀资源为导向的浅层循环经济，通过闭式核燃料循环，能够实现铀资源的再利用和循环利用，从而有利节约铀资源；二是以预防污染产生、对最终核废物和核废液进行无害化处理为导向的深层循环经济，通过湿式后处理（对钚和镅进行协同处理）和干式（高温化学）后处理，可以实现最优燃料循环的目标，即防扩散、降低成本、减小废液体积、废物数量最小化、降低高放废物（HLW）毒性以及最大限度地利用能量，从而实现人和自然资源以及生态环境的和谐共生。

3.3.6 制定铀资源勘查和开发鼓励扶持政策

由于发现新的资源和开发新的生产能力需要较长的周期，我国的铀资源勘查和开发从一开始就是从加强国防建设服务出发

的，至今天然铀仍作为军品进行严格管理。根据20世纪90年代末控制的铀资源储量，对核武器、军用核燃料和核电所需求的铀资源保障形势的评估，其结论是比较乐观的。但随着核电发展政策由“适度”调整为“积极”，核电对核燃料需求急剧增长，我国中长期铀保障形势发生了逆转。目前我国铀矿勘探开发还残存着某些涉核企事业单位“既当运动员，又当裁判员”的现象，既不利于铀矿勘查开发市场秩序的正常化与规范化，也不利于铀矿勘查开发投资主体的互利合作与公平竞争。因此，“目前国内铀矿勘探开发的管理机制还有待进一步的理顺，应该让涉核的政府有关部门和企、事业单位，全都各就各位、各司其职、各得其所。”专家表示，只有这样才有利于铀矿资源的储备。从市场经济角度看，原铀生产者投资远期新项目主要是基于预计生产成本以及基于将来价格充分预测投资运用资本总额的回报来决定。除了战略理由和考虑到安全供应因素，当一座矿投入生产必将有助于长期支持生产以及市场价格能够高于现货成本，包括运营中的资本以及关闭所通常招致明显的社会和环境责任。需要保证在政策层面改变僵化的管理体制，给资金的投向给以良好的回报预期，同时要制定鼓励方便企业开发利用海外铀矿资源的金融政策和关税优惠办法，比如对海外铀矿资源勘查开发的装备、设备和仪器的购置和运输等方面给予进出口政策方便，对于海外投资的资金给予通畅的渠道。平衡好对项目的严格的准入监管和积极地扶持政策措施。因为保护法规所需要考虑的问题无疑使新开发的项目增加了建设需要的时间，新项目着手之前的许可证程序、环境影响报告以及有关公众听证保障等都需有详尽完善的评估，因此项目开发期限大大延长。这一点在各个国家均是非常严格的，特别是在加拿大、美国和澳大利亚申请项目获得批准较为困难。然而尽管面临这些复杂而忧虑的程序，但是一般新项目都可获得批准，但是开始着手过程必须要大大提前于预计所需投产的时间。

3.4 结论和建议

将铀矿勘查和开发纳入国家中长期发展规划和年度计划之中,确立铀资源的勘查和开发在能源结构调整与国防安全保证中的优先地位。在今后相当长一段时间内政府应积极加以扶持,加大财政资金投入力度,促进铀矿勘查加快发展,使铀资源的勘查和开发工作处于主动状态。为了动态的预测和利用我国的铀资源,开发或引进新的技术和手段,开发新的软件,建立铀资源经济性计算模型,将铀资源的经济性和变化的外部条件联系起来,将铀产品的国际市场的价格的变化与我国铀资源的利用范围联系起来,重新评价我国已探明铀资源,随时将铀资源的利用给出定量的描述,从而对铀资源进行宏观的决策和微观的调整。

遵循市场化机制的原则,建立健全铀矿地质工作的法规,制定和出台新的加强铀矿地质勘查和开发的政策,改革现行铀资源勘查开发体制;在目前天然铀主要用于核电的情况下,仍视作军品管理,统得过死,不利于铀资源的开发和有效利用。尽快出台政策,参照其他战略性矿产的做法,国家从政策和投入上给予了大力支持,制定了以国内勘查、开发生产为主,以海外贸易与联合开发为辅的天然铀保障供应策略。放开铀资源的开发,吸纳更多资金参与铀矿勘查和开发,包括地方财政、核电企业集团、地勘单位的投入。从而确保天然铀的有效供给;重新确定天然铀的属性。实行放开战略和准入许可制度,充分发挥各方面的积极性,吸引社会和地方财政资金扩大找矿渠道,形成竞争态势,以便在较短的时间内取得较大的地质成果,提交较多、较好的铀勘探储量。

我国现有矿山保有储量和开拓储量已严重不足,仅能维持现有生产能力 3～7 年,而且现有产量也满足不了 2005 年来在建核电厂机组投入运行后明显加大的需求。仅是按照核电机组全寿期 30

年、铀矿储采比30的要求，我国铀资源的现有可供储量（低成本铀资源）已经出现缺口。按照我国核电中长期发展规划，为了保障铀资源供应，应该未雨绸缪确立铀资源全球化战略，充分利用国内外“两种资源，两个市场”，合理开发国内资源，积极利用国外资源，建立包括铀资源战略储备和商业储备在内的天然铀储备体系。采用市场手段，加大铀矿地质勘查领域的突破。将利用海外铀资源勘察和开发纳入国家和政府的合作框架，作为能源外交的重要内容。积极开展与有关国家或地区，特别是与周边国家双边或者多边合作，签订有关在核能合作的国家级协议，确认国家或地区间在铀资源勘察，天然铀生产与开发方面的合作，加强协调，从而推动利用两种资源，开辟两个市场工作的顺利进展，减轻国内铀资源保障的压力。支持和鼓励有关企业尽快走出去，及早与国外铀矿生产商开展合作，获得海外铀矿资源。加快对海外核原料的投资与合作，多种渠道获取铀资源，将境外铀资源作为国家矿产资源境外开发优先支持的矿种纳入国家和政府间合作框架，建立长期合作机制。通过国外铀资源勘察开发合作和市场贸易，不断提高国外铀资源的利用比例。提前布局合理的铀资源储备对中国核电发展至关重要，核原料布局需要优先。出于核原料是产业短板的考虑，同时，着力发展我国核燃料循环能力和技术，不断提高天然铀的利用率，打造支撑我国核能规模发展的国内国外天然铀供应保障体系。

成立国家级核燃料公司，加快构筑适应国内外两种资源、两个市场的核燃料循环体系。要加大科技创新，提高勘察和开采的效率。尽快探明家底，增加探明储量，提高资源保障度。同时，加大对现有资源的利用评价，尽快建立较完整的核燃料循环工业体系。提高资源利用率。我国在加大国内铀资源开发力度的同时，为满足中国核电对铀的需求提供了保障。建立国内生产、海外开发、国际铀贸易三渠道并举的天然铀资源保障系。加快乏燃料处理设施建设，尽快形成相适应的能力。通过购买天然铀产品、进行海外开发、建立适当的铀储备体系等保障核电发展的需求。

第四章

核电厂址选择

4.1 我国现役和在建核电厂址情况

自 1985 年秦山核电站开始，至 2013 年我国建成和在建的核电厂共 18 座 41 台机组。现役的核电厂包括：秦山核电站 310 MW、大亚湾核电站 2×984 MW、岭澳核电站 2×990 MW、岭澳二期核电站2×1 080 MW、秦山第二核电站 4×650 MW、秦山第三核电站 2×700 MW、田湾核电站 2×1 060 MW；2012 年 12 月 28 日，福建宁德核电站 1 号机组并网发电；2013 年 2 月 17 日，辽宁红沿河核电站 1 号机组并网发电。在建的核电站有：红沿河核电站 3×1 080 MW、宁德核电站 3×1 080 MW、三门核电站 2×1 250 MW、海阳核电站 2×1 250 MW、台山核电站 2×1 700 MW、阳江核电站 4×1 080 MW、福清核电站 4×1 080 MW、方家山核电站 2×1 080 MW，田湾核电站二期 2×1 100 MW、山东石岛湾核电站 1×20 万千瓦。从地理分布上看，这些核电厂大都分布在广东、浙江、江苏等沿海省份，内陆地区还没有一座建成的核电厂。多年来，中国核电优先选择沿海地区建设，一是出于安全考虑，认为沿海地区充足的水资源既可以保证核反应堆的冷却速度，又可以保证排放水不会对周边生态环境产生过多的负面影响；二是核电单位电价相对较高，沿海地区一次能源缺乏，但经济比较发达，有能力支付“高来高去”的电价。

事实上，包括美国、法国在内的许多世界核电大国均在内陆地区建有大量滨河与滨湖核电厂,无论是机组数还是总装机容量都超过滨海地区核电厂。这些国家几十年的核电厂运营经验充分表明,在内陆地区建核电厂,其安全性是完全可以保证的。同时,经过改革开放以来多年的发展,客观形势已经发生了较大变化。“经济比较发达”和“一次能源缺乏”不再是沿海地区的独有特征,内陆许多相对发达的地区既急需也能够发展核电厂。因此,深入研究世界核电大国的经验,推动我国内陆核电发展就成为一个重要课题。截至2013年6月,我国已商运核电装机容量超过1 400万kW。已核准在建容量超过3 000万kW,其中2台机组采用EPR三代技术路线,4台机组采用AP1000三代技术路线,其余均采用二代改进型技术路线。已开工建设和通过可研审查的厂址资源已超过7 000万kW;我国审查完初可研的核电项目共计43个,其中内陆厂址占31个。考虑备选厂址后,我国现有厂址资源可支撑核电装机1.6亿kW以上;通过进一步选址勘察,我国核电厂址资源可满足3亿~4亿kW的核电装机容量。

4.2 国外内陆核电厂建设和运行的情况

4.2.1 国外内陆核电厂概括

按照习惯,国际上将滨河和滨湖厂址的核电厂统称为内陆核电厂。国外核电厂的厂址不过分强调在沿海或内陆,主要考虑与电力负荷分布相协调,合理满足需求。核电厂选址的必要条件有三个:第一是有良好的地质地理条件;第二是有大量的冷却水源,第三是远离人口集中的城市。核电技术发达国家在核电厂选址原则中并没有对内陆做特殊的规定。我国也只是总体规定需满足《核电厂厂址选择安全规定》和《核电厂厂址选择基本程序》的要求就可以了。截至2011年3月,全世界在运的443台核电机组中,约50%属于滨河、滨湖的内陆核电厂，目前这些内陆核电厂的运行业绩良好。在全球现已运行的核电厂中，位于内陆滨河滨湖地区的占全部核电装机容量的三分之二以上。美国内陆核电厂的比例超过80%；加拿大除个别滨海核电厂外绝大多数是内陆核电厂；法国是目前核电规模仅次于美国的全球第二大核电生产国，全国共有59台现役核电机组，总装机容量达6 300多万kW，在法国发电总量中所占比例达到82%，在耗电总量中所占比例达到77%，是全球核电份额最高的国家。法国共有19座内陆核电厂，其正在运转中的核电机组有59台，其中15座坐落在内陆的8条主要河流上，装机容量占68.6%。各国对内陆核电厂都采用与滨海核电厂同样的核安全法规要求和标准，通过对已运行的内陆核电厂的长期监测，证明内陆核电与滨海核电同样安全、环保，在技术上也是完全成熟、可行的。

内陆省份建设核电厂将有几个优点，一是有利于改善内陆省份的电力能源结构，为内陆省份的经济发展提供持续稳定的能源动力，进而促进我国区域经济协调发展，缩小地区发展差距，为我国全面建设小康社会和构建和谐社会作出应有的贡献；二是可以大大促进我国矿产资源的节约、生态环境的改善，实现社会经济与环境的协调发展，为我国建设资源节约型社会和环境友好型国家贡献应尽的力量；三是便于提高我国核电建设的专业化、集约化、科学化管理水平，提高我国的核电自主化水平，特别是设计自主化、设备本地化水平促进核电产业链的规模化效应；再就是发展内陆核电符合世界能源利用和积极发展核电的趋势。

4.2.2 国外有关核电厂厂址评价的法规要求

世界核电的发展经历了由试验、起步阶段到迅速发展阶段，再由迅速发展阶段到缓慢发展阶段，然后随着相关科学技术的日益成熟，核电又开始走向复苏阶段，现在进入新的一轮核电高效发展

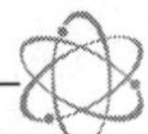

的新阶段，同样核电发展历程中也经历过几次核事故，使人类对核能的开发和利用更加慎重，对核能开发利用的安全性进行认真评估，制定针对核电开发利用相应的法律、法规，政策，建立相应的法律体系，使核电从核电厂规模、数量、审批、选址、日常操作规范、核废料处理等各个环节中得到安全有效保证，避免因人为因素或管理疏忽等原因酿成重大事故以及对环境的严重污染。世界各国在核电技术大力发展并且推广利用的同时，核电法律法规也随之日趋完善，使核电更安全、更有效地为人类的进步和发展作贡献。核电法律法规的制定并非只是为了防止核事故的发生，而是为了核电生产的每一个环节都规范化，核电发展做到有法可依，有法必依，做到安全生产，安全使用核电的目的。同时，世界各国为了和平利用核能为人类造福，成立了许多与核电相关的国际组织和区域组织，包括国际原子能机构、联合国原子辐射效应科学委员会、世界核电营运者协会，另外还有一些区域组织，欧洲原子能联营、经济合作与发展组织核能机构、美国核学会，还有欧洲核学会等。这些组织日益在保证和平利用核能，促进和平利用核能技术交流、发展等方面发挥着巨大的作用。

由于美国在核电发展的过程中起步早，综合国力强，核电技术成熟，资金充足，在建厂、运营、维护以及处理突发性事件等方面积累了比较丰富的经验，其核电立法和管理机构功能齐备、完善、相互协调度高。为了执行有关法律，政府各个职能部门先后制定一系列有关核电法规及核电厂、核废物等方面的法律法规政策，包括了各个机构在设计、选址、经营、监测、监督等各个方面。法国首先是从完善核安全管理机构开始的，该机构具有五大基本职能制定法规：审批执照、监督执行、应急组织和信息发布。其次，法国的原子能法规比较健全，在核工业实践中形成了大量的法律性规定和文件，构成了行之有效的原子能法规体系，覆盖范围广泛而全面，涉及放射性防护、核设施监督、放射性材料管理、放射性医疗、核辐照加工、核贸易出口、第三方核责任、核废物管理、核矿资源开采、核事故应急等各方面。这些法规，既满足了法国庞大核工业体系管理的需要，又与国际惯例和跨国经营接轨。而日本则以《原子能基本法》为依据，根据日本每年及长期原子能规划，制定原子能政策措施，原子能安全委员会负责核安全法规制度的相关事宜。

各国对内陆核电厂都采用与滨海核电厂同样的核安全法规要求和标准，在内陆滨河建设核电厂遵守与沿海核电厂同样的核安全和环境保护的法规，没有特殊的困难与问题。仅在废水排放时受到河水流量的限制。通过对已运行的内陆核电厂的长期监测，证明内陆核电与滨海核电同样安全、环保，在技术上也是完全成熟、可行的。

法国核电工业无论数量还是技术在世界上均已处于领先地位，在国际竞争中占有非常明显的优势。法国核电厂选址准则：一是技术/经济准则。技术是指核电厂建设所要求的基本技术条件，如场地、取水、大件运输等，而经济主要指由于厂址条件造成的建设成本。二是安全准则。满足国家法律和法规中的所有核安全要求。三是环境准则。满足国家法律法规对环境影响方面的要求。四是社会/经济准则。要符合国家经济建设和社会生活方面的需求，同时应该得到社会公众的认同。这些与我国采用的IAEA法规中相关准则以及相关行业所建立的准则是基本一致的。选址原则对滨海和内陆厂址的基本要求具有一致性，应急计划原则也是相同的，对内陆厂址没有特殊的要求。在这一基本原则框架下，滨海厂址与滨河厂址的主要差异在于，由于自然环境不同，冷却方式、厂址可行性及安全性评价所关注的侧重点有所不同。如滨海厂址通常选择直流冷却，而滨河厂址则要视水体条件来确定采用直流还是循环冷却；由于海水与内陆河水的水质不同，在工程和设施材料方面也有不同的考虑。此外，两种水体的扩散条件、滨海地区与内陆地区的大气扩散条件也存在着差异，其可能产生的影响

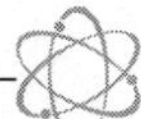

都需要在选址评价中有适当考虑。在法国这样一个两面临海的国家,内陆滨河核电厂无论从数量还是装机容量上都占了绝对多数。总的看来,核电厂选址首先是考虑电力市场需求和电源布局,滨海并非优先考虑的条件。而在某些方面如环境评价的程序和内容,滨海厂址反而要比内陆厂址更加复杂,工程造价也略高于内陆核电。法国电力公司经过几十台核电机组的建设和长期运行,总结出两点重要结论:一是经过详细和严密地研究证明,核电厂对环境的影响是微不足道的。二是水生物学和放射性生态学研究确认,没有可察觉的证据表明核电厂对陆上和水中环境有影响。

美国建设内陆核电厂的主要经验是:对其核电厂选址在地质、抗震、水文、气象、突发事件、人口密度、生态环境、社会经济、安全计划等11方面作出了规定。美国核管会(NRC)对内陆核电厂址实行早期厂址许可证(ESP)评估,提前接受内陆核电厂址许可证的申请,进行评估、确认。

4.2.3 美国核管会在前期工作中对核电厂址评估的准则与经验

成立于1974年的美国核管理委员会是一个独立的机构,主要是针对民用核材料监管。核管理委员会的领导机构是一个由五人组成的委员会,核管理委员会的使命是规范民用核材料来源以及附属产品的特性,以足够的能力保护公众健康和安全,促进共同防务和安全,保护环境。

目前美国是世界上核电装机容量最多的国家,“美国核管理委员会规定的核电厂选址一般准则是:一是地质和抗震。要求厂址地质条件满足一定抗震要求;二是大气条件。包括风速、风向、雨量、大气稳定性等要求;三是排他区域。要有足够大的排他区域用于建设核电厂;四是人口密度考虑。核电厂址一定范围内人口密度不能太高;五是突发事件应对。设计建造时要考虑突发事件下防止造成危害；六是安全计划。要有完备、量化的安全计划；七是水文地理条件，包括洪水情况、可利用水源、水质、裂变产物保存和运输等。未提及滨海和滨河、滨湖的区别；八是工业、军事及运输设施。核电厂对周围的这类设施辐射不能超标；九是生态生物区保护。核电厂建设不能破坏生态环境；十是社会经济原则。有利于经济运行，有利于社会发展；十一是噪声。核电厂产生的噪声要符合一定标准。从这些选址原则中看不出美国对内陆与滨海核电厂的要求有什么差别，换句话说，美国政府对滨海与内陆核电选址的要求具有一致性。美国核电厂 30 多年的运行经验充分表明，在内陆地区建核电厂是完全可行的，不存在技术上的问题，安全性也能有效保证。美国东西两面的海岸线都很长，但是内陆核电厂的厂址数、机组数和装机容量均占全部核电厂的 75%以上，大约为滨海核电厂的 3 倍。东部地区工业密集，生产和生活用电均多于西部，所以在核电厂数量上东部远远多于西部。在内陆核电厂选址上，河流、湖泊都可以满足建厂要求；东北地区湖泊较多，所以建有许多滨湖核电厂。从法国和美国滨海内陆核电厂的分布及选址原则中，可以总结出以下结论：从数量对比看，内陆核电厂数量均超过滨海核电厂；从建造的先后次序来看，滨海与内陆核电厂并无明显区别。“法国的第一座核电厂于年建在罗呐河畔，属内陆地区”滨海核电厂均建设于世纪年代之后“美国世纪年代建造的第一批核电厂大部分位于内陆地区，在和平年代的核电建设高峰时期则既有内陆核电厂，又有滨海核电厂”内陆核电厂选址可以因地制宜，滨湖、滨河均可满足水源要求“法国境内没有大的湖泊，因此多数核电厂建在河畔，包括一些流量较小的支流”美国东北部有五大湖，因此在湖边建造了个核电厂“相关法律条款在站址选择上对内陆和滨海的基本要求具有一致性”法国规定的选址准则包括技术经济、安全、环境和社会经济准则“美国公布的核电厂选址注意事项包括地质、水文、突发事件、人口密度、社会经济等共项”它们都

未特别强调滨海与内陆的区别"电量需求决定核电厂分布"法国滨海地区与内陆地区经济发展速度和发达水平并无明显差异，所以其核电厂分布比较均匀"美国西部发展落后于东部，东部地区工业密集，生产和生活用电均多于西部，所以在核电厂数量上东部远远多于西部"。不过由于美国核电厂安全审批程序繁杂，使核电厂建设周期很长。从申请执照到建成运行并网发电长达10年，大大增加了造价和投资风险，影响投资者的信心。美国核管理委员会早期对核电厂的许可证管理，是依据美国联邦法规"10CFR Part50-Domestic Licensing of Production and Utilization Facilities"的规定，实行"建造许可证"和"运行许可证"的管理程序，如图4.1所示。

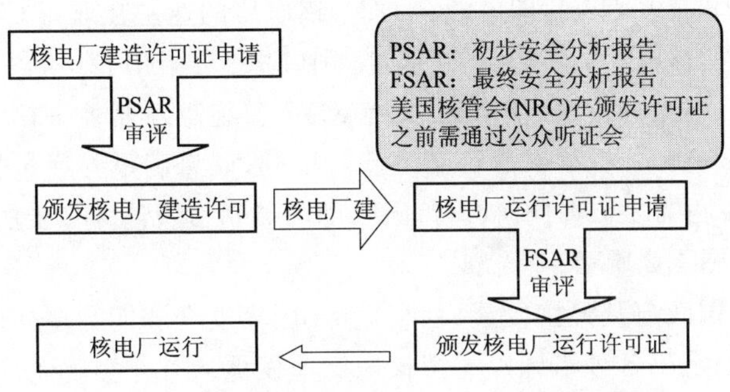

图4.1　美国联邦法规核电厂许可证管理程序

以往监管存在监管项目繁多、管得过于宽泛、审批程序繁琐，时间拖得长等诸多问题，造成很多所谓的"监管停运(Regulatory outages)"，这导致很难预见核电厂何时才能得到运行许可，也是19世纪八九十年代美国核电厂可用率不高的原因之一。目前，NRC将采用新的监管程序，使监管更集中于安全领域，如始发事件、事故缓解系统、安全屏障的完整性、应急准备、职业辐射安全、公众辐射安全和实体保护。美国国会在1992年的"能源政策法"

中规定美国核管会改变分阶段获取核管会许可证的做法，实行一次性许可证申请制度，并已陆续审评发放了若干标准设计的批准书。当采用标准设计，申请新建核电厂时，只需对厂址有关问题进行审评，可缩短建设周期。为了进一步降低新建核电厂的投资风险和技术风险，美国在1989年颁布了新的联邦法规“10CFR Part52—Early Site Permits; Standard Design Certifications; and Combined Licenses for Nuclear Power Plants”，即在颁发“早期厂址许可(ESP)”和“核电厂设计许可证(DC)”的基础上，对核电厂的建造和运行许可实行联合运行许可证(COL)制度，即“一步法”管理程序。DC的管理又可分为两个阶段，即核电厂的设计控制文件(DCD)通过NRC的安全审评取得“最终设计批准(FDA)”，然后通过公众听证(不涉及安全和技术审查)，即可颁发DC。核电厂的业主在取得COL后，即可开始核电厂的建造，在建造过程中NRC将根据DC阶段确定的“检验、试验、分析、接受准则(ITAAC)”实施跟踪监督来核实相关检验、试验和分析结果是否满足验收准则，如果满足并通过公众听证后，不再需要取得任何许可证件，即可装料、运行。“一步法”管理程序如图4.2所示。

美国政府从经济发展、社会生活、国家安全和能源多样性角度考虑，制定了各种措施以支持核电产业发展。首先制定能源国策，确立核电地位。自三哩岛事故之后，核电一直成为有争议的话题，无论民意、政党和主流媒体都逐步走向反对核电，直至2000年布什与戈尔竞选时，反核仍是他们共同的纲领。但在2001年5月，副总统切尼领导的能源政策小组正式公布新一届政府的能源政策时，却将核电作为“美国能源多元结构中有前途的一部分”，第一次提议“将核电作为一种重要的、长期的解决能源的途径”，并正式将支持核电列入美国的能源政策。“9·11”事件发生之后，尽管反核人士提出了核电厂防恐及其后果问题，美国政府表示，除要求加强防卫措施外，发展核电政策不变。正如美国能源部(DOE)前部长

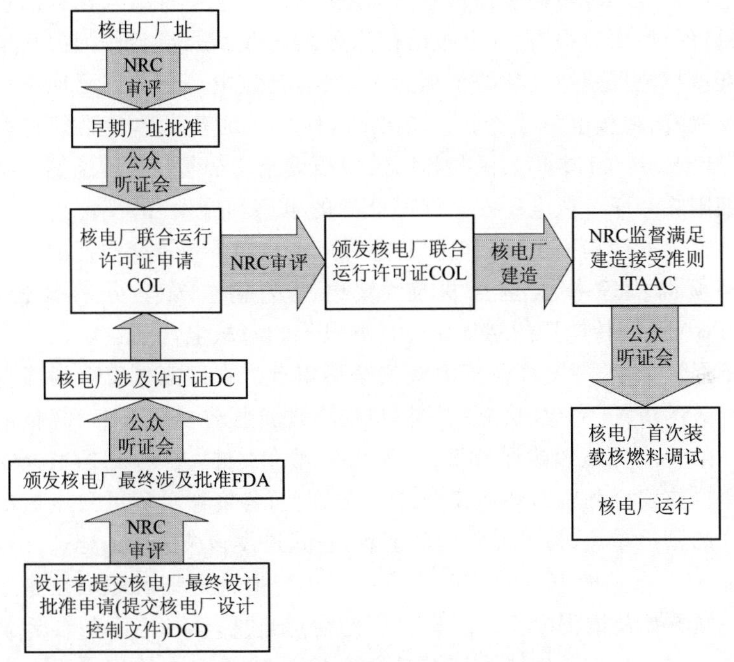

图 4.2 美国联邦法规 10CFR part52 的
"一步法"核电厂许可证管理

Spencer Abraham 指出的:"核能仍然是美国能源结构中的一个关键部分,并且也是美国未来能源的重要组成。"

根据我国核安全法规《HAF001 中华人民共和国民用核设施安全监督管理条例》(1986 年 10 月 29 日国务院发布)和《HAF001/01 中华人民共和国民用核设施安全监督管理条例实施细则之一——核电厂安全许可证件的申请和颁发》(1993 年 12 月 31 日国家核安全局发布)的规定,我国对核电厂的许可证管理实行"二步法"管理,在核电厂项目初步可行性研究阶段,申请者必须向国家核安全局提交厂址和环境影响资料供初步审评。经审评国家核安全局给出核电厂厂址和环境初步评价意见，该初步评价意见将纳入核电厂项目可行性研究报告，并上报给国家发展与改革委员会作为国家批准该核电厂建造立项的依据之一；然后是核电厂建造许可证申请及颁发，在核电厂建造正式立项后，核电厂的营运单位必须遵循《HAF001/01 中华人民共和国民用核设施安全监督管理条例实施细则之一——核电厂安全许可证件的申请和颁发》的规定正式向国家核安全局提出该核电厂建造许可证申请。在提交申请的同时必须向国家核安全局提交《核电厂的初步安全分析报告》(PSAR)、《核电厂的初步环境影响报告》和《核电厂建造阶段的质量保证大纲》等文件供国家核安全局审评。在国家核安全局通过相关的审评、完成《核电厂的初步安全评价报告》(PSER)和《核电厂的初步环境影响评价报告》等相关评价文件，并听取“国家核安全局核安全和辐射环境安全专家委员会”咨询意见后可向该核电厂的营运单位(许可证件的申请者)正式颁发该核电厂的建造许可证(CP)。该核电厂的营运单位在取得建造许可证后即可在建造现场开始浇灌混凝土。根据电厂的建造进度，该核电厂的营运单位必须在预期首次装载核燃料之前至少 12 个月向国家核安全局正式提出该核电厂首次装载核燃料申请。在提交申请的同时必须向国家核安全局提交《核电厂的最终安全分析报告》(FSAR)、《核电厂的最终环境影响报告》、《核电厂的建造进展报告》、《核电厂的役前和在役检查(PSI/ISI)大纲》和《核电厂调试/运行阶段的质量保证大纲》等文件，并在审评过程中陆续提交《核电厂的调试进展报告》和《核电厂的役前检查(PSI)结果报告》等文件供国家核安全局审评。在国家核安全局通过相关的审评、完成《核电厂的最终安全评价报告》(FSER)、《核电厂的最终环境影响评价报告》，《核电厂的役前检查(PSI)结果的审评意见》和《核电厂的建造与调试监督报告》等相关评价报告和文件，并听取“国家核安全局核安全和辐射环境安全专家委员会”咨询意见后可向该核电厂的营运单位(许可证件的申请者)正式颁发该核电厂的“首次装载核燃料批准书”(FFLP)。该核电厂的营运单位在取得FFLP后,即可开始装载核燃料,并开始核电厂装料后的调试工作,直到电厂满功率,开始试运行。在此过程中,国家核安全局将实施相应的核安全监督;然后就是核电厂运行许可证申请及颁发,在核电厂首次达到满功率,开始试运行1年后,该核电厂的营运单位可向国家核安全局正式提出该核电厂运行许可证申请。在提交申请的同时必须向国家核安全局提交《核电厂的调试与试运行总结报告》等文件供国家核安全局审评。在国家核安全局通过相关的审评,并听取“国家核安全局核安全和辐射环境安全专家委员会”咨询意见后可向该核电厂的营运单位(许可证件的申请者)正式颁发该核电厂的运行许可证(OL)。

国家核安全局向该核电厂的营运单位(许可证件的申请者)正式颁发该核电厂的OL后,每10年将对该核电厂进行一次定期安全审查,以保证核电厂的安全设施和安全状态的持续改进,满足核安全法规的要求。

中国与美国核电厂许可证管理程序相比较主要区别:一是我国“二步法”许可证管理程序在CP申请与颁发阶段,主要审查的是项目申请者在完成核电厂初步设计基础上编写的PSAR。而美国“一步法”许可证管理程序在COL申请与颁发阶段,将“早期厂址批准(ESA)”和DC分离。DC将在获得标准电厂设计的最终批准并通过公众听证后颁发。在颁发DC阶段,主要审查的文件是申请者在完成核电厂标准设计(初步)基础上编写的核电厂的设计控制文件,所谓“标准设计”是考虑了所有潜在厂址的包络条件(地质、气象和水文等),但不包括某一具体厂址内容的描述。NRC向申请者颁发标准电厂设计的最终批准,即表示在DC阶段对申请者提交的核电厂的设计控制文件安全审查已结束,公众听证是美国法律程序的要求,不涉及具体技术内容。我国现行的核电厂许可证管理程序尚未要求进行公众听证。二是美国“一步法”许可证管理程序中申请者提交的核电厂的设计控制文件包括第1层次和第2层次两部分内容。核电厂的设计控制文件通过核管局审评，当申请者获得标准电厂设计的最终批准时即表示核电厂的设计控制文件中第1层次文件的内容已被NRC批准和认证，第2层次文件的内容也已被NRC批准但未被认证。第1层次文件的内容包括：① 定义和总的供货物项；② 设计描述；③ 检验、试验、分析和接受准则(ITAAC)；④ 重要厂址参数；⑤ 核电厂标准设计与相关的厂外整体或部分系统的重要接口要求。ITAAC对核电厂标准设计中所有相关系统和设备/部件以上述表格的方式给出了相关的设计承诺、相对应须进行的检验、试验、分析和相应的接受准则。对于有关的检验、试验(包括设备的型式试验和鉴定)、分析，根据需要，部分要求在申请者获得COL前完成，剩余的则必须在核电厂首次装载核燃料前完成。NRC将监督ITAAC的执行情况并核实是否满足相应的接受准则。第2层次文件的内容包括:① 除了一般性的技术描述和概念设计的描述以外，包括遵循美国联邦法规10CFR52.47申请内容规定的全部信息;② 根据美国联邦法规10CFR50.34申请内容，技术信息所规定的针对核电厂FSAR所要求的内容;③ 针对ITAAC的支持性材料;④ 采用该标准设计的核电厂业主(申请者)为申请COL，在编写法FSAR中有关厂址部分所要求的内容项目。从上述核电厂的设计控制文件的内容可看出，美国“一步法”许可证管理程序中申请者提交的核电厂的设计控制文件描述的设计深度比我国“二步法”许可证管理程序对PSAR的要求高。例如在核电厂的设计控制文件中对核电厂系统设计、主要的结构分析、安全分析、运行管理、运行技术规格书、严重事故的预防和缓解及概率安全分析等已接近和达到FSAR的要求。这将对降低核电厂建造的投资风险和技术风险起到积极作用。根据美国“一步法”许可证管理程序，当申请者获得

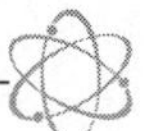

COL，开始建造核电厂（核岛浇灌第1罐混凝土）时，除了要求在核电厂首次装载核燃料前完成的有关检验、试验（包括设备的型式试验和鉴定）、分析项目（ITA）外，其核电厂的安全分析工作已达到我国“二步法”许可证管理程序对FSAR的要求，整个核电厂的设计工作已基本完成。随着核电厂建造、设备安装和装料前调试工作的进展，当全部ITAAC项目执行完毕，经NRC监督、验证其结果符合规定的验收准则，并通过“公众听证”后，核电厂即可调试、运行。这时也相当于达到我国“二步法”许可证管理程序对核电厂发放“首次装料批准书”的要求。

4.2.4 国外核电厂的放射性流出物排放情况

核电厂放射性废物管理包括与废物产生、预处理、处理、整备、储存、运输、处置和退役相关的各项行政与技术活动，是从废物产生到处置的全过程管理。放射性废物安全是核与辐射安全的重要组成部分。核电厂放射性废物最少化是指使废物数量和活度减少到合理可行尽量低的水平。从美国核电研究院（NEI）所发表的美国在役核电厂从20世纪80年代到1996年每台机组最终产生的固体放射性废物量来看，90年代末美国压水堆（PWR）核电厂的固体废物产生量已经达到睦邻目标值。德国Siemens公司KWU集团向我国推荐的Konvoi型核电厂是1994年投入运行的90万kW核电机组，其核电厂气载放射性流出物1997年和1998年的排放量，惰性气体均为5×10^{12} Bq/a，碘和粒子均低于探测下限；液体放射性流出物的排放量，除氚外总放射性活度分别为1.8×10^{10} Bq/a和3.5×10^{9} Bq/a，氚均为低于探测下限；每年最终放射性固体废物体积约为30 m^3。法国是目前核电规模仅次于美国的全球第二大核电生产国，全国共有59台现役核电机组，是全球核电比例占比最高的国家。因此，放射性废物的管理是法国政府面临的一个重要问题。根据国家放射性废物管理局（ANDRA）

2006 年全国普查的结果，法国的放射性废物总量达 100 万 m^3（当然不全是核电厂产生的，包括其他领域产生的核废料），到 2020 年将进一步增加到 200 万 m^3。为了对放射性废物进行适当的管理，法国建立了一个专门的废物管理部门，即国家放射性废物管理局，并采取了许多措施。负责法国所有放射性废物的持久管理。目前法国的策略是处置方案优先。国放局在放射性废物处置中心的设计、运营和监测方面向国家提供鉴定和专有技术服务。法国认为我国大亚湾核电站在流出物方面的数据已跟法国同类型核电厂相似，法国建设内陆核电厂的主要经验是：高度重视核电厂放射性流出物的排放控制和环保控制；对内陆核电厂放射性流出物排放实施比滨海核电厂更严格的控制与监管：根据核安全规定，在许可证申请审批中就明确规定了排放条件和相关标准；充分考虑核电厂的运行经验反馈和公众的期望，不断大幅度压低排放控制值和细化放射性物质分类。核电厂放射性废物最少化是指使废物数量和活度减少到合理可行尽量低的水平。日本在核电厂放射性废物的最少化方面就做了许多工作，其中最引人注目的是废物减容技术的开发，到 20 世纪 90 年代更取得了积极的成效。1996 年投入运行的柏崎刈羽核电厂为例，其气载和液体放射性流出物所排出的放射性核素活度低于探测下限，而固体废物的年产生量达到了每年每台机组 20 m^3 以下。

根据 GB 18871—2002《电离辐射防护与辐射源安全基本标准》的有关规定，监管部门加强了对我国运行核电厂液态流出物排放限值的审查，包括排放总量限值和浓度限值。GB 6249—1986《核电厂环境辐射防护规定》对核电厂液态流出物排放总量有明确的规定，但对排放浓度限值尚未明确规定。由于各核电厂的设计和厂址特征情况不同，液态流出物排放对环境的影响也会有差异。我国在役核电机组的排放限值如表 4.1 所示。

表 4.1 我国在役核电机组排放限值

核电厂名称	内部管理的浓度限值/（MBq/m³）	在线监测报警值/（MBq/m³）	联锁阈值/（MBq/m³）
秦山核电站	3.7	—	3.7
秦山第二核电站	1.8	20	80
秦山第三核电站	0.37	—	0.37
大亚湾核电站	1	10	40
田湾核电站	0.2	0.2	1

4.2.5 我国核电厂建设核安全许可制度

自20世纪50年代末期，我国开始发展核工业，基于当时的国际、国内环境，核工业有着明显的时代特征：由于当时核工业主要服务于国防和军事，所以有着极强的保密特征；由于处于刚刚起步阶段，在发展的初期相关知识和经验明显缺乏，只是在常规工业的基础上适当考虑了核工业的一些特点；缺乏系统的核安全思想，没有建立起一套完整的核安全要求以及设计和评价方法，安全主要以辐射防护为主；也正是由于当时所处的国际环境，没有能够及时跟上国际核安全理念发展的主流；甚至没有建立独立的核安全监管部门。发生在1979年的美国三哩岛核电站事故在全世界范围内，包括中国引起了巨大的反响，同时20世纪80年代初我国的核能和平利用开始起步，国内相关部门开始重视核设施的安全问题研究。1984年成立国家核安全局，我国的核安全管理纳入正式轨道。

目前中国的核安全监督管理采用国际通用的管理模式，即许可证制度，其主要的依据是《中华人民共和国民用核设施安全监督管理条例》、《中华人民共和国核材料管制条例》和《民用核安全设备安全监督管理条例》。《中华人民共和国核材料管制条例》和《民用核安全设备安全监督管理条例》主要涉及核材料和民用核安全设备的特殊领域，而《中华人民共和国民用核设施安全监督管理条例》针对所有核设施。根据《中华人民共和国民用核设施安全监督管理条例》的规定，我国核电厂安全监管的主体是国家核安全局，是国家核事务管理的强力部门。对内是国家环保总局下属的核安全管理司（又称辐射安全管理司），对外的名称是“国家核安全局”，对外发布的有关文件都用“国家核安全局”的名义。国家核安全局承担核安全、辐射环境、放射性废物管理工作，具体职责包括：

1）拟定有关方针、政策和法规；

2）核事故、辐射环境事故应急工作；

3）对核设施安全和电磁辐射、核技术应用、伴有放射性矿产资源使用中的污染防治实行统一监督管理；

4）对核材料的管制和核承压设备实施安全监督；

5）承担有关国家和双边合作协定实施工作；

6）负责放射源的统一监管。

国家核安全局成立后，因为秦山核电站的设计已基本完成并已开始开工建造，所以首先开展了秦山核电站的追溯性安全审评，随后开展了引进的大亚湾核电站以及一些在役研究堆、燃料循环设施等的安全审评。同时国家核安全局也开展了核安全法规的制定工作。1986 年，《中华人民共和国民用核设施安全监督管理条例》、《核电厂厂址选择安全规定》、《核电厂设计安全规定》、《核电厂运行安全规定》和《核电厂质量保证安全规定》发布，使中国的核安全监督管理具备了一定的法制基础。20 世纪 80 年代末至 21 世纪初，国家核安全局先后开展了秦山第二核电站、秦山第三核电站、岭澳核电站、田湾核电站以及低温供热反应堆、高温气冷试验堆、快中子增殖试验堆和燃料循环设施等大量的核安全审评和监督工作，在技术能力上得到很大进步。同时，有关核设施应急、研究堆、核燃料循环设施、放射性废物管理、核材料管制和民用核承压设备管理的一系列法规和实施细则等文件发布，下层核安全导则也得到极大补充和完善，形成了基本完整的法规体系。随着我国核电由“适度发展”转变为“在确保安全的基础上，高效发展核电”，核电发展速度大大加快，而且在技术路线上，二代改进型核电厂、AP1000核电厂、EPR核电厂、高温气冷堆核电厂及俄罗斯核电厂多种堆型并举的建设方式，从资源和技术能力上对核安全管理将构成巨大的挑战。从安全思想和法规建设角度看，国际上核安全管理正在经历从确定论的安全理念向“RISK-INFORMED”的转变，这对中国的法规建设的模式和思路也提了出新的要求。

我国核设施安全许可制度的具体实施表现为：国家核安全局依法向核电运营主体颁发核设施安全许可证。由国家核安全局负责制定和批准颁发核设施安全许可证件，许可证件包括：1）核设施建造许可证；2）核设施运行许可证；3）核设施操纵员执照。

核设施营运单位，在核设施建造前，必须向国家核安全局提交《核设施建造申请书》、《初步安全分析报告》以及其他有关材料，经审核批准获得《核设施建造许可证》后，方可动工建造。

核设施的建造必须遵守《核设施建造许可证》所规定的条件。核设施营运单位在核设施运行前，必须向国家核安全局提交《核设施运行申请书》、《最终安全分析报告》以及其他有关资料，经审核批准获得允许装料（或投料）、调试的批准文件后，方可开始装载核燃料（或投料）进行启动调试工作；在获得《核设施运行许可证》后，方可正式运行。核设施的运行必须遵守《核设施运行许可证》所规定的条件。

对于核电厂操作人员执照的具体要求是：1）核电厂操纵人员执照分为核电厂《操纵员执照》和《高级操纵员执照》两种。2）持中华人民共和国核电厂《操纵员执照》或《高级操纵员执照》的人员方可操纵核电厂反应堆控制系统。3）在运行值班中未取得操纵员执照的培训人员，应在有执照人员监护下操纵反应堆控制系统。持照人员必须对被监护人员的一切操纵负全部责任。4）持中华人民共和国核电厂《高级操纵员执照》的人员方可指导他人操纵核电厂反应堆控制系统。5）担任核电厂正、副值长和运行部主任（或相当的技术职务）的人员必须持有中华人民共和国核电厂《高级操纵员执照》。6）核电厂每个运行值班小组中必须有三名持照人员，其中至少有一名持有核电厂《高级操纵员执照》。

在我国，核电厂的建设分为厂址选择、建造、调试、运行和退役五个阶段，国家对上述五个阶段实行有效的监督与管理，颁发相应的安全许可证件，规定相应的许可活动及其必须遵守的条件。

核电厂选址阶段的安全许可包括：

1）许可事项：在国家有关部门批准核电厂可行性研究报告之前，必须取得国家核安全局《核电厂厂址选择审查意见书》。

2）需提交的文件资料（厂址选定前 6 个月提交）：① 环境影响报告书；② 核安全评价报告；③ 其他需要的文件。

3）审评重点：核电厂厂址选择审查意见书从安全方面确定核电厂与所选厂址之间的适宜性。

核电厂的建造阶段的安全许可包括：

1）许可事项：国家核安全局颁发《核电厂建造许可证》后，许可营运单位开始核岛基础混凝土浇注。

2）提交的文件、资料（核岛基础混凝土浇注前 11 个月提交）：①《核电厂可行性研究报告》的批准书；②《核电厂环境影响报告批准书》（建造许可证件颁发前 1 个月）；③《核电厂初步安全分析报告》；④《核电厂质量保证大纲》（设计和建造阶段）。

3）审评重点：审评核电厂的设计原则，以便就核电厂建成后是否能安全运行得出结论。

核电厂首次装料调试阶段的安全许可包括：

1）许可事项：国家核安全局颁发《核电厂首次装料批准书》

后，许可营运单位首次向堆芯装载核燃料、进行带核的调试和按批准的计划提升功率、进行试运行。

2）需提交的文件资料：①《核电厂最终安全分析报告》；②《核电厂环境影响报告批准书》（首次装料前1个月）；③《核电厂调试大纲》；④核电厂操纵人员合格证明（首次装料前1个月）；⑤《核电厂营运单位应急计划》（首次装料前6个月）；⑥《核电厂建造进展报告》（首次装料前6个月）；⑦《核电厂在役检查大纲》；⑧在役前检查结果（首次装料前1个月）；⑨《核电厂装料前调试报告》（首次装料前1个月）；⑩核电厂拥有核材料许可证的证明（首次装料前1个月）；⑪核电厂运行规程清单（首次装料前1个月）；⑫《核电厂维修大纲》（首次装料前6个月）；⑬《核电厂质量保证大纲》（调试阶段）。

3）审评重点：核电厂首次装料批准书，确定核电厂是否认可的设计建成，是否符合核安全法规要求，是否已达到要求的质量并有完整合格的质量保证记录。

核电厂的运行阶段的安全许可包括：

1）许可项目：国家核安全局颁发《核电厂运行许可证》后，许可营运单位在遵守《核电厂运行许可证》规定的条件下运行。

2）需提交的文件资料（首次达到满功率试运行12个月后提交）：①《核电厂修订的最终安全分析报告》；②《核电厂环境影响报告批准书》；③《核电厂装料后调试报告和试运行报告》；④《核电厂质量保证大纲》（运行阶段）。

3）审评重点：核电厂运行许可证，确定试运行的结果是否与设计一致，并审定修订过的运行限值和条件。

核电厂的退役阶段的安全许可包括：

1）许可项目：国家核安全局颁发《核电厂开始退役批准书》后，许可营运单位开始退役活动；颁发《核电厂最终退役批准书》后，批准核电厂最终退役。

2）需提交的文件资料（核电厂开始退役活动前两年提交）：①《核电厂退役报告》；②《核电厂退役环境影响报告批准书》；③《核电厂质量保证大纲》（退役阶段）。

3）审评重点：核电厂退役批准书，确定核电厂的退役步骤和退役各阶段的状态是否符合安全要求。

国家核安全局安全许可证件审评依据是：

1）国家核安全法规：①《中华人民共和国民用核设施安全监督管理条例》；②《中华人民共和国核材料管制条例》；③《中华人民共和国核电厂核事故应急管理条例》；④《核电厂厂址选择安全规定》；⑤《核电厂设计安全规定》；⑥《核电厂运行安全规定》；⑦《核电厂质量保证安全规定》；⑧《核电厂放射性废物管理安全规定》；⑨《民用核承压设备安全监督管理规定》。

2）其他与原子能、辐射防护、环境保护、公安、卫生等有关的法律和法规。

3）国家核安全局已颁发的有关文件、核安全导则和已核准备案的标准。

从人类将核能作为一种新型能源的一开始，核安全问题就成为核能利用的首要问题。在世界范围内核动力技术与核安全的发展是同步的。早在1955年就在日内瓦召开和平利用原子能会议，安全问题就已经成为一个重要议题。三哩岛核事故、切尔诺贝利核事故和福岛核事故后，核安全问题再次成为世界关注的问题。世界上各种可行的发电方法都因其独特的优点而为人类带来便利，同时也不可避免地和无一例外地存在对人类及环境造成有害影响的可能。以核能发电的核电厂自然也存在对人类环境的影响，且这种影响是以其反应堆及相关系统内存在放射性为最大特点。核安全的要求即是针对这种影响提出的。核电厂对环境的影响在不同的运行工况下是不同的，但就核安全要求的目标而言，核安全与其他工业的安全目标是一致的，要保证公众和环境安全，不会因核电厂的运营而受到不可接受的侵害。与世界主要核电国家相比,目前我国的核电发展仍处于起步阶段,核电的设计、建造与运行管理还远远没有形成系列化和标准化。已经建成的几座核电厂的运行管理模式在结合了我国核军工设施管理模式的基础上,带有较浓厚的参考国外核电厂的影子。秦山核电站是我国自主设计和自主建造的压水堆机组,大亚湾核电站是从法国全套引进的压水堆机组,田湾核电站是从俄罗斯引进的,秦山第二核电站是我国自主设计和自主建造的压水堆机组,虽然这4个核电厂的机组堆型都是压水堆,但是其运行管理模式却差异较大。我国的压水堆核电机组还没有形成运行管理的规范化,在规范化管理方面还存在一定的问题有待研究和解决。运行管理的规范化与标准化是我国核电发展过程中必须加以解决的问题。而保障核安全的工作从一开始就体现在核电厂的设计、建造、运行及维修、退役等的相关活动中,保证核电厂运行阶段的核安全则相对更为重要。在保证核电厂运行过程中的核安全方面,电厂内部的核安全监督管理起着不可或缺的作用。核电厂的核安全总目标是要在核电厂建立并保持一种有效的防御系统,以保护人员、社会和环境免受放射性危害。为了保证核安全目标,各核电厂都从核安全政策、组织机构、管理程序等方面建立了管理体系,电厂内部的核安全监督管理是其中的一个重要环节。

国内目前运行的几座核电厂,其核安全监督管理模式大多是在借鉴国外类似核电厂的核安全监督管理方式与有关技术的基础上建立的,并结合了各个核电厂自身的经营管理特点,形成了各自的核安全监督管理模式。建立适合于我国核电厂且具有较强操作性的核安全监督管理的模式和方法,促进我国核电厂核安全监督管理理念的一致性、管理要求的标准化和管理实践的规范化,是在核电发展过程中需要超前解决的关键问题之一。

4.3 我国内陆核电厂选址需要特别关注的问题

随着国家加快核电发展的步伐,核电建设从沿海向内陆地区扩展。目前已有十余个省份先后开展了内陆地区的核电厂选址工作,由于我国以往的核电建设均位于滨海地区,对于内陆地区的核电建设没有现成的经验可循,如何科学合理地开展内陆核电厂选址工作有待于在实际工作中认真解决。根据我国现行的《核电厂厂址选择安全规定》的附属导则中,一些导则是按照滨海和滨河不同厂址类型编制的,比如关于工程水文评价的导则,而这恰恰是滨海核电厂和内陆核电厂差异最大的因素,所使用的评价方法必然会有所差异。在新修订的核电厂选址法规系列文件中,已将滨海和内陆地区工程水文评价的安全导则合并。可见,对于内陆和滨海地区核电厂选址评价的核安全要求以及相应的评价准则是一致的,其差异主要体现在因滨海和内陆地区的自然和社会环境的不同,导致核电厂选址涉及的安全因素、环境影响以及实施应急计划可行性方面的评价重点发生变化。

4.3.1 我国内陆核电选址与滨海地区的差异及其特点

在国际上的核电发达国家,滨海和内陆核电建设均普遍存在。选择什么样的厂址建设核电厂涉及技术、经济、安全、环境等因素,而这些因素在不同的地域环境有所差异。核电厂选址过程是考虑上述因素的综合平衡过程,在这一过程中了解不同地域影响核电建设的主要因素是选择适宜厂址以及合理开展厂址评价的重要前提。

在 20 世纪 80 年代我国核电发展初期,中央政府明确了沿海地区优先发展核电的战略,事实证明这一决策是合理的,核电对满足沿海地区不断增长的能源需求起到了重要作用。20 多年来,我国整体经济发展水平、区域经济差异程度以及可持续发展战略对环境的要求都已发生巨大变化。基于我国近年来核电厂选址评价的实践，按照核电厂选址安全规定中的个基本要素，反映出我国内陆核电厂选址与滨海地区的主要差异及特点：安全影响水平不存在特别显著差异。所谓安全影响因素是指外部环境对设施可能产生安全影响的因素，包括外部自然事件和人为事件。其中外部自然事件主要有地质、地震、水文和气象等因素。外部人为事件则是指与人类活动有关的危险因素，如工业、交通、军事设施等。在核电厂选址中，要对这些外部事件因素可能产生的影响以极低的发生概率水平或者是极端状态进行安全评价，以确定厂址的适宜性和工程的设计基准，可见内陆地区与沿海发展核电并无实质性的区别。

国外核电建设经常使用的“滨海”一词，意指核电厂建立在临海城市，所用水源取自淡化的海水，并且直接向海水中排放。“沿海”则是明显带有中国特色的词汇，在国内一般表述中与“东部”同义，对应于“中西部”，是一个区域经济的概念。“沿海”包含的范围远大于“滨海”，沿海地区发展核电也可以在非“滨海”的滨河、滨湖地带选址，也就是说存在“沿海地区滨湖”、“沿海地区滨河”的地理概念。区分这一概念的意义在于，虽然一直有人质疑，但是历来的决策者从来没有否认在滨河、滨湖厂址建设核电厂的技术和安全可行性。也就是说，技术和安全上的考虑并不是问题的要害。在核电发展初期，中央领导和专家所考察研究过的国外核电厂包括有许多内陆滨河、滨湖电厂，并肯定了这些电厂的成功运行，这充分说明内陆建核电厂在技术上是可行的。

根据我国已选定和预选的滨海和内陆地区厂址特征分析，来自外部事件的安全影响水平在滨海和内陆地区没有显著差异。根据现有的调查评价结果，在工程地质条件方面所选厂址均为基岩场地，初步确定的厂址地震动值除个别厂址超过之外，其余均在限值之内。在水文和气象条件方面，由于滨海和内陆地区地理环境的不同，所考虑的安全影响因素有所差异。滨海厂址主要考虑海洋水文特征的影响，而内陆地区则以滨河、滨库厂址为主。以防洪安全评价为例，滨海厂址的主要影响因素为风暴潮、天文潮和波浪等，而内陆厂址则主要考虑由降雨产生的径流洪水以及上游溃坝等因素的影响。尽管由于水体环境的变化，安全影响水平不好直接比较，但由于目前所选的内陆厂址主要考虑采用二次循环冷却设计，在实际的安全影响评价中内陆厂址并不存在显著困难，甚至反映出具有更大的灵活性。对于气象条件以及外部人为因素对厂址的安全影响，滨海和内陆也不存在显著差异。

环境影响因素差异显著，在核电厂选址中，核电厂对其所在区域产生影响的因素主要为放射性物质的传播途径，其中包括大气扩散和水体扩散条件、人口分布以及厂址周围区域的土地和水体的利用。对于上述在选址中需要评价的环境影响因素，滨海厂址和内陆地区厂址存在显著差异。根据我国不同地区核电厂选址的初步评价结果，滨海厂址的大气扩散条件明显好于内陆地区的厂址，经初步统计我国滨海厂址地区的静风频率多在10%以下，而内陆预选厂址地区的静风频率大部分在20%以上，有些预选厂址地区静风频率甚至高达40%。对于水体扩散途径，由于滨海地区厂址濒临大海，无论地表水还是地下水的条件均较简单，水体的扩散条件受不同海域的潮流影响虽有差异，但总体而言作为地表水受纳水体广阔，扩散条件较好，再加上滨海厂址多位于滨海低山丘陵的基岩地区，厂址所在地区的地下水单元相对独立，地下水主要通过基岩裂隙流向海域，因而水体扩散对周围居民以及土地和水体的利用影响较小而内陆厂址，由于水体的局限性和内陆水体的环境特征，使得地表水和地下水的扩散条件和影响因素均较复杂。

无论是滨河还是滨库厂址，其地表水和地下水都与厂址周围区域居民的生活生产有更加密切的联系。目前预选的内陆地区滨河厂址，一般河流流量较大，扩散条件较好，但这些河流流域多属于经济相对发达地区，人口密度也相对较大，一些河流还属于下游城镇居民的饮用水源，在水功能与环境功能区划中受到保护。而内陆地区库区水体相对封闭，循环扩散率较低。在地下水方面，内陆地区的厂址不再独立，而是随水文地质条件直接或间接与厂址周围区域地下水产生水力联系。上述表明，内陆地区和滨海地区水体扩散条件存在显著差异，特别是我国淡水资源紧缺，内陆水体多与居民的生活生产密切相关，因而对于内陆核电建设的厂址选择所面临的水体环境影响评价因素要远比滨海厂址复杂。

关于人口分布问题，由于我国人口密度的总体水平偏高，因而无论是滨海地区还是内陆地区的核电厂选址中都受到关注。尽管在我国核安全法规中没有明确要求，但在导则中原则性地提出“出于尽可能降低核风险的考虑，厂址最好选在远离人口中心的低人口密度区”，而且核电厂周围设置非居住区与限制发展区的要求也都涉及人口分布的问题。基于上述情况，在我国的核电厂选址评价中，内陆地区的人口问题与滨海地区相比也相对复杂。内陆厂址区域的平均人口密度水平普遍高于滨海厂址区，而且由于内陆厂址区域的大气扩散条件相对较差，所确定非居住区半径范围也高于滨海厂址。目前滨海地区厂址的非居住区半径多处于法规要求的下限值，但一些内陆厂址由于大气扩散条件的差异，用同样的评价方法计算出的非居住区半径范围可达到几千米。由于非居住区范围增大，所涉及的居民搬迁问题也变得相对复杂。在土地和水体利用方面，由于内陆地区的河流、湖泊或水库地区也常常是适于生活和生产的地区，因此在土地和水体利用评价方面内陆地区也相对复杂，包括所涉及的生活和生产用水问题，以及占用耕地等问题。

通过上述反映出，在核电厂对其所在区域产生影响因素方面，我国内陆核电厂选址所面临的问题要远比滨海地区复杂。应急计划实施可行性的影响因素，应急计划实施可行性是核电厂选址需要考虑的重要因素之一。从厂址环境特征考虑，涉及应急计划实施可行性的因素主要包括厂址周围应急计划区内的人口分布特征，特别是厂址附近地区特殊居民组的状况，以及交通、通讯、气象等社会与自然环境特征。基于目前的核电厂选址评价，滨海和内陆地区的厂址在应急计划实施可行性方面并不存在显著差异，其中存在的一个共性问题是厂址周围低人口地带的界定不十分明确，尤其是距人口中心的距离，无论是相关规范的规定，还是专业技术人员的认知均存在差异。如果按照厂址最好选在远离人口中心的低人口密度区原则来考虑，内陆地区厂址则处于相对复杂状态，距人口中心的距离相对较近。

国家环境保护部发布了《环境影响评价公众参与暂行办法》。对于核电厂的环境影响评价，其社会关注程度远远高于其他工程。特别是国际上已发生的核事故产生了较广泛的影响，因而核电工程建设的核安全问题受到全社会的高度关注。根据我国滨海和内陆地区已选定和预选厂址的分布以及相关的公众参与调查评价结果，内陆核电厂址所涉及的社会因素明显比滨海厂址复杂。目前我国的滨海厂址均远离大中型城市，由于濒临海域，电厂运行的液体排放可直接进入大海，对陆地水体基本不构成影响，可认为滨海厂址的自然和社会地理环境处于相对独立状态。而我国内陆地区的预选厂址，以上位于主干河流的附近地区，虽然厂址距沿河城市有一定的距离，但下游城市居民仍对上游建设核电厂可能产生的影响表示关注，特别是处于生活水源地河流下游的居民则更加关注。在相关公众参与的调查中，最关心的问题之一就是核电厂建设对水体可能产生的影响，此外也包括由于对核安全缺乏了解而产生的社会心理影响。

对目前我国核电选址评价的实际状况进行分析，反映出在内陆地区进行核电厂选址比滨海地区所需考虑的社会因素更多也更加复杂。尽管目前我国还未开始内陆地区的核电建设，但作为核电建设前期的选址调查已在内陆省份相继展开。伴随我国近年来的核电建设，在核电厂选址评价方面积累了一定的经验，但这些经验主要来自滨海地区的选址评价，对于内陆地区的厂址环境特性、核电厂建设条件以及相关的评价方法与标准等，还需在实践中逐步认识和逐步完善。基于目前我国内陆地区已开展的核电厂选址评价以及对法规应用的理解，在我国内陆核电厂选址评价中应关注以下几方面的主要问题：要充分重视内陆地区核电厂选址中的环境影响因素、核安全法规对于滨海和内陆地区核电厂选址的基本要求虽然是一致的，但由于我国滨海地区和内陆地区自然与社会环境存在显著差异，使得核电厂选址涉及的因素及其评价的复杂程度有所不同。通过对我国已开展的滨海和内陆地区选址评价的对比分析，反映出两个不同区域的厂址安全影响因素差异不大，但相关的环境影响因素内陆地区要远比滨海地区复杂。

我国早期的核电厂选址主要集中在滨海地区，由于滨海地区的地理特性，使得早期的选址评价对厂址安全的影响因素包括地质、地震、工程水文和气象等因素更加关注，因为在滨海地区这些因素是影响厂址可接受性的主要因素，滨海地区厂址的环境影响因素相对简单。但在后期开展的内陆地区核电选址评价中，由于地理条件的变化，核电厂对所在区域的环境影响因素相应变得复杂，包括放射性物质排放条件的改变、人口分布、土地和水体的利用以及公众心理等因素，其中一些甚至构成影响厂址可接受性的主要因素。因此，对于我国内陆地区的核电厂选址调查评价，不能简单地沿用滨海地区选址调查评价的思路，而应针对内陆地区的自然和社会环境的特点，在综合分析安全影响、环境影响和实施应急计划可行性等因素的基础上，合理地开展选址调查评价工作，其中要特别关注内陆地区核电厂选址中的环境影响因素。在核电厂选址调查阶段，主要的评价目标是排除可能对厂址可接受性产生影响的因素，从而确定厂址的适宜性。

对于内陆地区核电选址，除了外部事件对厂址的安全影响因素之外，核电厂对周围环境影响的因素也直接关系到厂址的可接受性和适宜性。要重视公众参与环节的调查，做好核电与核安全知识的宣传工作由于我国内陆地区的预选厂址多位于主干河流和水库的附近地区，而这些水体往往与居民的生活和生产密切相关。目前核电厂选址阶段的公众参与调查，反映出群众普遍对核电厂缺乏了解，但对已发生的核事故影响却印象深刻。在国家环境保护部发布《环境影响评价公众参与暂行办法》之后，做好核电及核安全知识的宣传，使得广大公众了解核电厂，接受核电厂作为清洁能源在我国能源建设中的重要性至关重要。在一些厂址相关调查中，已出现公众存疑甚至不接受的情况。目前内陆地区的核电选址主要在初步可行性调查阶段，多数预选厂址还未涉及公众参与的问题，预计在可行性研究阶段的评价中，内陆地区厂址将会面临更多这方面的问题。因此，在核电厂选址的前期，特别是规划选址阶段就应考虑公众参与因素，并适当地做好宣传工作。

我国内陆核电选址评价面临的环境影响因素比较复杂，在实际评价中反映出的法规标准问题也较多，对于非居住区边界的确定，采用最大可信事故条件下个人所接受的有效剂量当量限值的标准进行评价，对这一标准的使用以及应考虑怎样的事故源项进行评价存在较大的认识差异，从而对非居住区边界的确定产生很大影响。关于人口分布问题，现行核安全导则仅给出了原则要求，而在一些行业标准中却提出了厂址距人口中心的距离要求。在实际评价中如何协调这些法规标准中的不同要求，以及如何针对我国人口特点、在考虑新堆型设计安全性提高的情况下合理地体现法规中的原则要求，尚需进行更深入地探讨。关于核电厂对水体的影响，在《污水综合排放标准》中规定了禁排水域，但其中对核电厂建设的要求不够明确，在实际选址评价中时常出现调整水域功能以适应核电建设的情况。此外,对于内陆核电建设是否要求二次循环以减少温排水的环境影响等。在当前核电选址的背景条件下,上述环境影响评价的规范标准问题需要尽快明确和完善,否则将会产生不可低估的负面影响。法规标准是核电建设与环境协调发展的基本保证,同时也是核电厂选址调查的重要依据。

要结合堆型及核电厂的设计特性拓宽选址空间。在我国以往的选址中,主要是参考大亚湾核电站设计所要求的厂址条件进行选址。但随着所选的核电厂址越来越多,具备核电厂建设条件的厂址空间也越来越小,而相应的厂址评价难度则越来越大。实际上,随着我国核电发展技术路线的明确化,可选择的核电机型也逐步多样化,特别是设计先进的堆型,其对厂址的要求宽松了许多,如对地震条件的要求,大亚湾核电站仅适于基岩水平峰值 SL－2 级加速度 0.20 g 以下,而 AP1000 则拓宽至 0.30 g。在水体条件方面,对于内陆核电建设,如果选用二次循环冷却系统,那么选址对循环水量以及防洪安全等方面的考虑也宽松了许多。因此,在核电厂选址中,特别是对于内陆地区的选址,要结合堆型及核电厂的设计特性考虑合理的拓宽选址空间。

目前,我国正处于新的核电发展时期,核电厂建设前期的选址调查已从滨海扩展至内陆地区。无论是滨海还是内陆地区的核电厂选址,在核安全法规要求方面是一致的,但由于滨海和内陆地区自然和社会环境的差异,使得核电厂选址评价因素的复杂程度有所不同。通过对目前核电厂选址的比较,反映出我国滨海和内陆地区核电厂址的安全影响水平差异不大,但在环境影响因素方面,内陆核电厂选址所面临的问题要远比滨海地区复杂。因此,对于内陆地区核电选址不能简单地沿用滨海地区选址的思路,除了影响厂址安全的因素之外要特别关注核电厂对环境影响因素的评价,其中包括公众参与调查在内,这些因素对内陆地区核电厂址的可接受性同样产生重要影响。本文根据近年来核电厂选址调查,提出了一些内陆地区核电选址评价中应关注的问题，包括要充分重视环境影响因素的评价、建立和完善相关环境影响评价标准以及结合核电厂堆型与设计特性拓宽选址空间等，其目的是促进我国内陆核电厂选址评价工作的合理开展以及相关规范标准的进一步完善。

4.3.2 液态放射性流出物的排放控制

内陆厂址地表水和地下水的扩散条件和影响因素相对复杂，与厂址周围区域居民的生活生产关系密切。特别是湖泊、水库等封闭、半封闭水体，其稀释能力差，容易造成放射性核素的累积效应。所以国内外同样很注意受纳水体的稀释扩散能力，美国Clinton厂址和North Anna厂址接纳低放射性废水的人工湖库容分别为9 150万 m^3 和6 784万 m^3。法国内陆核电厂低放射性废水排放要求河流的最小流量大于20 m^3/s。

我国的内陆厂址需借鉴国外经验，既重视降低液态放射性流出物的总量，又重视排放方式的设计，使得低放射性废水与受纳水体尽快充分均匀混合和稀释扩散。同时注意排放浓度的控制，我国的《生活饮用水卫生标准》(GB 5749—2006)中规定总放射性小于1 Bq/L。《核动力厂环境辐射防护规定》(GB 6249)提出核动力厂排放口下游1 km处受纳水体中总β放射性浓度不得超过1 Bq/L，这就是要求在排放口下1 km处满足生活饮用水标准。GB 14587修订版的征求意见稿，提出了100 Bq/L的排放罐出口浓度控制值。因此，经过适当的稀释，核电厂液态放射性流出物排放浓度就可达到天然放射性本底水平。从目前已经完成的内陆核电厂址的环境评价来看，核电厂正常运行期间产生的环境辐射影响，远低于我国天然γ辐射对公众的剂量率水平。与沿海厂址相比，虽然增加了饮用水和灌溉的照射途径，但这些途径对公众个人剂量的份额均很小。据统计，我国各企业集团和设计单位在28个

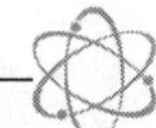

滨河初选厂址中，大多数河流 97%的枯水流量在 100 m^3/s 以上，少数河流 97%的枯水流量也在 40 m^3/s 以上；在 5 个受纳水体为湖泊(水库)的厂址中，受纳水体均属于大型水库(库容均在 10 亿 m^3 以上)。从总体上讲，在这些内陆厂址选择中均已充分考虑了液态放射性流出物受纳水体的稀释扩散能力。环境保护部在新修订的《核动力厂环境辐射防护规定》中要求内陆核电厂址避开饮用水保护区，并增加对液态放射性流出物排放的浓度控制。

中国核能行业协会课题组规定内陆核电厂排放浓度比滨海核电厂低 1 个量级以上。不管采用二代改进型技术还是三代技术，内陆核电厂液态放射性流出物排放产生的影响完全能够控制在可接受的水平以内。内陆核电厂由于采用冷却塔闭式循环带走余热，没有循环冷却水对放射性废液的稀释。滨海压水堆核电厂液态流出物排放的内部实际控制值不大于 1 000～2 000 Bq/L(不包括氚)，经循环冷却水对放射性废液的稀释 1 000 倍后，其浓度已相当低，一般不大于 1 Bq/L。俄罗斯滨河核电厂要求液态流出物排放的浓度控制值不大于 18 Bq/L(不包括氚)。所以，改进目前沿海核电厂的液态放射性废物的处理技术，是完全能满足内陆核电厂对液态放射性废物处理和排放的要求的。我国《核动力厂环境辐射防护规定》修订版规定：对于滨海厂址，排放罐出口放射性流出物中除氚外其他放射性核素浓度不高于 3 700 Bq/L；对于内陆厂址，不高于 370 Bq/L；内陆厂址控制值比沿海厂址低一个量级，有利于内陆厂址周围的公众接受核电厂的建设。至于内陆核电厂的含氚废水，可在废水处理后排入冷却塔循环冷却水中，经蒸发向大气排放。此外内陆核电厂应加大放射性废水储存罐容量，以便在事故情况和枯水季节储存废水。

在厂址的选择上需要遵循国家指定的相关导则，包括《核电厂放射性液态流出物排放技术要求》。该要求规定了核电厂放射性废水排放系统设计和运行的技术要求。针对原来国家标准主要技术条款事实上均针对环境条件相对简单的滨海核电厂，在应用于滨河、滨湖、滨水库等内陆核电厂的放射性液态流出物排放管理时，对我国核电厂放射性液态流出物的排放提出了许多新的要求。

此外，国内外核电厂放射性液态流出物排放管理的实践经验反馈，特别是放射性液态流出物排放优化管理理念的新发展，均提供了不少新的经验。参考国际上核电先进国家（美国、法国和俄罗斯等）针对放射性液态流出物方面的法规和管理要求，《轻水堆核电厂放射性废水排放技术规定》修订为《核电厂放射性液态流出物排放技术要求》将重水堆核电厂的放射性液态流出物的排放要求也纳入其中；将标准的适用范围扩大到包括重水堆在内的所有核电厂放射性液态流出物排放系统的设计和运行以及核电厂放射性液态流出物排放的管理。

美国核电厂向水体排放的浓度较宽松，10CFR20 给出的各核素浓度限值是按饮用途径对公众的有效剂量 0.5 mSv 推算的。但是，美国在 10CFR50 中规定核电厂放射性液态流出物对公众所致的年最大个人有效剂量不超过 30 μSv。法国在《有关专用于压水堆核电厂放射性液态流出物排放限值和排放方式的规则》（1976 年 8 月 10 日令）中规定，在一条河流中，除氚外其他放射性核素浓度应低于 0.74 Bq/L。俄罗斯规定了每 1 000 MW 反应堆的日排放量，推算到田湾核电站的设计，为 20 Bq/L。我国专家考虑在现阶段对一个厂址使用 0.25 mSv 的总的剂量约束值控制较为适宜。对于内陆核电厂，由于我国目前还没有实践，制定一个恰当的排放浓度限值比较困难。调研了国内外情况，提出 37 Bq/L 的排放浓度限值供征求意见。优化要求在《液态流出物向环境排放的控制规定》（IAEA-WS-G-2.3）中有非常明确的规定。

4.3.3 大气弥散条件与非居住区的设置

核电厂废气经过滤、吸附、衰变，由烟囱向大气排放，由于内陆

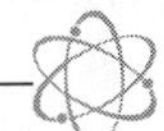

核电厂址平均风速相对较小，大气扩散条件较差，需要设置很大的非居住区。同时要做好内陆核电厂的气象观察，掌握厂址区域大气扩散规律，为科学制定放射性气态流出物的排放管理提供支持。在厂址的选择上需要遵循国家指定的相关导则，包括 HAD101/02《核电厂厂址选择的大气弥散问题》、HAD101/05《核电厂厂址选择中的放射性物质水力弥散问题》大气弥散条件与非居住区的设置主要关注点是静风频率与事故源项的确定原则。与滨海厂址相比，内陆预选厂址地区的静风频率大部分在 20%以上，有个别厂址地区范围的静风频率甚至高达 40%，而滨海厂址的静风频率则多在 10%以下，因此，内陆厂址的大气扩散条件一般差于滨海厂址。在这种自然条件下，如何确定假想事故下放射性释放的源项是一个影响非居住区大小的重要问题。20 世纪 60 年代美国核管理委员会(NRC)的技术文件 TID-14844 规定不考虑碘喷淋去除等专设安全设施的作用，按照这个原则确定的源项要求设置很大的非居住区。2008 年，NRC 在审批几个早期厂址许可证的申请时放弃了 TID-14844 规定的要求，允许在确定放射性源项时考虑喷淋等专设安全设施的作用，而且不论这些安全设施是能动的还是非能动的都同等对待，这一原则大大缓解了非居住区设置范围的压力。由于我国人口众多，土地资源紧张，这一原则具有十分重要的参考意义。

4.3.4 人口分布与应急计划实施的可行性

核电厂应当优先选择在低人口密度地区，尽量避开大的人口中心。但从国际核电发展进程看，人口因素已趋于淡化，选址过程中只要充分考虑应急撤离路线、应急组织的有效性，应急计划实施的可行性，人口分布问题在选址中不应成为颠覆因素。

随着核电安全技术的不断完善，核电厂选址要求靠近负荷中心附近，而且不强调要尽量远离居民集中区。人口分布与应急计划实施的可行性主要关注点是如何控制核电厂近区人口，以利于应急计划的实施。不管采用二代改进型技术还是三代技术，内陆核电厂液态放射性流出物排放产生的影响完全能够控制在可接受的水平以内。内陆厂址周围 80 km 范围内的人口数量控制在与沿海厂址相当的水平是可以做到的，内陆核电厂采用二次循环冷却方式，其温排放的影响是可以接受的。内陆核电厂址附近必须有Ⅳ级以上的航道。与滨海核电厂相比，内陆核电厂址由于周围水域面积较少，一定范围内的人口数和人口密度可能会更高。

我国已开展前期工作的内陆与滨海厂址的近区人口分布情况为：厂址周围 5 km 半径范围内的 13 个内陆厂址人口总数均超过 1 万人，其中 1 万～2 万人的厂址 7 个、2 万～3 万人的厂址 2 个、3 万～4 万人的厂址 2 个、4 万～5 万人的厂址 2 个。而 7 个滨海厂址人口超过 1 万人的只有 3 个，其中 1 万～2 万人的厂址 2 个，2 万～3 万人的厂址 1 个。因此，对内陆厂址人口众多的特点要密切关注。秦山、大亚湾两个核电基地半径 80 km 范围内的人口总数均超过 1 000 万人，总体上反映了我国东部地区人口密度较高的特点。我国监管当局以及这些核电厂周围的公众均已接受了与人口数量相对应的社会风险。我国内陆地区的一些特征是人口相对沿海地区密度相对较小、且容易疏散人群。在厂址的选择上需要遵循国家指定的相关导则，包括 HAD101/03《核电厂厂址选择及评价的人口分布问题》、HAD101/04《核电厂厂址选择的外部人为事件》等内陆核电厂的选址应要求：人口居住区评价应为厂址半径 80 km 内，要调查人口分布，评价人口密度与中心城市状况；20 km 半径为第二圈；5 km 为限制区，即人口稀少区；厂区半径 0.5 km 为非居住区，即隔离区，严禁居民居住，只有厂内工作人员出入。因而，对内陆核电厂址而言，只要所选厂址周围半径 80 km 范围内的人口数量与沿海厂址保持相当水平，应该也是可以接受的。由于内陆省份的平均人口密度小于沿海省份，如能避开大的人口中心，把内陆厂址周围 80 km 范围内的人口数量控制在与沿海厂址相当的水平是可以做到的。对于周围半径 5 km 范围内有 2 万～3 万人，甚至对人口更多的厂址而言，场外应急计划的实施，尤其是人员撤离是严峻的挑战。

我国现行的有关法规规定，首次装料前 6 个月提交应急计划供监管部门审查。美国 NRC 在审查早期厂址许可证申请时把应急计划的审查作为许可证审查的内容之一，把应急计划的审查提前到选址阶段进行，这对保证应急计划的实施是有利的。我国国家核事故应急协调委员会于 2007 年曾发文，要求核电项目法人在选定厂址前提交《核电厂址区域核应急初步方案》，在项目核准前编制完成并提交《核电厂址区域核应急方案》。这个要求和美国 NRC 的做法原则上是一致的，即把应急计划的审查提前到选址阶段进行。

国家有一系列法规标准强制要求核电厂进行辐射防护和应急工作。在项目核准申请前必须编制《核电厂厂址区域应急方案》报送有关部门审评。核事故应急准备是核电安全多重保护的最后一道社会安全措施，也是保护环境、保护公众，保护工作人员和国家财产安全的需要。核电厂通过平时有效的辐射防护，能够有效地避免危害；即使在出现核事故时通过有效的应急响应，也可以大大减轻核事故的后果。采取某些超出正常工作程序的行动以控制核事故发生或减轻事故后果的状态。设立应急响应机制，制订应急预案，建立应急组织，准备必要的应急设施、设备与物资，以及进行人员培训与演习等。

4.3.5 散热系统运行的影响

与沿海核电厂址相比，内陆核电厂址最典型的环境特征之一是其循环冷却水以及受纳水体均为淡水。受内陆核电厂址环境水体的水资源量和环境容量的限制，绝大多数内陆核电厂址都考虑使用冷却塔二次循环散热方式，以减少循环冷却水的取水量，并将向环境水体排放的热量转而向大气排放，由此产生了包括雾羽、荫屏、盐沉积、噪声等在内的环境影响。采用冷却塔技术的核电厂在正常运行过程中，二回路余热通过冷凝器排至自然通风冷却塔。冷却塔内携带余热的冷却水，从冷却塔填料层滴落，下落过程中与自然风接触并进行热交换，同时产生大量水蒸气。蒸汽挟带着电厂余热从冷却塔口排出后，与周围空气混合，其中一部分冷凝形成可见雾羽。雾羽排出冷却塔后，在向上动量和内在热量的共同作用下持续向上抬升，同时随自然风的输送在水平方向上扩散。至热浮力为零时，由于仍存在向上动量，在后续的雾羽夹带和重力的双重作用下，出现一系列的阻尼振荡过程，并在风的作用下，在大气中传输扩散。核电厂冷却塔所造成的雾羽主要分布在1～3 km半径范围内；自然通风冷却塔的循环冷却水在塔内滴落时会产生大量的细小水滴，这些小水滴随上升气流顶托带出塔外，形成飘滴。当环境气温高或湿度低时，小粒径飘滴容易蒸发消失，对环境的影响明显减少；反之，当环境气温低或湿度大时，对环境的影响则加强。冷却塔飘滴引起的降水量比自然降水量低2～3个数量级，一般认为不会对环境产生影响；由于循环冷却水中包含的各类杂质，如盐和悬浮物，会随着飘滴降落在冷却塔周边区域，在地面上产生相应的盐沉积。

根据以上的计算，对于以淡水作为冷却水源的冷却塔，冷却塔飘滴所致盐沉积量都远小于给植物生长带来危害的阈值，因而所造成的环境影响是十分轻微的；自然通风冷却塔高度一般达到100 m以上，再加上热力抬升，雾羽具有较高的排放高度，通风冷却塔的雾羽到达地面可能性是相当小的，不会对地面下雾和结冰产生明显影响。

大型自然通风冷却塔的近距离噪声可达80分贝左右，是一个较大的噪声源。对于冷却塔噪声的环境影响评价，其方法在国内

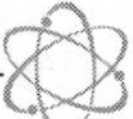

火电厂环境影响评价中已广泛应用。冷却塔噪声的污染防治可以通过增设隔声降噪装置的方式进行治理,从而有效地将厂界噪声影响控制在相关标准以内。目前国内对于冷却塔的环境影响评价主要集中于对其噪声的环境影响评价,事实上,除噪声外,冷却塔运行造成的雾羽、荫屏以及盐沉积均可能通过直接或间接途径对环境造成一定的影响。

散热系统运行的影响主要关注点是核电厂的冷却方式选择,以及采用二次循环冷却时冷却塔对局地气候的影响。在已经选择的内陆核电厂址中,绝大多数采用二次循环冷却方式,因此,如何评价冷却塔对局地气候的影响,是普遍关注的问题之一。内陆核电厂通常采用自然通风冷却塔作为散热系统,电厂余热主要通过冷却水释放到大气环境中,由此带来的环境影响包括雾羽、荫屏、盐沉积、噪声等。参考国外对这方面的研究情况来看,美国对早期厂址许可证申请的审评结果说明:冷却塔运行对局地气候的影响是有限的。

美国在冷却塔环境影响方面的研究较多集中于1970—1990年间,相关研究机构提出过一系列的冷却塔物理模型。20世纪90年代美国Argonne国家实验室环境影响研究中心在核电厂的39组单冷却塔实测数据和26组多冷却塔实测数据的基础上,总结了之前已有的16种冷却塔环境影响模型,发展了“第二代”冷却塔运行环境影响的计算模式,并在该计算模式的基础上,进一步开发形成了SACTI(Seasonal/Annual Cooling Tower Impact)计算程序。在1999年制定的核电厂环境标准审查大纲(NUREG—1555 Environmental Standard Review Plan)中,美国核管会(NRC)推荐采用该计算模式对冷却塔环境影响进行预测计算。

在美国North Anna和GGNS(Grand Gulf Nuclear Station)两座核电厂的环境影响报告书中,均使用SACTI程序对电厂冷却塔的可见雾羽、盐沉积、下雾和结冰进行评价。我国国家核安全局在《核动力厂温核能论坛排水环境影响审评原则》(征求意见稿)中明确:凡利用河流、湖泊和水库进行冷却的,应采用“二次循环冷却”方式,否则,应当进行科学的论证。采用“一次循环冷却”方式的温排水不得直接排入水库等封闭水体。

目前已选的内陆核电厂址中,绝大多数考虑采用二次循环冷却方式,但个别条件优越的厂址,比如位于大河(长江)边的厂址,只要经过科学论证证明其温排放的影响是可以接受的,也不应排除采用一次循环冷却方式,以节省土地和投资。国内有关研究院应用美国电力研究所 SACTI 程序对我国若干内陆核电厂址进行环境影响评价,得到的结论与美国 NRC 的结论基本相同。

4.3.6 大件设备运输条件

根据核电厂厂址选择基本程序(EJ/T 1127—2001)规定,核电厂厂址选择分为厂址查勘与厂址评价两阶段,从备选厂址筛选出优选厂址的过程主要在厂址查勘阶段完成。因此在厂址选择过程中。判断厂址可否满足核电厂的交通运输要求也集中体现在厂址查勘阶段,具体表现为在厂址筛选中需要考虑以下几个方面:

1) 与技术可行性有关的厂址特征运输线路:所选厂址地区的运输线路必须适于向厂区运输超重、超限的设备。应研究现有的和拟建的公路、水路、铁路是否适应从预计的制造中心或入口港运送核电厂设备(尺寸和重量)、运出乏燃料和固体废物及应急运输的要求。

2) 与环境相容性有关的厂址特征应急计划:在厂址查勘进行到确定优选厂址的后两个步骤中,要考虑执行有效应急行动(例如通信、出入口、撤离、运输方面的条件)的可能。

3) 与经济合理性有关的厂址特征工程费用:厂内外交通连接的工程建设与维护费用。运输费用:在厂址筛选和排列候选厂址的优劣顺序时,应考虑乏燃料和固体废物的运输因素,并根据规划的运输方案，估算其运输费用。根据核电厂厂址选择基本程序规定：当所选择的厂址经过考虑采取工程措施以后，在技术上是不可能实现的或者说是极难实现的，那么必须认为这个厂址是不可接受的；另外，如果所选厂址地区的环境与在这里建造和运行核电厂不相容时，则这个厂址是不适宜的。由此可以看出，上述提及的三方面厂址特征，应以技术可行性的要求最为重要，环境相容性的特征次之。

根据广东省大亚湾核电站、岭澳第一核电站的施工和运行经验，并根据国内外核电厂的有关资料，核电厂建设中交通运输具有以下特点：1）核电厂施工及安装期间材料运输量大，建设施工用材绝大部分由国内供货，一般以陆路运输为主，频率高，必须配备相应设施。2）核电厂工艺设备中，超大件、超重件多，且卸运要求严格，需配备重型卸运设施。3）核电厂正常运行期间，核燃料运量很少，每台 1 000 MW 级机组核燃料年运量只有几十吨，其他维修材料运量也不多。4）核电厂乏燃料在站内储存规定年限后需运往后处理厂处理。乏燃料运量虽不大，但具有放射性，必须采用特殊容器和安全措施，确保运输安全，以免造成放射性污染。其他带有中低放射性固体废弃物在厂区附近设置的废物场里储埋，运距较短。5）核电厂职工生活区距离厂区较远，因而正常上下班的交通运输必须方便快捷。此外，由于目前核电设备多为进口，外籍人员出入频繁，故与对外口岸的交通要方便。6）当万一发生严重核事故时，需要处理事故及撤退工作人员和核电厂附近居民，因此，要考虑厂址的对外疏散要求。

目前，我国的公路大件运输已逐步进入成熟期，公路大件运输企业拥有进口或国产组合式液压平板车组，目前以现有的组合式液压平板车组，在道路、桥梁、涵洞的承受重量允许的情况下，可承运单件重量 1 300 t 以内的大型物件，并能确保安全就位。我国公路大件运输记录分别为：单件重量最重 930 t，单件长度最长

84 m，单件高度最高 12.34 m。但采用公路运输核电大件设备，除公路沿线桥梁不能满足大件重量的通过要求之外，更多的是不能满足大件高度的通过要求。我国公路桥梁大多数已经达到"汽-20、拖-100"（汽车最大载重量是 20 t，拖车最大载重量是 100 t）的等级，可以满足一般大件货物运输车辆的通行要求，但对特大件货物如 300 t 以上的大件设备，很多公路桥梁不能适应，因而若采用公路运输大件设备几乎需要加固公路沿线所有的桥梁。我国公路立交桥现行标准规定的上部净空高度，高速公路和一般一、二级公路为 5 m，三、四级公路为 4.5 m，难以满足大件设备运输的要求。还有公路沿线的架空管道、架空电力线、架空通信线、架空索道、隧道、公路收费站顶棚、广告牌等不能满足大件设备运输的净高要求。由于核电备选厂址多位于较为僻远的地方，周边公路网络普遍存在等级较低的问题。根据核电厂超重、超限货物资料及车辆运载能力，若采用全程陆路运输，多存在道路宽度不够、民居及陡坡山路较多、较险等陆路大件运输颠覆性因素，虽然通过桥梁加固及空中障碍物的拆除、搬迁、顶高等措施可解决这些问题，但是公路沿线桥梁的改造和沿线障碍物的改造需要大量费用，同时也会影响在这些公路行驶车辆的正常运行，且涉及众多部门的协调工作，难度很大，因此大件设备全程采用公路运输的可能性不大。

内陆除部分大江沿岸的厂址能建设运输大件设备的码头外，其余内陆厂址均要新建或改建数十公里以至成百上千公里的陆路运输道路，还需对途经的桥梁加固和改造。因此，内陆核电厂址选择中应关注大件运输条件。百万千瓦级核电厂的超重、超限设备参数决定了需要采用水运或水陆联运方式进行运输，内陆核电厂附近需具有Ⅳ级或以上等级的内河航道。大件运输条件主要关注点是选择何种运输方式，以及与之相应的运输通道的改造问题。与滨海厂址可以主要通过海路运输不同，内陆厂址只能依靠铁路、公路、内河，受到种种限制。内河水运具有相对的优势，水运相对公路和铁路限制大件运输的因素相对较少，限制高度的主要是桥梁和部分船闸，限制通行的主要是航道水深和船闸门槛水深等。水运船舶运输重量相比公路和铁路也具有巨大的优势。如我国内河航运中，等级最低的航道可通航 50 t 船舶，等级较高的航道可通航 300 t 以上船舶，而在公路和铁路，300 t 以上的大件运输已经属于超大件运输。对通行条件不足的水运航道进行改造的费用相对于公路和铁路的改造费用无疑也较低。此外，水运还可以通过运输季节的选择避开航道水深条件不足这一限制因素而达到大件运输的目的。水运的另一大优势是运费低。根据核电厂超重、超限设备的尺寸和重量，利用内河运输时，驳船吨级最小应在 500 t 级以上，对于超重件，承运驳船应不小于 1 000 t 级。根据《内河通航标准》中内河航道的等级规定，对应等级为Ⅲ～Ⅳ级。因此，所选厂址附近必须有Ⅳ级以上的航道，且厂址与内河航道间具备公路运输的条件。

4.3.7 取水条件

滨海厂址的循环冷却水不存在与工农业及与居民生活用水争水的问题，但内陆核电厂水资源论证是非常关键的问题。对水文的要求，主要考虑的是内陆核电厂选址时所靠近的水源状况，包括水位的涨落、持续时间、风和波浪运动的影响以及冷却水的供应和排放安全等问题，要充分满足内陆核电厂对水量的需求，关键是淡水资源能否满足核电厂的需求。

内陆核电厂与滨海核电厂不同，其冷却水和安全厂用水均需使用当地的淡水资源。4 台百万千瓦级的核电机组，如果采用一次循环冷却，其需求量约为 250 m^3/s，这只有少数大江、大河可以满足；如果采用二次循环冷却，其补水量的需求约为 4～6 m^3/s，只有当该补水量占厂址附近河流设计最小流量的较小份额时，或者在采取工程措施调节后的来水量比二次循环补水量大得多时，厂址才可用。依据《核电厂厂址查勘》(HAD101/07)，“就保证安全目的而言，一个充足冷却水源的可用性是必不可少的，如最终热阱。”从取水的安全性角度考虑，在最不利水文条件，实际可保证的冷却水水量须达到最低要求。因此，确保冷却水实际供水量也作为安全特征之一纳入考虑。此外，无论是采用直流循环或二次循环的核电厂，取水代价都是核电厂厂址选址必须要考虑的因素之一。取水的经济成本包括了取水工程的投资，也包括正常运行的成本。同时安全用水的保证率也会影响到电厂的安全可靠性。《核电厂厂址查勘附录Ⅲ：非安全方面的问题》中指出，“核电厂冷却用水要求具备适宜的水质、足够的补给量，这是核电厂厂址查勘中考虑的另一重要方面。水量的要求主要取决于采用的冷却方式(例如直流冷却、用冷却塔或冷却池的再循环冷却)、核电厂的输出热功率和环境条件。”水资源的利用还要得到相关省、市水利管理部门的批准。同时需要严密监测内陆核电厂排水的温度，严格控制内陆核电厂放射性废水的排放等。不同取水条件下的比较如表 4.2 所示。

表 4.2　内陆核电厂取水条件指标比选

特征 等级	岸滩稳定性	水深条件：10 m 等深线距岸线的距离 L/km	输水干线长度 L/km	平均含沙量 G/(kg/m^3)	冷却水供水量 Q/(m^3/s)	水资源分配(内陆厂址)
优	岸滩稳定冲淤平衡	≤5	≤3	≤0.5	≥20	取水河流优先考虑核电厂的冷却水供水
良	岸滩基本稳定，冲淤变化不大	$5<L\leqslant10$	$3<L\leqslant15$	$0.5<G\leqslant2$	$10\leqslant Q<20$	考虑其他取水用户，并存在其他取水用户的争水补偿

续表

特征 等级	岸滩稳定性	水深条件：10 m 等深线距岸线的距离 L/km	输水干线长度 L/km	平均含沙量 G/(kg/m³)	冷却水供水量 Q/(m³/s)	水资源分配(内陆厂址)
劣	岸滩不稳定，有广泛的滩涂，并持续淤积	>10	>15	>2	<10	无法保证核电厂冷却水的优先供应，并需要支付大量的争水补偿费用

法国内陆核电厂 CHOOZ，建在法国北部流经法国、比利时、荷兰的内陆季节性河流 Meuse 河湾，夏季河水流量 200 m^3/s，冬季河水流量 20 m^3/s，取水河段 24 h 平均流量 37.1 m^3/s。核电厂总取水量 3.742 5 m^3/s，折合耗水指标约 1.25 m^3/s/1 000 MW。我国南方厂址年平均气温高于法国，二次循环水耗水量比法国略高，但不会超过 2 m^3/s /1 000 MW。在我国已选的 28 个滨河厂址中，97%河流的枯水流量在 100 m^3/s 以上，少数河流的枯水流量在 40 m^3/s 以上。在 5 个受纳水体为湖泊(水库)的厂址均属 10 亿 m^3 以上的大型湖泊(水库)，其稀释扩散能力均好于美国的 Clinton 和 North Anna 厂址。根据我国目前核电选址要求，采用 2 次循环的核电机组，取水量每 1 000 MW 不应小于 1.5 m^3/s。我国建设内陆核电厂保证“大量的冷却水源”是没有问题的。

4.4 不同类型核电机组在内陆厂址的适宜性分析

4.4.1 不同类型核电机组安全水平分析

由于核能的最初使用是在军事领域，投放在日本广岛和长崎的两颗原子弹的巨大破坏力深深印在人们的头脑中，使相当多的人具有一种“恐核”心理；由于核武器巨大的威力，为了防止其扩散，核能技术一直处于高度保密之中，这给核能技术罩上了一层神秘的面纱。同时由于核能技术具有高度的复杂性，不要说普通公众，连许多非核专业的技术人员都难以全面理解。由于以上的原因，核安全问题是一个敏感而又复杂的问题。之所以这样，核能利用过程中所产生的某些放射性元素具有数万甚至数十万年以上的半衰期，要使其自然衰变到无害的程度需要数十万甚至数百万年以上的时间，如何在这样长的时间内保证这些放射性废物的可靠处置是个重要问题，同时受到这些放射性废物污染环境的恢复也需要相当长的时间。对这些问题的认识不仅仅涉及技术问题，在很大程度上还是一个涉及世界观的问题。

核电起步的20世纪50年代，1951年，美国爱达荷国家实验室利用试验快中子增殖反应堆EBR-I发出的电能点亮了4个灯泡，这是第一次“核电”的产生，证明了利用核能发电的可能性。1955年，首次利用爱达荷国家实验室的试验沸水反应堆BORAX-Ⅲ发出的电能实现了城市照明。1957年，第一个商业示范核电厂——希平港压水堆核电厂投入运行。1960年，第一个完全依靠商业模式运作的核电厂，DRESDEN-1沸水堆核电厂投入运行。到20世纪60年代中期，美国先后建设了多座电功率几兆瓦到几百兆瓦的压水堆、沸水堆、快中子增殖堆、高温气冷堆和加压重水堆型核电厂。随后包括压水堆、沸水堆、重水堆、石墨气冷堆(包括高温气冷堆)、石墨水冷堆和快中子增殖堆等多个类型的核电厂在英国、苏联、德国、日本等国家发展起来。通过如此多堆型的广泛试验和探索,适用的核电厂堆型被选择出来,核能从探索走向有商业竞争力的能源供给方式。

各国核科技界对于究竟什么样的反应堆用于发电,都在从技术可行性、安全性和经济性等方面进行探索和优选。经过对各种类型的小型试验堆的研究、实验和比较后,逐步选定了压水堆和沸水堆这两种轻水堆为其发展核电的主力堆型。轻水堆结构较紧凑,经济性、安全性较好,水的技术特性为人们所熟知,实现轻水堆产业化的技术难度相对较小。但轻水堆必须用低浓铀,不能用天然铀,而美国当时的铀浓铀能力较强,在这方面不成问题。多年的实践证明,美国的选择是正确的。目前美国有 104 座核电机组在运行(压水堆 69 座,沸水堆 35 座),是世界上核电机组最多的国家。苏联在 1954 年建成 5 000 kW 的实验性核电机组后,就继续在石墨水堆的改进提高上下工夫,一方面设法加大单机功率,另一方面又设法简化系统把加压水载热改为沸水载热,让水在堆芯的工艺管道内吸热沸腾而产生蒸汽,去推动汽轮机发电,按照这条技术路线开发出了单机电功率为 100 万 kW 的 RBMK 型石墨沸水堆核电机组,在苏联境内共建了 20 座,切尔诺贝利核电厂用的就是这种反应堆。这种反应堆体积庞大,不可能建造安全壳把反应堆密封起来,再加上安全设计上有严重缺陷以及运行操作上的错误,以至于 1986 年切尔诺贝利核电厂发生了严重的反应堆烧毁和放射性物质向环境大量释放的事故,给世界核电的发展带来沉重打击。苏联发展的另一堆型为压水堆(苏联称为水水堆 VVER),它基本上与西方发展的压水堆类似,但它单机功率为 44 万 kW 的 VVER-440 没有安全壳,是安全设计上的缺陷,其中有两套出口到芬兰的增加了安全壳,至今运行良好。单机功率为 100 万 kW 的

VVER-1000 已都设置了安全壳，已有 20 套机组在俄罗斯、乌克兰及东欧运行良好，是比较成功的；我国田湾核电厂采用两套从俄罗斯引进的核电机组，是 VVER-1000 的改进型(称 91 型)。

目前，核电厂的类型包括了压水堆、沸水堆、重水堆(如加拿大的 CANDU 型核电厂)、气冷堆(如英国的 GCR 和一些国家目前正在开发的高温气冷堆)、钠冷快中子增殖堆等多种堆型，鉴于压水堆核电厂目前占据主要地位，且我国确定了压水堆为主的核电发展技术路线。世界上现有的 447 台核电机组所采用的反应堆类型看，主要是压水堆和沸水堆，其中：压水堆(PWR、VVER)占 58.9%，沸水堆(BWR)占 21%，重水堆(CANDU、PHWR)占 9.8%，气冷堆(GCR)占 7.3%，其他堆型(石墨水冷堆 RBMK、快中子堆)3%。除日本东京电力柏琦刈羽电站 6、7 号机组采用三代沸水堆核电技术(ABWR)之外，其他都是二代核电技术。累计超过 13 000 多个堆·年的运行实践证明，核电技术成熟，安全性能良好，经济上有较好的竞争力。对于世界经济社会发展，具有不可替代的作用。

1979 年 3 月 28 日，位于美国宾希法尼亚州哈里司伯格的三哩岛核电站 2 号机组发生了严重事故，事故导致了反应堆堆芯的大量熔毁。三哩岛核电站是美国巴布柯克/威尔考克斯公司提供的压水堆核电厂，一回路采用了 4 台主泵和 2 台直流立式蒸汽发生器。三哩岛核电站事故并没有给工作人员和公众造成可以察觉的危害，但事故本身对原来的信念，即不可能发生反应堆堆芯熔毁事故造成了致命的打击，同时对公众的心理也产生了巨大的影响。三哩岛核电站事故、切尔诺贝利核电站事故以及福岛核电站事故极大地打击了社会和公众对核电厂安全的信心，原来确定的最大可信事故—LBLOCA 已被堆芯熔毁的事实所击碎，对核电厂的安全重新认识是必要的。美国在三哩岛核电站事故后，立即开展了庞大的三哩岛行动计划，随后又开展了 IPE 电厂安全评价、

IPEEE电厂外部事件安全评价等多个安全研究和评价计划。在三哩岛核电站事故后，为了维持核电的继续发展，核电行业也在积极谋求对策。对应于美国的NRC鼓励开发先进核电厂的政策，核电行业也试图引导核电供货商开发新一代的核电堆型，使核电厂在安全性和经济性上都得到提高。美国对运行和在建的核电机组增加了不少改进安全的措施，因而使建造费用显著加大，虽然由此撤销了不少拟建核电项目，但对继续发展核电的可行性仍进行了认真的研究。美国能源部和电力研究院的研究结果认为：以已有核电经验和技术水平为基础，美国能够设计出新一代核电机组，其安全性能为社会公众和电力投资者所认可，其经济性具备参与市场竞争的能力。进而美国电力研究院于20世纪90年代出台了“先进轻水堆用户要求”文件，即URD文件(Utility Requirments Document)，用一系列定量指标来规范核电厂的安全性和经济性。欧洲出台的“欧洲用户对轻水堆核电厂的要求”，即EUR(European Utility Requirements)文件，也表达了与URD文件相同或相似的看法。国际原子能机构也对其推荐的核安全法规(NUSS系列)进行了修订补充，进一步明确了防范与缓解严重事故、提高安全可靠性和改善人因工程等方面的要求。从20世纪90年代开始，ABWR、EPR、AP600、AP1000等三代核电技术相继问世，第三代核电机组有更高安全目标，要求采用更先进的技术，使得核电厂无论发生何种事故，无论事故严重到什么程度，都应尽量避免疏散周边的居民(不需要场外应急)；堆芯损坏概率$<10^{-5}$/堆·年，大量放射性外泄$<10^{-6}$/堆·年，增大堆芯热工安全裕量(>15%)、增设预防和缓解严重事故的工程手段，换料周期18～24月，电站寿命60年。

1986年4月28日，位于苏联乌克兰境内的切尔诺贝利核电厂4号机组发生重大核事故，事故导致了大量的放射性释放和数十名人员的直接死亡，并且给环境造成了重大污染和长期的后果。

三哩岛核电厂事故以及其后的切尔诺贝利核电厂事故对核电发展的打击是巨大的。

2011 年 3 月 11 日 13 时 46 分，日本本州岛附近海域发生里氏 9.0 级特大地震并引发高达 14 米特大海啸，致使日本福岛第一核电厂应急柴油发电机不能启动，导致全厂断电，堆芯失去冷却，燃料元件熔化，从而造成大量放射性泄漏，酿成重大核事故，影响重大。

三起事故导致社会上反核力量大大增加，核电发展充满了不确定性，核电从一个有竞争力的能源供给方式变成高风险的行业。美国在三哩岛核电厂事故后没有任何新的核电订货（实际上自 1978 年就没有新的核电订货），许多原有的核电订单也被取消。欧洲的许多已进入核电或准备进入核电领域的国家通过诸如全民公投等方式放弃了核电或准备逐步关闭全部核电厂。虽然从世界范围内看核电遭受重大挫折，但法国、美国、韩国、加拿大等国家在此期间仍然坚持了核电建设。但无论如何，世界核电的增速大大放慢。但为了发展核电，必须着重解决以下问题：1）进一步降低堆芯熔化和放射性向环境大量释放的风险，使发生严重事故的概率减小到极致，以消除社会公众的顾虑。2）进一步减少核废料（特别是强放射性和长寿命核废料）的产量，寻求更佳的核废料处理方案，减少对人员和环境的剂量影响。3）降低核电厂每单位千瓦的造价和缩短建设周期，提高机组热效率和可利用率，提高寿期，以进一步改善其经济性。

美国 URD 文件、欧洲 EUR 文件和国际原子能机构 NUSS 建议法规第二版就是主要依据上述目标而提出的。国际上通常把满足 URD 文件或 EUR 文件的核电机组称为第三代核电机组。为了消除广大公众因核事故带来的对核能利用的疑虑，提高核电应用的安全性和经济性，世界核电界集中力量对核电厂专设安全系统和严重事故的预防与后果缓解进行了研究，美国和欧洲先后提出了符合“用户要求”的概念，并在此基础上，开发了安全性、经济性更好的第三代核电技术。第三代核电技术通过采用非能动安全系统或增加安全系统冗余度、增设缓解严重事故后果的工程措施以及应用数字化仪控系统等先进技术，降低核电厂的严重事故风险，实现更高的安全目标，使核电技术向更安全、更经济的方向发展。

第三代核电技术问世以后，受到全球核电用户的普遍关注，包括我国在内的一些国家已经选用或准备选用第三代核电技术进行新的核电机组建设。第三代核电技术以美国西屋公司开发的先进压水堆（AP1000）和法德两国联合开发的欧洲压水堆（EPR）为典型代表。AP1000 在传统成熟的两环路压水堆核电技术的基础上，引入安全系统非能动化理念。与传统的压水堆安全系统相比，非能动安全系统更加简单，它们不需要现有核电厂中那些种类繁多的安全支持系统，使核电厂安全系统的设计发生了革新性的变化。预计 2020 年前，第三代核电机组将进行商用建造和推广。

与此同时，为了从根本上解决核能利用的必要性、可行性和可持续性，以美国为首的一些工业发达国家已经联合起来进行安全性、经济性极高的第四代核能利用系统的概念设计和研究开发工作，试图在 2030 年左右能够商用建造。

4.4.2 我国目前核电发展形势下的核安全水平选择

我国现在运行的自主设计建造的秦山核电站采用的是压水堆核电机组；引进法国设备与技术建设大亚湾核电站采用压水堆核电机组。秦山第二核电站是压水堆核电机组、岭澳核电站是压水堆核电机组、秦山第三核电站引进加拿大设备与技术的重水堆核电机组、田湾核电站是压水堆核电机组。中国核电的发展，最早是自主发展的，建设了秦山一期核电站，随后的发展过程中主要是引进消化和吸收了法国的核电技术，除了法国的压水堆以外还有加拿大的压水堆，还有俄罗斯的VVER反应堆。近年来国家决定引进了美国的AP1000的技术，同时又引进了法国的EPR技术。2009年世界上首台AP1000核电机组三门核电站1号机组核岛开工建设。

我国目前核电发展形势下的核安全水平选择国家已经作出了引进第三代核电技术的部署，浙江三门、山东海阳核电项目采用的AP1000技术和广东台山核电项目采用的EPR技术，在设计方面均可达到较高的安全水平，因此，这两种核电机组应适宜在内陆厂址建设。我国已明确第三代核电的堆型是电功率百万千瓦以上的压水堆。就压水堆而言，国际上比较成熟的第三代大型核电机组有AP1000、EPR和System80$^+$三个型号。System 80$^+$虽已通过美国核管会批准，但由于安全系统应用非能动太少，美国已放弃使用。美国西屋公司AP1000和法国法玛通公司的EPR都满足第三代核电机组的设计要求。EPR的单机功率(约175万kW)大于AP1000的单机功率(约120万kW)，但它的安全系统是能动的，比二代传统的能动安全系统更加复杂，不如AP1000的非能动安全系统先进。与以往传统的压水堆设计相比，AP1000的非能动安全系统在电厂安全性和投资保护方面有了重大的提高，AP1000的主要特点在于采用了非能动的安全理念，包括非能动的余热排出系统、非能动的应急堆芯冷却系统(包括堆芯补水箱、安注箱和内置换料水箱)、自动降压系统、非能动的安全壳冷却系统和非能动的主控室可居留性系统。这些非能动安全系统仅依靠重力、自然循环和蓄压工作，非能动安全系统投运时只要相关阀门的一次性切换，不需要机械设备的连续运转，不需要外部动力供应，也不需要支持系统。无须操纵人员行动或交流电支持即可建立并长期维持堆芯冷却和安全壳的完整性。期望通过这些非能动系统设计的使用，提高安全系统的可靠性水平。非能动系统满足单一故障准则，可采用概率风险评价（PRA）来验证其可靠性。

AP1000 反应堆的非能动安全系统比典型压水堆的安全系统显著地简化，这些非能动系统中所包含的设备部件大大减少，从而减少了所需的试验、检查和维护。它们不需要能动支持系统，其就位状况很容易被监测。AP1000 专设安全系统由下列系统组成：1）非能动堆芯冷却系统；2）非能动安全壳冷却系统；3）裂变产物去除与控制系统；4）安全壳隔离系统；5）主控制室应急可居留系统。同时，AP1000 的主泵采用屏蔽泵，没有反应堆冷却剂泵轴封系统，消除了全厂断电状态下主泵轴封破口的风险；屏蔽泵与蒸汽发生器直接连接，没有蒸汽发生器与主泵之间的过渡管段。此外，AP1000 采取了多项严重事故缓解措施，包括非能动的氢气复合器系统和堆芯熔融物在压力容器内的保持能力（IVR）。

AP1000 非能动堆芯冷却系统包括非能动余热去除系统和安全注入系统。与传统压水堆应急堆芯冷却系统相比，AP1000 非能动堆芯冷却系统除了具有安全注射和应急硼化功能外，还具有堆芯应急衰变热导出和安全壳 pH 控制功能，替代了传统压水堆辅助（应急）给水系统和安全壳喷淋系统的部分功能。其主要设计特点为：1）在反应堆冷却剂系统中，引入一个非能动热交换器。当冷却剂泵失效时，水流自然循环到该热交换器，将热量带至安全壳内的换料水箱。整个传热过程无须动力。当换料水箱达到饱和时，向安全壳蒸发，非能动安全壳冷却系统动作，冷凝水沿壳壁流回换料水池，可实现长时间的堆芯冷却。2）安全注入系统由两台堆芯补给水箱、两台安注箱和安全壳内的换料水箱组成，连接在反应堆冷却剂环路上，系统中充满硼水，依靠重力和气体储能的释放注射。当正常上充水系统失效时，可应付小泄漏；由于失水事故而引起大泄漏时，提供堆芯应急冷却，最终将反应堆冷却剂系统全部淹没。3）依靠安全壳内的换料水箱提供冷却水注入，保持破口事故后期堆芯的冷却和余热导出，与非能动安全壳冷却系统一起建立起再循环，使堆芯保持淹没。与传统压水堆核电厂相比，AP1000 的安全壳机械贯穿件(包括闸门)数量大大减少，正常状态隔离阀处于关闭状态的比例更高。正常打开的隔离阀也由故障自动关闭，不要求贯穿件具有支持事故后缓解的功能。而且 AP1000 设计非能动主控制室可居留系统，在电厂事故后为主控制室提供新鲜空气并进行冷却和增压。在接收到主控制室高辐射信号以后，该系统自动启动，隔离正常的控制室通风通道并开始增压。系统中的空气来自一组压缩空气储存箱，可以维持工作人员继续居留至少 72 h。

目前，我国第三代核电自主化依托项目工程建设总体进展顺利，安全、质量、进度都处于全面受控状态。在此过程中，我国引进消化吸收再创新和自主创新，在世界上率先掌握了第三代核电 AP1000 的五大核心关键技术，为推进中国核电产业技术水平的整体跨越，为实现我国第三代核电 AP1000 的自主化、批量化建设打下了坚实的基础。

我国的核电要发展一定得走标准化、系列化、规范化的道路，一定要走统一技术路线的道路。对于第二代改进型机组的安全水平，已经以岭澳核电站二期为典型完成了专项评估。评估指出：从岭澳核电站二期的历史沿革可以看到，这一类型的机组仍是目前美国、法国和日本等国家的主力堆型或主力堆型之一；岭澳核电站二期的设计在第二代核电厂中属于比较完善的方案，岭澳核电站二期还考虑了一些 20 世纪 90 年代建设的核电厂没有考虑而近期提出的一些第三代核电厂的要求，提高了安全性；大亚湾核电站和岭澳核电站的严重堆芯损坏频率介于 10^{-4}～10^{-5}/堆·年，甚至接近于 10^{-5}/堆·年的结果是可信的。研究认为，我国目前核电发展形势下核安全水平的选择需要与社会总风险水平联系在一起加以综合考虑。尽管美国电力研究院和有关电力企业提出的 URD（用户要求文件）中，要求核电厂的概率安全目标为：堆芯熔化频率（CDF）小于 10^{-5}/堆·年，早期大规模放射性释放的频率（LERF）小于 10^{-6}/堆·年，但美国 NRC 在其 2000 年的政策声明中，根据 1/2 000 的定量安全目标（核电厂紧邻的公众个体成员，因反应堆事故导致即时死亡的平均风险不应超过美国公众受到其他事故导致即时死亡的风险之和的 0.1%；核电厂附近区域中公众群体因核电厂运行产生的癌症发病率风险不应超过由其他原因致癌风险的 0.1%），确定核电厂的概率安全目标为：CDF 小于 10^{-4}/堆·年，LERF 小于 10^{-5}/堆·年。美国 NRC 正是基于上述考虑，已经批准了一批第二代核电机组延寿 20 年，其中包括 36 座压水堆核电机组。考虑前述的岭澳二期概率安全分析结果，第二代改进型机组的安全水平在我国是可以接受的。

EPR 主要以法国 N4 核电厂和德国 Konvoi 核电厂为参考，充分吸收了法国和德国多年核电设计、建造和运行经验，通过渐进式的模式改进安全系统的设计，提高核电厂的总体安全水平和可利用率。EPR 为改进型第三代压水堆核电厂。EPR 的目标是在确保安全水平明显提高的同时使核电更具竞争力。它充分吸收了几千个堆·年的运行经验反馈，并把过去 40 年压水堆运行过程中所积累的所有技术经验都吸纳到 EPR 里来，从而获取最大的利益。EPR 提高了事故预防水平并显著降低了堆芯熔化概率，其安全水平的提高表现在以下两个方面：1）安全系统的设计更加简化，实现了 4 重冗余，并提供多种备用功能以便在安全系统的所有冗余（设备、系统）都失效时承担起相应的安全功能；2）在设计上考虑了严重事故预防和事故后果的缓解。EPR 的专设安全设施主要包括：1）双层安全壳系统，外层是钢筋混凝土壳，内层是带钢衬里的预应力混凝土壳。能够承受燃料组件内锆氧化产生的氢燃烧可能造成的压力。双层安全壳之间的环廊保持负压，保证有害气体不能向环境直接泄漏，泄漏的气体经过过滤处理后再向外排放。

甚至考虑了抵御飞机撞击的能力。设计对抗严重事故,设有完善的可燃气体控制系统,包括非能动的催化复合器和氢点火器,假定100%燃料包壳与水反应。设有专门的底板保护装置,发生严重事故时,堆芯熔融物熔穿压力容器后被导流到一个面积约 170 m^2 的展开区,安全壳内换料水池的水以非能动的方式流到展开区,冷却熔融物,防止发生类似切尔诺贝利事故中底板熔穿的严重后果;2) ERP设计应急堆芯安注系统(SIS);3) 当蒸汽发生器主给水系统失效时,应急给水系统确保向蒸汽发生器供水,并且将堆芯的余热排出,使电厂恢复并保持在安全状态。AP1000 核电厂设计采用了非能动安全系统设计,与传统压水堆核电厂相比系统设计显著简化,而且不再需要大规模的传统压水堆核电厂中所使用的支持系统,不再依赖于应急交流电源。

AP1000 非能动安全系统的简化设计不仅可以降低造价、缩短建造工期,而且可以减少维修需要、实现运行灵活性、实现高的可用率,使 AP1000 具有良好的经济竞争性。EPR 在安全系统设计上保持了压水堆技术的延续性,充分吸收了法国和德国核电厂发展多年的设计、建造和运行经验,并充分考虑到了当前的工业水平,采用了先进的设计和建造技术。EPR 采用 4 个系列、独立通道的安全系统设计不仅大大提高了总体安全水平,而且改进了可维修性,提高了可用率。另外 EPR 还通过提高功率规模、提高发电效率、降低运行和维修成本等途径提高了经济性。

4.4.3 不同类型核电机组放射性流出物的排放控制

压水堆核电机组的放射性环境影响,在相同的环境条件下主要取决于核电机组废物处理系统的效率与能力、放射性三废的排放量。从放射性流出物排放的角度分析,不同机组在内陆厂址的适宜性不同。不论何种机型(AP1000、EPR 或 CPR1000)核电厂,放射性废液处理系统的功能是相同的，都具有收集、储存、处理和排放的功能。但是，在废液的数量及处理流程等方面三种机型是不同的。一个核电厂的放射性废液和废气处理系统所采用的方案，是一种技术选项，它不取决于反应堆堆型选择，而主要考虑能否满足国家有关环境保护法规的要求。

目前，从放射性废液和废气处理系统以及放射性流出物排放的角度来看，AP1000、EPR 三代机组和二代改进型机组均适合在我国内陆核电厂址建设。鉴于采用三代核电技术的机组尚在引进和开始建造中，二代改进型机组是我国目前内陆地区核电建设中的一种可取的合适选择。CPR1000 机型的放射性废液按放射性浓度与化学物质的含量分为如下 4 类：1) 工艺排水，放射性浓度高/化学物质含量低；2) 化学排水，放射性浓度高、化学物质含量也高；3) 地面排水；4) 服务水(热洗衣、淋浴水)，放射性浓度低、悬浮物浓度高。EPR 机型的放射性废液分类与 CPR1000 不同之处仅仅在于把 CPR1000 的地面排水和服务水类废水合并成一类而已。AP1000 机型的放射性废液按放射性浓度与化学物质的含量和 CPR1000 一样分为如下 4 类：工艺(反应堆含硼)废液，放射性浓度高、化学物质含量低；化学废液，放射性浓度和固体颗粒物含量高；地面疏水和设备疏水，放射性浓度低、颗粒物含量高；洗涤废液、热洗衣、淋浴和去污废液，放射性浓度低。见三种机型的各类废液的主要处理环节和处理量。如表 4.3 所示。

表 4.3　三种机型各类废液的主要处理环节和处理量

废水类别	AP1000		EPR		CPR1000	
	处理方法	处理量/(m^3/a)	处理方法	处理量/(m^3/a)	处理方法	处理量/(m^3/a)
工艺废液	过滤、离子交换	930	离子交换、蒸发	2 458	除盐、部分蒸发	2 250

续表

废水类别	AP1000		EPR		CPR1000	
	处理方法	处理量/(m^3/a)	处理方法	处理量/(m^3/a)	处理方法	处理量/(m^3/a)
化学废液	储存、调整 pH 或合并移动设备处理	2	除盐、蒸发	3 587	蒸发	1 500
地面疏水	过滤、离子交换或用移动设备处理	1 363	过滤、排放或部分蒸发	3 216	过滤、部分蒸发	5 000
服务(洗衣)水	排放或用移动设备处理	273			过滤、部分蒸发	1 250

可见,由于 AP1000 在设计中采取了多种措施,使各种废水的预期产生量大大减少了。为了提高三废处理设施的效率、可靠性和降低运行成本,在 AP1000 的废液处理系统中拟使用可以根据需要服务于多台机组的可移动公共废液处理系统,以代替固定式处理设备。核电厂机组的废液处理固定设备只限于离心分离、过滤和离子交换。而 EPR 的废液处理还是沿用了与 CPR1000 机型相类似的流程。根据 AP1000 和 EPR 的设计,其低放废液在经过核电厂放射性废液处理系统处理后,通过排放监测罐监测合格并和冷却塔的排污水(每台机组排污水流量取 0.5 m^3/s)混合均匀再由总排放口排出。在 AP1000、EPR 和 CPR1000 机型的核电厂中放射性废气管理系统都具有废气收集、处理和排放的功能。但是,其处理方法有所不同。三种机型核电厂的废气管理系统都包括了废气处理系统、主冷凝器真空系统和厂房通风系统。而废气处理系统又分为含氢废气子系统和含氧废气子系统。CPR1000 机型的含氢废气子系统用衰变箱来使废气中放射性核素衰变(大

于45 d)；而EPR和AP1000均采用活性炭延迟床，利用活性炭对元素迁移的延迟特点达到使放射性惰性气体衰变降低活度的目的。AP1000机型的延迟床对氙气的延迟时间为61 d，对氪气的延迟时间为2 d。EPR机型的延迟床对氙气的延迟时间大于40 d，对氪气的延迟时间大于40 h（由于对氪气的延迟时间过短，在EPR机型的气态流出物排放中短半衰期的氪衰减太少，致使一台EPR机组的气态流出物中各惰性气体核素排放总量已达1.77×10^{6} GBq）。CPR1000和EPR机型的核岛厂房排风系统（还包括辅助厂房、放射性废气处理系统等）的排气是经过过滤和碘吸附器处理后排放的。AP1000机型核电厂的厂房通排风系统的排气在一般情况下是不经过滤和碘吸附器就经烟囱排放，排气量也维持在通排风系统的下限水平。只有当监测到排气中放射性达到一定水平时，才增大排风量并经过滤和碘吸附后排入烟囱排放。AP1000机型这样的处理方式降低了运行成本，但是增加了放射性气态流出物的排放量，尤其是放射性碘的排放，1台机组一年的碘排放总量已达19.2 GBq。

三种机型核电厂的废气排放烟囱高度，AP1000为56 m、EPR为64 m、CPR1000为62 m。三种机型核电厂的主冷凝器真空系统在发生一回路向二回路泄漏的事件时排出的不凝结气体和蒸汽混合物带有放射性。此时，仍将由常规岛通排风系统排入环境。

在CPR1000、AP1000和EPR机型核电厂中，放射性固体废物管理系统都具有放射性固体废物收集、处理和暂存的功能。系统收集核电厂产生的各种中低放废物，并有放射性废物整备、处置设施。CPR1000机型核电厂的湿废物在固体废物处理厂房内作整备或水泥固化；干固体废物在固体废物处理厂房内采取压缩的方式以减小体积。核电厂内所有经过整备、固化或压缩的废物在厂内放射性废物暂存库暂存若干年后，由区域处置库进行最终处置。EPR 机型核电厂的废树脂送废树脂储存箱储存，废过滤器经整备后暂存，蒸发浓缩液采用水泥固化，其他可压缩干废物由超级压缩机压缩后暂存。上述暂存的废物暂存若干年后再统一考虑处理与处置。AP1000 机型核电厂的固体废物处理与上述两种机型不同。在废液处理上不仅放弃了蒸汽发生器的净化工艺，而且对产生量较小的废水不再采用每两台机组共有一套处理设施的设计原则，而是利用公共的处理放射性废水的服务设施来处理各机组产生的放射性废液。这也导致了 AP1000 机型核电机组的固体废物处理不仅没有蒸发浓缩液需要固化，而且固体废物管理系统同样可以采用公共的处理放射性固体废物的服务设施来实现。不过，这种管理理念在我国暂时难以实现，所以，可能还需采用 CPR1000 和 EPR 的设计理念，即两台机组共用一套放射性废物(废气、废液和固废)系统。三种机型核电厂的固体废物产生量如表 4.4 所示。

表 4.4　三种机型核电厂的固体废物产生量　单位：m^3/a

废物	AP1000	EPR	CPR1000
蒸发浓缩液	无	20	20
废树脂	9.06	6.51	34
废过滤器芯	6.87	3.40	218(个/a)
可压缩干废物	101	40.1	280(压缩前)
不可压缩废物	6.63	2	
废物总量	134.3	224	

我国目前运行的 17 台核电机组，其中秦山核电站和秦山第二核电站的放射性废物管理系统由中方设计建造，大亚湾核电站、岭澳核电站、秦山第三核电站、田湾核电站的放射性废物管理系统由

国外公司负责设计建造。根据我国环保法规要求，为确保及时收集、处理、监测、排放或储存核电厂运行和预期运行事件时产生的放射性废气、废液和固体废物，运行核电厂均按照环保设施“三同时”要求，配备了相对完善的放射性废物管理设施。不管什么类型的核电厂，均需要满足我国放射性废物管理相关法规标准要求，包括《放射性废物管理条例》、《压水堆核电厂放射性固体废物处理系统技术规定》、《压水堆核电厂放射性废液处理系统技术规定》、《压水堆核电厂放射性废气处理系统技术规定》、《核电厂放射性液态流出物排放技术要求》等法规标准正在制定或修订中，这些标准的颁布将推动核电厂环保设施建设。

压水堆核电厂一般将放射性废液分为工艺排水、地面排水和化学排水。化学排水主要采用蒸发处理工艺，地面排水主要采用过滤处理工艺，工艺排水主要采用过滤和除盐处理工艺。秦山核电站和秦山第二核电站废液处理系统采用自然循环蒸发装置。大亚湾和岭澳核电站采用强制循环蒸发装置。田湾核电站对于工艺废水、化学废水、放射性活度浓度较高的地面排水和洗涤废水首先采用两段蒸发处理，蒸馏液再经两级离子交换器除盐处理后监测排放。含氢放射性废气包括两种处理工艺，一种是加压储存衰变，如秦山核电站、秦山第二核电站、大亚湾和岭澳核电站；另一种是活性炭延迟衰变，如田湾核电站。对于含氧废气，一般采用活性炭吸附和高效过滤处理工艺。对于湿废物运行核电厂一般采用水泥固化处理工艺。秦山核电站设有桶内搅拌水泥固化线固化蒸发浓缩液。田湾核电站设水泥固化装置固化蒸残液和废树脂。秦山第二核电站、大亚湾、岭澳核电站每两台机组设有一套水泥固化装置固化浓缩液、废树脂，固定废液过滤器芯。对于放射性干废物一般采用压实处理工艺。调查表明，大亚湾核电站和岭澳一期放射性废液和废气处理系统性能良好，运行管理不断持续改进，液态和气载放射性流出物排放量逐年降低，目前的实际排放水平与法国 34

个 900 MW 机组的平均水平相同。因此,可以预期第二代改进型机组液态和气载放射性流出物的排放水平是可以与国际接轨的。二代改进型核电厂,如岭澳核电站 3、4 号机组、福清核电站、方家山核电站等,这些核电厂遵循国家核安全局改进型核电厂审评原则,对于放射性废物管理系统采取一系列改进措施。一般建设共用的废物处理厂房,用于处理机组产生的放射性固体废物,设置干废物超级压实装置,提高设备利用率等。引进的第三代压水堆采用活性炭延迟衰变处理废气、采用深床过滤和离子交换处理放射性废液。

AP1000、EPR 和 CPR1000 机型核电厂正常运行工况下放射性流出物排放对周围公众造成的年最大个人有效剂量均能满足我国相关法规的要求。对于气态流出物的影响,不论是否按核电厂热功率归一,均为 AP1000＞EPR＞CPR1000。三种机型(两台机组)核电厂的低放废液排放在核电厂排污口同侧下游 1 km 处的水中放射性核素活度浓度都满足 B5749—2006《生活饮用水卫生标准》居民饮用水总 β 放射性低于 1 Bq/L 的要求。周围居民受到液态放射性流出物造成的个人有效剂量(包括氚的贡献在内)为 EPR＞AP1000＞CPR1000,但都小于 30 μSv。综上所述,虽然三种机型核电厂正常工况下的辐射环境影响有一定差异,但是都在可接受的范围内。

4.4.4 内陆核电厂址大件运输条件对不同类型核电机组适宜性的影响

目前我国在建和拟建的核电厂反应堆主要以 CPR1000、AP1000 和 EPR 为主,因此在核电厂厂址选择中需要考虑以上三种机型的设备运输参数。通过对比上述各机型的核岛、常规岛与电气设备的运输参数,在选址过程中重量、长度、宽度、高度控制件如表 4.5 所示。

表 4.5 百万千瓦级核电设备运输参数

	CPR1000		AP1000		EPR	
	重量/t	尺寸/m×m×m	重量/t	尺寸/m×m×m	重量/t	尺寸/m×m×m
反应堆压力容器	261	11.06×6.52×6.30	296	6.52×6.39×12.2	405	ϕ7.47×0.53
蒸汽发生器	348.59	21.13×5.20×5.29	663.7	7×7×22.4	550	ϕ5.4×24.62
稳压器	901	3.2×4×13	111	2.3×2.3×15.42	150	ϕ3.5×13.1
环吊梁	147	37×2.00×6.6	147	31.5×3.1×6.6	147	45.5×2×6.6
环吊主小车	—	9×5.4×4.7	—	—	140	12.2×7.75×7.5
主变压器	215.2	3.7×7.2×4.5	241.1	8×4.01×4.55	360	8×5×6
发电机定子	401	12.77×4.15 ×4.2	462	11.8×5.6×5.5	460	12×4.2×4.2
发电机转子	245	16.5×2.3×2.6	230	18.4×3.3×3	248	18×ϕ1.9
低压转子	207	11.95×5.64×5.64	220	12×6×6.3	350	13.5×7×7
MSR	272	22.8×4.9×5.5	290	30.7×ϕ4.3	410	24×ϕ5.9

可见，在需要运输的大件中，最重的大件并不是最长、最宽或者最高的大件，而是各自有独特的重量和长宽高组合。因此只要能将重 663.7 t、长 45.5 m、宽 7.75 m、高 7.5 m 的大件成功运至

各个备选厂址，则所有需要运输的大件均可以运至目的地。目前我国正准备兴建的 AP1000 机型由于结构模块尺寸太大（结构模块 CA01、CA03、CA20 的尺寸分别为 25 m × 29 m × 26 m、36 m×12 m×11 m、21 m×14 m×21 m），我国现行的铁路、公路以及内河设计标准，均无法满足其运输要求，因此内陆核电厂只能采用在厂址现场预制的方案，在核电厂厂址选择的过程中可不予考虑。

根据我国的标准铁路及铁路站场的设计标准，铁路站场的装卸能力、路基基础及铁路的设计荷载无法满足核电厂大件运输的要求，铁路运输车辆也无法满足核电厂大件设备的尺寸要求。根据标准轨距铁路机车车辆限界的规定，我国铁路设计的基本考虑是：运输货物高不超过 6.5 m，单线运输装货车厢宽度不超过 4.88 m，长度一般不超过一节车厢，一般为 35 m，而核电大件设备的最大高度、最大宽度、最大长度分别为 7.5 m、7.75 m 和 45.5 m，显然超过了铁路运输车辆所能装载货物的极限尺寸。另一方面，采用铁路运输核电大件设备的时效性差。原因主要有：大件货物一般需要提前申报要车计划，从申报要车计划到货物装车承运，通常需要 1～3 个月时间。大件货物为超限运输，一般只准编入摘挂列车中，而摘挂列车运行速度慢，停站多，在技术站和中间站的作业时间都很长，大件货物在运输过程中有限速、禁会等要求，使得货物在运输途中等待时间更长。许多分局为了减少因超限车的通行对通过能力的影响，通常把超限车辆集结在一起开行，这使得货物集结的时间更长。有时长达 5～10 天，个别车甚至一放就是两三个月。综上所述，若采用铁路运输方案只能通过改造现有铁路或新建专线铁路才能实施，而且还存在时效性差的问题，因此核电厂的超重、超限件不宜采用铁路运输方式。

AP1000 和 EPR 机组的大件设备运输，需要有Ⅲ级以上航道（1 000 t 级）。第二代改进型机组的大件设备运输，需要有Ⅳ级以上航道(500 t 级)。统计了 22 个内陆厂址的有关资料,其中只有 6 个厂址附近有Ⅲ级或以上的内河航道,仅占统计总数的 27%。另外,与第二代改进型机组相比,AP1000 和 EPR 机组大件设备运输道路的建设、改造费用要高许多。二代改进型机组的经济性目前国务院已批准建设的一批二代改进型机组是一种相当成熟的核电机组,设备国产化率已达 80%,单位造价可以控制在人民币 12 000 元/kW 以内,完全具备批量化建设条件。鉴于采用第三代核电技术的机组尚在引进和开始建造中,而内陆地区急需发展核电,因此,综合考虑核电机组的成熟性、安全性和经济性,第二代改进型机组也是我国目前内陆地区核电建设中的合适选择之一。

由于核燃料、乏燃料和固体废物的运输尺寸、重量均为常规的运输参数,目前在我国该类物资主要以公路或铁路联运的方式进行运输。另一方面,由于核燃料、乏燃料和固体废物均具有放射性,按规定该类物资必须由专门的运输部门承担,并遵循《放射性物质安全运输规程(GB 2011806—2004)》的有关规定。考虑到核电厂的进厂公路一般为三级以上公路,已具备相当的运输能力和可靠性,在核电厂选址中,核燃料、乏燃料和固体废物一般考虑利用核电厂的进厂公路连接厂外公路网进行运输。由于考虑到该类货物的特殊性,在优选厂址确定后,还需要由专门的运输部门做核燃料、乏燃料和固体废物的运输专题报告,以落实运输线路和方案。

可见核电厂厂址选择中关于交通运输关键考虑主要集中在:超重、超限件的运输、核燃料、乏燃料和固体废物的运输以及应急计划的实施上,同时包括涉及运输的工程费用和运输费用。超重、超限件的运输是厂址选择中的关键制约因素。百万千瓦级核电厂的超重、超限设备参数决定了核电厂的超大、超重件必须采用水路进行运输,内陆核电厂附近应具有Ⅳ级或以上等级的内河航道。

4.5 结论和建议

到目前为止，世界上运行的核电机组中一半以上位于内陆地区。无论是国际原子能机构、各主要核电国家，还是我国有关核安全的法规要求，对滨海核电厂和内陆（滨河、滨湖）核电厂在安全目标和评价准则上是完全相同的。核电厂址的选择条件严格，选址时需要考虑的问题较多，包括地震、洪水、地质、极端气象条件、飞机坠毁、化学爆炸等外部事件，也包括自然环境、水文环境、人口密度、人口分布等环境人文因素。因此核电不像火电一样可以“遍地开花”，但目前我国核电厂数量还比较少，未来发展空间较大。现在看来，在相当一段时间内厂址并不构成我国目前核电发展的瓶颈，并不会成为我国核电发展的制约因素。不过，人们对核安全性的担忧可能会对核电厂的建设速度有一定阻碍，尽管这并不构成否决核电厂建设的充分条件。

只要采取合适的管理措施和技术措施，完全可以保证厂址满足国家法规和核电厂建厂条件的要求。我国引进的第三代核电技术先进，设计安全水平更高，经过工程实践和试验验证以后，必将进入批量化建设，包括在内陆地区的批量建设。但是，在“十二五”期间 AP1000 第三代核电技术项目批量建设前，宜适当扩大第二代改进型核电厂的布局范围，增加第二代改进型核电规模，以满足 2020 年规划目标。综合考虑核电机组的成熟性、安全性和经济性，二代改进型机组应当是我国目前内陆核电建设中一种可取的合适选择。建议国家有关部门放宽对机型选择的要求，在满足国家核安全和环境安全要求的前提下，核电业主可以根据自身条件和需求选择内陆核电项目的机型。

由于影响内陆核电厂址可接受性的因素较多，内陆核电厂址属于重要的稀缺资源。建议借鉴美国 NRC 早期厂址许可审评的经验，适当提前接受内陆核电厂址许可的申请和确认厂址的可接受性，以保护内陆的核电厂址资源，合理进行内陆核电建设的发展布局。

在我国内陆核电厂建设及其评价工作中，有一些亟待解决的关键技术问题，建议有关部门组织相关设计研究单位开展联合攻关，以节省经费、加快进度。为贯彻落实“在安全的基础上、高效发展核电”的发展方针，实现核电技术的跨越式发展，实现核电自主化发展战略。合理安排核电建设项目、做好核电厂址的开发和储备。在辽宁、山东、江苏、浙江、福建、广东、广西、海南等沿海省区加快发展核电；稳步推进江西、湖南、湖北、安徽、吉林等中部省份内陆核电项目，形成“东中部核电带”。考虑核电厂址保护和电网布局，以及调整各地能源结构的需求，在核电厂址开发进度和次序上，统筹安排老厂址扩建和新厂址的开发。新的核电厂址要一次规划，分期建设，逐步实现群堆管理。

各大电力集团都在推进核电厂建设，地方政府对核电厂的建设都给予大力支持，但对在本地区建设低、中水平放射性固体废物处置场却表现不积极或表示明确反对。究其原因，是对于主管部门、审管部门、地方政府及核电厂业主应承担的放射性废物处置的责任和义务缺乏有效问责机制，致使中低水平放射性固体废物处置的规划和建设进展缓慢。这不利于核电厂的放射性流出物的控制，需要引起重视予以解决。根据我国核电发展规划推算，到2020年我国运行核电厂每年需处置的放射性固体废物约为4 000 m^3 以上。但我国低、中水平放射性固体废物处置场的建设和运营明显滞后于核电的发展，至今尚未明确处置场建设规划、处置场运营机制和收费标准，这些问题需要专门研究解决。

第五章

核电设备供应

核电的经济性不但体现在较低的运营成本和较低的发电成本，而且和核电的建设成本、外部成本以及核电厂负荷因子等因素相关。单从造价方面看，同等装机容量下核电造价是煤电的 1.5～2 倍。我国已建成核电厂的单位造价介于 1 838～1 386 美元/(kW · h)(不含大亚湾核电站和秦山核电站)国内第一个国产 1 000 MW 超临界电厂项目——华能玉环电厂一期 2 台 1 000 MW 机组，项目动态总投资 99.5 亿元(包括烟气脱硫投资)，相应单位动态投资约为 5 000 元/(kW · h)(按照 2007 年汇率为 714 美元/(kW · h)之间。不同的技术也导致造价差异(当然安全性也不同)，AP1000 机组其核岛系统设计简化、厂房建筑和设备配置大幅减少，同时采用标准化、模块化设计和建造技术，可以控制成本，缩短建造工期，使得 AP1000 机组在经济上可能具有更强的竞争力。此外，提高国产化程度是增强我国核电经济性的关键因素，秦山核电站的造价为 685 美元/(kW · h)，大亚湾核电站为 2 030 美元/(kW · h)，是前者的 2.86 倍左右。通过核电设备国产化，可以大幅度降低造价，从而提高核电的经济性和市场竞争力。

5.1 我国已形成较完整的核电设备供应体系

我国通过学习、借鉴法国、日本、韩国的成功经验，已建设较完整的核电装备自主化设计制造基地。国家和企业投入大量研发费用，开展自主攻关、消化吸收，掌握核心技术，先后投资 200 多亿元进行技术改造。其中，中国第一重型机械集团公司（简称中国一重）、中国第二重型机械集团公司（简称中国二重）和上海重型机器厂有限公司（简称上重）的建设、完善大型铸锻件生产基地，沈阳鼓风机（集团）有限公司（简称沈鼓集团），增加核级泵加工设备建设试验装置。我国二代改进型压水堆核电厂属于成熟的堆型，设备生产技术已经成熟。设计经过验证，自主化程度较高。有相当丰富的自主建设和自主运行经验，平均建设周期小于 5 年。设备国产化率超过 70%，除主循环泵（目前已有 3 家制造厂在研制）外，主要的核电设备已具备坚实的国产化基础。我国已建成的核电厂的运行是安全的，没有温室气体和有害气体排放，放射性废物的排放远低于国家标准。逐步引入新的成熟技术，使核电厂的安全性得到进一步的提高，提高了供电的可靠性。我国已基本具备每年提供 2～3 台百万千瓦级机组设备的能力。

以项目为依托，主动推进核电自主化、国产化进程，提升核电产业整体能力，为我国核电的持续快速发展奠定了坚实的基础。岭澳核电厂一期建设运营过程中，先后有 17 个省、市的 181 家企业参与其中，设备国产化率达到 30%。岭澳核电站二期两台机组的设备平均国产化率将超过 60%。红沿河核电站 4 台机组的设备平均国产化率将超过 75%，宁德核电站 4 台机组的设备平均国产化率将超过 80%。通过主动实施国产化、自主化，国内多项关键技术实现了突破。

5.1.1 核电设备生产基地与重点企业

通过已建和在建核电工程实践，我国核电设备制造企业已经打下了较好的核电装备自主化基础。在加快发展核电产业的战略背景下，在各级政府和核电业主大力支持下，国内企业已经逐步掌握了核岛、常规岛大多数关键设备的设计制造技术。目前，我国基本形成了四川、上海和东北三大核电设备制造基地，代表企业分别为中国东方电气集团有限公司（简称东方电气）、上海电气集团股份有限公司（简称上海电气）和哈尔滨电气集团公司（简称哈尔滨电气）。其中东方电气和上海电气对核电产业投入力度较大，并且占据了绝大部分国产市场份额。从秦山核电站开始以来，中国核电厂的规模越来越大，建设难度也越来越高。核电厂装机容量也从 30 万 kW 不断增长，如今已经达到单机 100 万 kW 的级别。与此同时，国内核电装备制造企业也不断壮大。近两年来，为了迎接核电建设高峰的到来，提高批量制造重型装备能力和改善运输条件，相继建设了多个重型装备沿海基地。上海电气、东方电气和哈尔滨电气分别投巨资在上海临港、广州南沙和河北秦皇岛建设核电装备制造基地。核电主设备制造以国内三大设备制造厂家为骨干，同时发挥其他相关企业的专业优势，逐步实施技术改造和产业升级，共同建立起较完整的核电设备制造体系。“十一五”期间要形成不低于每年 200 万 kW 的核电成套设备生产能力，2010 年以后形成每年 400 万 kW 的生产能力。

借助国家高效发展核电这股东风，上海电气正在实现质的飞跃，从单一核电设备的供应商，正在向成套设备供应商的角色转变。上海电气提出“两个基地、五个项目、六十亿投资”的投资计划，并且制定了雄心勃勃的目标：培育主设备设计能力，形成主设备成套制造与供货、现场安装服务、在役服务的产业链；形成一支具有国际竞争力的专业化队伍；培育具有核电主设备制造，具有国际竞争力的专业化产业集群。承接第三代核电 AP1000 项目和为清华大学 10 MW 高温气冷堆提供关键设备，体现了上海电气在核电产业中对自身定位的高度。有着 30 年核电装备制造历史的上海电气，在新的发展机遇期中，集中力量进行战略突破，取得了一系列令人瞩目的成绩。上海电气目前在建核电项目主要涉及方家山核电工程、岭澳核电站二期、清华低温堆等 7 个项目，涉及产品范围包括压力容器、蒸汽发生器、堆内构件、汽轮机等在内的14类设备,合同总金额超过16亿元。参与项目的集团企业包括上海锅炉厂有限公司(简称上海锅炉厂)、上海第一机床厂有限公司、上海重型机器厂有限公司、上海KSB泵厂在内的10家企业。到目前为止,上海电气核电项目订单已突破120亿元。除了积极争取沿海市场,有着集团专业分工协作优势的上海电气,虽然在百万千瓦级核电产业中起步较晚,但通过自主创新、技术引进和消化,已经拥有了百万千瓦级核电设备的制造能力。除此以外,上海电气还与中国广东核电集团公司(简称中广核集团)等业主建立紧密的战略同盟,全力推动中国核电产业的健康快速发展。

中国第一重型机械集团公司是我国最大的以生产轧钢、冶金、锻压、电站、石化等重型设备为主体的大型机械装备制造企业。随着我国核电建设迅猛发展,中国一重在部分核岛设备上业绩显著,目前,中国一重核电项目合同已涉及国家核准开工建设项目的80%。为满足大批建设项目的需要,中国一重已投资50多亿元人民币,建设世界最大铸锻钢生产基地。目前,这一基地建设已接近尾声。目前,铸锻件生产基地建设已接近尾声,并已开始承担国家一些重点工程的大型铸锻件任务。为改变核电等大型铸锻件受制于人的局面,中国一重从2006年率先承担了国内首台AP1000堆型核电厂所需锻件的研制工作,开始了真正实现大型先进压水堆核电厂国产化进程。

在核电厂建造产业链中,反应堆设计是最关键的,居于核心地位,也是产业链中附加值最高的部分。目前我国的核电设计和设备制造是分开的,制造厂只能依照图纸加工、不具备设备设计能力,设计院在设计时对制造能力也难以有准确把握,设备制造商拿到图纸后还要进行“二次研发”。并且一个核电项目的主要设备从国内外分散采购、现场集成,其效率和质量都难以保证。我国核电设计格局中,隶属中核集团的中国核动力研究设计院是我国目前唯一有能力进行堆芯和蒸汽发生器系统设计的单位，而上海核工程研究设计院正在消化吸收AP1000技术。这两家单位分处成都和上海，分别与东方电气和上海电气形成互补。

5.1.2 三大重机厂大型铸锻件工艺装备生产能力

大型铸锻件是核电厂核岛、常规岛主设备的关键原材，是核电主设备上游关键原材料。工艺、技术难度巨大，必须大型万吨以上自由锻压机才能完成该工艺。核岛主泵外壳制造是主要难度技术，代表目前世界铸造生产的最高技术。

目前中国一重、中国二重、上海电气为主要参与核电大型铸锻件制造的企业。中国一重是国内制造核压力容器时间最早、数量最多，具备核岛锻件及成套设备生产能力，占有核反应堆压力容器国内约80%市场，核锻件市场占有率在80%～90%。2009年12月，中国一重承担的三门核电站2号机组蒸汽发生器管板锻件研制取得成功，在先前实现AP1000核岛反应堆压力容器锻件完全国产化的基础上，再次实现了蒸汽发生器锻件的完全国产化，一举攻克了制约我国核电发展的重大技术难关，打破了国外企业在高端大型铸锻件市场的垄断。

中国二重拥有两台万吨级水压机，其中自主研发建造的1.6万t自由锻水压机在全世界同类水压机中规模最大。公司具备一次性提供900 t级优质钢液、浇铸600 t级真空钢锭、铸造500 t级铸件、锻制400 t级锻件的能力，整体加工能力已经跻身全球少数几家企业组成的第一阵营。与中国一重成为国内最主要的两家核岛设备供应商之一。

上海电气核电产业链覆盖齐全，主要体现在大型锻件能力和设备集成难度上，拥有目前世界上最大跨距的自由锻造油压机，能满足目前国际上最新技术的百万级核电及其他筒体类产品的锻造需要。能生产覆盖当前世界上最大吨位的锻件用钢锭。

5.1.3 重点核电装备制造企业当年及后三年预计生产能力

东方电气和上海电气在核岛业务上占据90%多的市场份额，其中，东方电气在技术上占有一定的优势，从目前的订单来看，东方电气占60%左右，而上海电气占20%强，哈尔滨电气的份额较少。而在常规岛方面，则是三大动力集团（中国东方电气集团有限公司、上海电气集团股份有限公司、哈尔滨电气集团公司）平分天下，技术实力不相上下，市场份额也几乎相当。在设备制造能力方面，三大动力集团都将基本具备每年提供2～3台百万千瓦级机组设备的能力。

三大动力集团主设备制造厂预计2010年以后形成每年不低于400万kW的核电成套设备生产能力。依靠临港核电产业群的支持，以及集团的整体协同效应，上海电气在国内核电制造领域的地位正在日益加强。对标三菱重工、韩国斗山重工业株式会社（简称韩国重工）等国际一流企业建设的临港基地作为上海电气集团未来发展的支柱平台，其核电产业板块更是上海电气集团投资的重中之重。临港基地规划面积10 km^2，包括了重装备、核电、大型船用曲轴等产业化项目，其中核电板块已经建成核电堆内构件和起重运输设备项目。在基础设施建设、产品生产纲领等方面达到国际领先水平，形成上海电气特大、重型、超限装备制造能力。在核电板块中，重装备制造基地投资25.62亿元，占地面积64万 m^2，可形成年产百万千瓦级核岛及常规岛设备2.5套；核反应堆堆内构件、驱动机构项目占地14万 m^2，将形成年产4.5套堆内构件和控制棒驱动机构的生产能力；大型核电起重机项目占地21万 m^2，将形成年产各类起重运输设备4.9万t的生产能力。此外，上海电气与德国KSB公司合资组建的上海电气-凯士比核电泵阀有限公司即将建成。上海电气也将拥有从压水堆主设备（压力容器、蒸汽发生器、稳压器)，到堆内构件、环行起重机、核级泵阀等核岛辅助设备，再到常规岛汽轮发电机组等全套核电厂装备的生产能力，临港核电基地预计2012年建成。

中国一重将在大连基地建设核电产品专业化生产线，在未来形成年产5套核电成套设备的生产能力。在齐齐哈尔厂区加大铸锻钢基地的技改投入，未来形成年产10套核电一回路大型铸锻件的生产能力。届时，中国一重将年产钢水50万t、年产锻件24万t至25万t、年产锻铸钢件6万t至7万t，其生产能力等级将会达到"7654"的世界一流制造目标，即一次性提供钢水700 t、最大钢锭600 t、最大铸件500 t、最大锻件400 t，使核心铸锻造技术20年不落后，吨位等级产量达到世界第一，从而彻底扭转我国高端大型铸锻件产品长期依赖进口的局面。

其他相关核电制造企业也在急速提升技术能力和生产能力，比如，2008年新建的山东核电设备制造厂主要生产AP1000的结构件、管路和设备模块。相关部门仅用11个月就建成了这座每年可满足2台AP1000机组建设需求的工厂。而在核电厂的建设安装能力方面，目前国内已经具有4个项目8台机组同时建设的实践经验。

5.2 核电设备自主化研发情况

5.2.1 反应堆压力容器

核电厂的核反应堆主要由以下部件组成:反应堆压力容器、堆内构件、堆芯、上部组件(包括压力容器顶盖)、堆内监测仪表、保护钢结构、上部组件热屏蔽、支承环、止推环、支承衍架、止推洐架、控制棒驱动机构、隔离波纹节、主密封件、接管区热屏蔽和生物屏蔽、干保护、堆内及堆外核测系统和堆芯捕集器等。核反应堆压力容器是安置核反应堆并承受其巨大运行压力的密闭容器，反应堆压力容器作为一回路的压力边界，是防止堆芯内放射性裂变产物逸出的第三道屏障。压力容器用于容纳堆内构件，堆芯部件（如燃料组件，控制棒组件和可燃毒物组件）及其他相关部件（测量仪表等）。是压水堆核电厂中的关键设备，具有制造技术标准高、难度大和周期长等特点，而且是不可更换的设备，必须保证其在核电厂寿命期内绝对安全可靠。由于压力容器包容了反应堆的活性区和其他必要设备，其结构形式随不同堆型而异。在我国境内，持有核安全压力容器，储罐和热交换器设计资质的单位有 8 家，包括中国原子能科学研究院、上海核工程研究设计院、中国核动力研究设计院、中国核电工程有限公司、清华大学核能与新能源技术研究院、中国船舶重工集团七一八研究所（邯郸）、中国船舶重工集团七一九研究所（武汉）和武汉核动力运行研究所；具有核 2、3 级压力容器、储罐和热交换器制造资质的厂家有 23 家；核Ⅰ级压力容器、储罐和热交换器制造资质的厂家有 17 家；获得国家核安全局注册核准的境外厂家有 8 家；国内实力较强的厂家有中国一重、中国二重、上海重型机器厂有限公司、上海电气、哈尔滨锅炉厂、东方锅炉股份有限公司、武汉锅炉股份有限公司、上海动力设备有限公司、上海森松压力容器有限公司。

当前我国重点引进的第三代核电技术 AP1000 的反应堆压力容器是一个由壳体、过渡环、半球形底封头及可拆卸带法兰上封头构成的圆柱形结构。AP1000 反应堆压力容器与目前运行的压水堆核电厂所用压力容器结构相似，并且使用了更好的材料，容器辐照区没有环向和纵向焊缝，拥有附加的中子屏蔽层。

AP1000 首次采用在核电厂反应堆压力容器外增加钢制安全壳的新技术。安全壳系统的主要作用是构成包容放射性的一道屏障，实际上为了完成应急堆芯冷却功能，安全壳也是必不可少的。安全壳系统除密封的构筑物外，还包括控制温度和压力，及控制放射性产物和可燃气体的系统和设施。安全壳的结构强度由设计基准事故产生的压力、温度、飞射物等确定，同时考虑外部事件。安全壳还必须考虑严重事故情况下的包容性。安全壳应该具备役前和在役进行压力试验的能力。钢制安全壳是AP1000核电厂反应堆厂房的内层屏蔽结构，是非能动安全系统中的重要设备之一。壳体包括上壳体（接管段）和下壳体（活性段），下壳体和底封头之间用一个过渡环连接。AP1000钢制安全壳底封头钢板的典型特征是大尺寸、多曲率、高精度，采用整体模压一次成型技术，尚属世界性难题。2008年10月31日，我国首家AP1000核电厂钢制安全壳（CV）及模块专业制造工厂——山东核电设备制造有限公司正式宣布AP1000核电厂模块生产全面启动。该制造工厂每年生产的AP1000核电厂钢制安全壳、结构模块等产品，能够同时满足两台AP1000机组的需求。三门核电项目2号机组反应堆压力容器项目是国内首台自主制造的第三代AP1000核电机组反应堆压力容器项目，由中国一重承制。2009年12月21日15时28分，三门核电站1号机组核岛钢制安全壳底封头成功实现整体吊装就位，这一底封头的钢材制造、弧形钢板压制、现场拼装焊接、焊接材料生产、整体运输吊装等都是由中国企业自主承担完成的。2010年12月18日由中国一重承制的红沿河核电厂1号机组核反应堆压力容器顺利完工，各项技术指标全部满足要求。这标志着我国百万千瓦级核岛主设备的制造经过独立研发、自主创新，已完全实现国产化，达到了国际先进水平，具备了为我国核电建设标准化、批量化、规模化发展提供成套装备的能力，有效地保证了我国核电产业发展的安全，扭转了我国核电重大技术装备所需关键设备和大型铸锻件受制于人的局面。

5.2.2 蒸汽发生器

蒸汽发生器是核电厂核岛的核心装置，是核电厂最为关键的设备之一，属核安全Ⅰ级设备，对核电厂安全至关重要。蒸汽发生器是核岛一回路系统的关键设备，承担堆芯冷却剂和蒸汽的换热，并将高压蒸汽输出的功能。采用间接循环的反应堆动力装置中把反应堆冷却剂从堆芯获得的热能传给二回路工质使其变为蒸汽的热交换设备。它的主要作用是：将一回路冷却剂的热量通过传热管传递给二回路的给水，加热给水至沸腾，经过汽水分离后产生驱动汽轮发电机组的干饱和蒸汽；作为一回路压力边界，承受一回路压力，并与一回路其他压力边界共同构成防止放射性裂变产物逸出的第三道安全屏障；在预期运行事件、设计基准事故工况以及过渡工况下保证反应堆装置的可靠冷却。

早在2000年，秦山第二核电站60万kW核电蒸汽发生器，由上海锅炉厂制造完成，并通过了有关专家的质量验收。采用的是美国西屋公司的技术，当时世界上仅美国、日本、法国、西班牙等少数国家具有30万kW标准环路制造能力。整台蒸汽发生器重344 t，直径4.28 m，高20.8 m，壁厚154 mm，采用高强度低合金钢制成。到了2008年6月6日，我国首台采用自主品牌核电技术CPR1000制造的百万千瓦等级核电蒸汽发生器由东方电气制造完工，用于岭澳核电站二期项目。

蒸汽发生器是“核安全Ⅰ级”、“核质保Ⅰ级”设备，在安全壳系统中属于关键枢纽设备，作用是将反应堆取得的热量通过蒸汽发生器的一、二回路加热蒸汽引入透平发电，其制造要求非常严格，过程控制极其苛刻，验收检查程序相当严密。蒸汽发生器结构复杂，成型尺寸较大，涉及的分组件多，且一回路和二回路、承压件和内件之间的技术要求具有很大的不同，因此，对于制造者来说，涉及的技术面广，制造中的过程控制异常严格，工艺思维要相当缜密。蒸汽发生器的制造涉及的主要工艺环节，包括焊接、加工、热处理、检验、水压试验等工序，另外包括部分专用工序。蒸汽发生器的制造周期通常在28～40个月，而制造一般重型容器的周期仅为6～

12 个月。从这一点可见制造的工艺环节大大增多，另一方面也说明蒸汽发生器的制造环节和质量控制环节要求都很高。蒸汽发生器的制造，往往在交货期的前 3 年就需要根据纲领或订单情况制订相应的生产计划，并且落实产品生产的工艺布局。生产核电重型容器的厂房要求起重能力大，起重机能力在 700 t 左右，厂房内车间地坪荷载高达 120 t/m²。蒸汽发生器原材料多为半精加工锻件，从原材料投料开始到包装发运，一直以部件、组件以及成品的状态，停留在生产车间，处于生产加工或准备状态。据统计，一座年产 18 台核电蒸汽发生器的厂房，在生产高峰期，车间内布置的生产工件有 80 多件。其中，小型组件净质量约 50 t，大型组件净质量在 500～664 t。在厂房设计时，这些组件就已经按照对应的区域进行布置。由于受地坪荷载、起重能力、工艺流程、设备配置等因素的限制，工件不能随意放置。可见蒸汽发生器的生产组织非常复杂。在一定程度上，代表了核岛承压设备制造能力的最高水平。

压水堆核电机组包括 CPR1000、AP1000、EPR 三种堆型。其中，第三代 AP1000 蒸汽发生器最大。单台蒸汽发生器主要规格最大直径 5 334 mm，总长 22 460 mm，总重 664 t。1 套机组含 2 台蒸汽发生器。国产化 1 000 MW 级核电蒸汽发生器是我国尺寸最大、难度最高、也是最典型的核电厂核岛设备，东方电气投入了大量的人力物力，从开工到完工历时 37 个月，克服了许多客观困难，攻克了许多技术难关，解决了许多制造问题，制造获得圆满成功，掌握了 1 000 MW 级压水堆核电核岛主设备——蒸汽发生器的制造技术。核质保程序符合国家核安全法规和法国 RCC-M 规范。在整个核电制造过程中，通过了国家核安全局、业主等核质保监督，体系运行良好，质量控制有效。通过 1 000 MW 级核电蒸汽发生器国产化的探索和实践，在吸取国外先进的核电制造经验和教训基础上，我国成功地掌握了核电核岛主设备的制造技术，并培养了自己的核电制造技术队伍。随后的2010年8月28日，我国首台自主设计和制造的第二代加核电百万千瓦级蒸汽发生器，在上海电气临港核电产业制造基地制造成功，并于发往辽宁红沿河核电一期工程。目前国内已有5大核电重型容器制造基地，可以承担蒸汽发生器、压力容器、稳压器三大件重型产品的制造。

在核电设备制造的自主化过程当中，关键材料的国产化显得尤为重要。蒸汽发生器传热管是核电机组中的关键部件。国际上蒸汽发生器传热管材料大多用FeCrNi合金制造，主要有奥氏体不锈钢304、800系列和镍基合金600与690系列。国外核电厂运行实践表明，以传热管应力腐蚀破裂为代表的环境失效是影响核电厂安全运行的主要因素之一。因此，传热管材料及其制造工艺也就成了研究热点。目前，国际上有关传热管材的研究主要集中在现有材料的失效分析和新合金的研究。目前，我国核电厂蒸汽发生器传热管材基本上是进口的，国家为实现核电设备的国产化组织技术攻关，取得了初步效果。但还须深入研究材料成分、热处理、冷加工等因素对传热管使用寿命的影响规律，研究开发新材料和制造关键技术。目前，正在研究开发火电、核电机组用新型奥氏体不锈钢（合金）及其关键工艺技术，目标是达到国外相应标准的性能指标，并取得了具有重要应用价值的阶段性成果。蒸汽发生器用690合金U形管是百万千瓦级核电机组中需使用的关键特殊材料，其制造过程要求极端苛刻、制造工艺极其复杂，拥有多项核心技术和创新点，代表了当今国际核电用管制造的顶尖水平。2010年12月26日，由宝钢制造的首批国产核电蒸汽发生器用690U形管交货，该批产品将应用于广西防城港市核电1号机组。国产核电蒸汽发生器用690U形管在核电项目的首次使用。我国继法国、日本、瑞典之后成为第四个能够生产此类产品的国家。

5.2.3 反应堆冷却剂泵(主泵)

反应堆冷却剂泵也就是俗称的核电厂主泵,是核电厂核岛主要设备之一。核电厂主要由核岛、常规岛和输变电等部分组成。其中,核岛的作用是将核能转变为热能。主泵是核岛的心脏,它的作用是将核岛内产生的具有放射性的热能(高压热水)在封闭的核岛内完成一回路高压热水的流动循环,将核岛内产生的放射性的热能(高压热水)变成常规岛的汽轮机所使用的没有污染的高温蒸汽,同时保证常规岛的汽轮机所使用的热能一、二回路高温蒸汽没有污染。由于对主泵的安全性、可靠性、稳定性要求很高,制造难度极大,精密度要求在一根头发的七十分之一。我国百万千瓦级核电主泵一直依靠进口,已成为制约我国成套提供百万千瓦级核电主设备的瓶颈之一。2009 年 12 月,我国首台百万千瓦级核电主泵在东方阿海珐顺利完成,并发往广东岭澳核电站二期。这标志着我国核电设备主要部件(主泵)的国产化取得重要进展,核电设备国内配套制造能力显著增强。

当前我国引进的第三个核电技术 AP1000 为非能动核电厂,反应堆冷却剂泵是主回路中唯一能动部件,与以往采用的轴封式主泵不同,其主泵是屏蔽电机泵,美国 EMD 公司的技术。该泵由水力部件和电机部件两部分组成:水力部件主要是由泵壳、叶轮和导叶等零部件组成的混流式泵,泵和电机之间由热屏隔离堆芯冷却剂的高温,电机是一种专门设计的单绕组、四极、三相、屏蔽套式感应电机,采用 60 Hz 电源,由变频器启动和运行,电机主要部件包括水润滑轴承、屏蔽套、飞轮、定子绕组及冷却装置。制造工业和技术要求更高,其主要特点是:在泵的轴上带有一个转动惯量非常的飞轮。屏蔽泵电机壳体和用镍基合金材料屏蔽的转子、定子均是一回路介质的压力边界,要求能够避免一回路带有放射性的水外泄，对零部件的加工、焊接和装配，以及石墨润滑轴承、陶瓷密封端子要求极高，而且必须在1∶1的试验回路上进行试验合格。在各种性能都能满足AP1000核电厂要求后，才能正式投入产品的生产。

AP1000的主泵是屏蔽泵，是美国电气机械公司(EMD)独自开发用于AP1000的主泵。与以往的轴封式主泵相比，其加工精度要求高，配件又是非商品级的，国产化难度很大。由于AP1000主泵还没有原型，国内厂家更是缺乏相关技术和制造经验，需要等美国EMD完成制造并经鉴定合格后才能转让技术和培训，国内制造厂家尚需要进行相应的技术改造，目前主泵技术受让单位是沈鼓集团与哈尔滨电气，所确定的国产化目标在第4台核电机组上至少有2台国产屏蔽泵参与机组运行。2008年，沈鼓集团与哈尔滨电气这两家企业分别与EMD公司签订了16台主泵部分零件国内分包制造和2台国产主泵分包制造合同，这是AP1000屏蔽主泵逐步实现国产化的重要里程碑，标志着AP1000屏蔽主泵国产化已进入了实施阶段。2008年沈鼓集团、哈尔滨电气最终通过ASME授权检验机构进行的ASME N及NPT认证。哈尔滨电气、沈鼓集团在EMD的指导下，已开始部分设备的采购，并确保所采购的"缺口"设备在性能上满足AP1000主泵生产的要求。目前，哈尔滨电气AP1000主泵电机制造厂房已基本建成，沈鼓集团的主泵厂房也已进行施工。另外，上海电气作为AP1000技术的受让方，在第三代核电的产业竞争中占据技术布局的先发优势，在核电辅助设备领域也实现了突破。通过与凯士比公司合作，实现核岛冷却主泵的制造，承接了昌江65万kW核电机组4台主泵制造合同，与宝钢签订的500 t 690型管供货协议也正式投产，标志着上海电气成功突破核电一级主泵和蒸汽发生器U形管两个制约我国核电发展的关键瓶颈。

5.2.4 堆内构件

核电厂核岛反应堆堆内构件是核反应堆压力容器内部重要的支承部件,起着支承堆芯的作用。由上部构件和下部构件两部分组成,主要材料是300系列奥氏体不锈钢。由近万个零件组成的精密结构件,直接关系着核岛设施的正常运转,其功能包括:支撑、定位核燃料组件;为核反应控制(启动、功率调整、停堆)提供正确控制通道;提供合理流场,从而降低振动提高堆芯寿命;为堆芯核反应提供温度和中子测量等测量通道;为反应堆在事故状态下控制棒仍能迅速插入堆芯提供安全支撑;同时,为反应堆提供辐照屏蔽。

2003年初,我国首套60万kW核电厂反应堆堆内构件——秦山第二核电站2号核反应堆堆内构件在上海第一机床厂有限公司顺利制造成功。由国内自行生产的这套60万kW核电厂反应堆堆内构件,国产化率达90%以上。从那时起,我国开始形成从30万kW到100万kW的压水反应堆堆内构件的系列生产能力。反应堆堆内构件是核电厂运行的"心脏",与堆芯直接接触,是影响电站寿命的关键部件。这次制造的堆内构件,高9.98 m,直径3.6 m,共有1万多个零件组成,总重量116 t,全部零件由特种不锈钢精密加工和精密焊接而成,制造技术要求高,难度大。目前,上海电气第一机床厂有限公司是国内唯一生产反应堆堆内构件的核设备制造厂,也是国内唯一拥有核岛主设备——反应堆控制棒驱动机构生产能力的企业,自1982年起开始为秦山第一、第二核电站,广东岭澳核电站等生产反应堆堆内构件。1996年4月,上海第一机床厂有限公司与秦山核电站的总承包商法国法码通公司及其子公司签订了秦山60万kW反应堆堆内构件的生产合同,这是我国在制造大型核电厂设备方面开展国际合作的成功尝试。秦山第一核电站、岭澳核电站、巴基斯坦恰希玛核电站使用的就是该

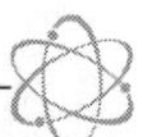

企业的产品。2008 年自主制造的首台百万千瓦级核岛关键设备——岭澳核电站二期 3 号机组堆内构件，首次实现了百万千瓦级大型压水堆堆内构件制造的 100%国产化。执行的是二代加技术水平，执行的技术标准是法国 RCC－M。正在进行第三代核电技术项目的研制，国内新一轮核电建设中核岛主设备堆内构件和控制棒驱动机构的所有合同均已实现国内生产。

5.2.5 控制棒驱动机构

控制棒驱动机构是反应堆压力容器的主要控制部件。控制棒驱动机构电源系统(RAM)的任务是确保给控制棒驱动机构供电，维持其正常的运作。控制棒驱动机构是安装在核电厂反应堆压力容器顶盖的管座上，它能够按照反应堆控制和保护系统的指令，带动控制棒组件在堆芯内上下运动，保持控制棒组件在指令高度，并在断电时释放控制棒组件，使控制棒组件在重力作用下快速插入堆芯，从而完成反应堆的启动、功率调节、保持功率、正常停堆和事故停堆等功能。反应堆一回路系统对 RAM 的工作稳定性、长期运行可靠性、动态响应性乃至良好的维修管理性都有着很高的要求。RAM 的良好运行对控制棒驱动机构进而对反应堆一回路的正常运作起到决定性作用，对核电厂的安全及经济运行意义重大，是确保核电厂安全可靠运行的重要环节。核电机组的安全、可靠、经济运行在很大程度上取决于反应堆功率控制系统的性能水平。RAM 系统长期以来被国外公司垄断，不仅影响工程以及运行的进展，而且需要支付昂贵的费用。为改变长期以来的被动局面，中广核工程有限公司于 2008 年年底与中国核动力研究设计院签订了《二代改进型核电控制棒驱动机构电源系统国产化联合研发合作协议书》，积极开展相关技术的研发工作。2010 年 1 月 28 日，由中广核工程有限公司和中国核动力研究设计院联合研制的百万千瓦级核电机组 RAM，在成都正式通过鉴定。该项目的研制成功，标志着我国大型核电设备国产化又迈进了坚实的一步，对引入工程采购良性竞争，降低工程造价，提升我国核电装备制造水平，保证核电可持续发展有着重要意义。

2009 年 7 月 18 日，上海电气临港核电制造基地二期工程在沪开工。到 2012 年，临港将成为全球规模最大的核电主设备制造基地。上海电气临港核电制造基地二期工程建成后，将形成年产 4～6 套百万级核岛压力容器和蒸汽发生器、8～10 套堆内构件和控制棒驱动机构、4～6 套百万级常规岛主设备的制造能力。上海电气作为国内最早进入核电行业的企业和 AP1000 技术的受让方，承接了浙江三门、山东海阳核电 1 号、2 号机组的稳压器、蒸汽发生器、安注箱，堆内构件和控制棒驱动机构等设备的国产化研制，在第三代核电的产业竞争中占据技术先发优势。目前，拥有国内最齐全的核电设备制造产业链的上海电气，在堆内构件/控制棒驱动机构方面具有先发优势，在国内市场占有率保持 100％。

5.2.6 稳压器

稳压器是核岛主要组成部分，属于大型压力容器，作用于反应堆冷却剂系统以维持一回路压力。稳压器与卸压系统在反应堆装置正常运行工况下参与运行，主要作用是在反应堆装置启动期间建立并保持一回路压力；在反应堆装置运行期间补偿一回路冷却剂因温度变化引起的容积变化，限制一回路压力因温度变化引起的波动，避免一回路冷却剂在反应堆内沸腾；通过控制喷淋和加热器维持稳压器内汽水平衡，将一回路压力限制在设计范围内；在反应堆装置冷却末期通过容积和硼控系统（KBA）向稳压器喷淋，保证稳压器的冷却和一回路的压降速度；在预期运行事件、设计基准事故以及超设计基准事故工况下，用于保持或者降低一回路压力。稳压器是直立式圆柱形高压容器，由压力容器、壳内构件、支承部件、管式电加热器组、液位传感器、温度传感器以及固定件等部件组成。AP1000稳压器采用电加热立式圆筒形结构设计、稳压器上封头为半球形,与筒体等厚,设计压力17.1 MPa,设计温度360 ℃,波动管管嘴名义直径457.2 mm,喷雾管管嘴名义直径101.6 mm,安全阀管嘴名义直径355.6 mm,稳压器内径2 290 mm,总高15 420 mm,内部容积59.47 m^3,总电功率1 600 kW。

稳压器重要的关键部件是核Ⅰ级稳压器电动卸压阀,设置在稳压器上部,与稳压器安全阀一起实施压水堆核电厂反应堆冷却系统的超压保护并限制冷却系统的压力。在二回路失去热阱时,利用安注泵和电动卸压阀实施一回路Feed-bleed的运行模式,导出反应堆的衰变热。在堆芯熔化的严重事故中,利用电动卸压阀动作实施快速降压,以防高压熔堆。要求卸压阀有极高的稳定性和可靠性,在各种工况下都能正常工作,并且对泄漏率也有很高要求。国内企业中核苏阀科技公司已有成熟的技术和制造能力,稳压器的国有化程度已经成熟,我国已经掌握核电厂大型铸锻件生产技术和能力,包括AP1000技术的稳压器,在自主化示范项目的第一台机组设备就可以实现国产化。上海锅炉厂和中国核工业524厂已为秦山第2核电站制造过稳压器,其国产化率可达90%,东方锅炉股份有限公司、哈尔滨锅炉厂也有能力生产。核电用钢共有两部分:常规岛设备用钢和核岛设备用钢,核电厂稳压器用高级别核电用钢16MnD5,国内企业河北钢铁集团舞钢公司具有生产技术和能力。而且在2009年2月,由东方电气首次独立自主制造完成的广东岭澳核电站二期1 000 MW核电厂3号机组核岛稳压器制造完成,该项目的成功制造,标志着我国1 000 MW核电厂重大装备的制造水平迈上了一个新台阶。

5.2.7 燃料运输和贮存系统

如同火电厂有燃料系统一样,核电厂也有特殊的燃料运输和贮存系统，因为它运输和贮存的极其特殊的燃料——核燃料。新燃料和乏燃料的贮存都要防止在最佳慢化的情况下达到临界，要防止乏燃料和乏燃料运输容器的意外跌落及起重设备意外跌落损坏燃料，燃料组件要有明确标示，应具有正确的辐射防护措施，燃料贮存水池应有水位和泄漏监测措施，以及防止水池排空的措施。运输容器是乏燃料运输的关键设备，它具有安全要求高、结构复杂、质量大等特点，而乏燃料具有强放射性，必须考虑运输过程中辐射防护问题，同时乏燃料组件在运输贮存过程中还会有余热释放，必须及时有效排出，此外，因为乏燃料仍然具有剩余反应性，其在乏燃料运输容器布置方式的临界情况也必须加以考虑，因此，乏燃料运输容器的屏蔽计算、临界状况以及余热分布对乏燃料的安全运输显得尤为重要。2008 年，西安核设备有限公司与西班牙 ENSA 公司合作，为广东岭澳核电站二期项目制造的 22 台硼不锈钢高密度乏燃料贮存格架中的第一批 7 台产品制造完成。该种格架是一种新型的高密度乏燃料贮存格架，在我国核电领域是首次使用。

核电厂核燃料运输贮存系统(PMC)在每次核电厂换料大修期间，完成反应堆与核燃料储存水池之间的燃料组件装卸操作。核燃料装卸储存系统直接吊装核燃料组件，直接面对核电厂三道屏障中的第一道屏障——燃料包壳，其安全性是核电厂核安全的重要保障。它由换料机(MC)、传输系统(FTS)、乏燃料吊车(SFPC)三部分构成。由于核燃料的特殊性，PMC 系统直接与核燃料组件接触，是核安全相关系统，它的稳定性直接决定电站大修的工期，影响核电厂运行的经济性和安全性。由于 PMC 系统的安全等级、自动化程度、控制精度要求极高，它又融合了机械、电气、信息、通信、微电子、软件等技术，当前国内运行的核电厂几乎所有的 PMC 系统设备都是由国外厂商供货，技术由国外大公司垄断，如美国西屋电气公司(简称西屋公司)、法国 REEL 公司。每次大修期间，需要国外供货方派出工程师对 PMC 系统设备进行维护和改造，并对换料过程进行保驾，费用极高，增加了核电厂的大修成本。在这样的背景下，2006 年的岭澳核电站 PMC 系统升级改造开始尝试由中方主导改造过程的技术攻关，并成立了专门的 PMC 改造专项组。主要工作是进行岭澳核电站 PMC 系统的升级改造，为了打破国外对 PMC 系统核心技术的垄断控制，实现 PMC 系统制造国产化，PMC 项目组确定进行 PMC 系统自主化设计和设备国产化研究，本着引进、消化、吸收、创新的工作思路，对西屋公司和 REEL 公司的 PMC 系统进行仔细分析和研究。并在 2009 年上半年制造完成样机并验收合格。

装卸料机是反应堆核燃料装卸贮存和工艺运输系统的核心设备，它的基本任务是在反应堆厂房内将燃料组件装入堆芯指定位置或转运到燃料转运装置上，同时，它还可以使用专用工具乏燃料组件破损检查。装卸料机目前一直以中外合作的方式供货，控制部分由国外公司供货，整套装置国内还没有形成自主供货的能力。2010 年，我国首台具有完全自主知识产权的核电厂装卸料机在西安核设备有限公司试验厂房全部组装完毕，并通过机电联调。该设备由中国核电工程有限公司设计、西安核设备有限公司负责机械制造，将用于方家山核电工程首台机组。该设备的研制成功，标志着西安核设备有限公司已形成 PMC 系统成套供货能力，成为国内专业化装卸料机生产厂家。具备制造成套核电设备的技术和装备能力，特别是在 PMC 系统燃料转运装置、新燃料升降机、啜吸装置、新燃料检查装置，燃料抓具、贮存格架等制造方面积累了丰富的制造经验。

5.2.8 主管道

核电厂主回路管道（简称主管道）是连接反应堆压力容器、蒸汽发生器的大厚壁承压管道，是核蒸汽供应系统输出堆芯热能的“大动脉”，是压水堆核电厂的核Ⅰ级关键设备之一。在高温、高辐射的环境下服役。由于载热剂需直接流过反应堆的堆芯，含有高放射性物质，且是中温高压的介质，一旦发生泄漏，将会对人的身体健康、生态环境等产生严重的危害，后果不堪设想。因此，对主管道的焊接质量和工艺要求十分严格，是核岛管道安装焊接中最重要的部分，直接关系到机组的安全运行。

我国已建成发电的11台核电机组大部分采用第二代核电技术，其主管道均使用不锈钢铸件，绝大多数都是从国外采购的。当前的主回路管道制造技术改变了过去的离心铸造不锈钢管道，采用了整体锻造、加工、弯管的不锈钢管道。今后我国将力推以AP1000为代表的第三代核电技术，AP1000机组的设计寿命提高到60年(第二代核电设计寿命是40年)，核电厂安全性能指标也大幅提升。主回路管道采用了完全不同于第二代核电的超低碳控氮不锈钢整体锻造技术，材质要求高、加工制造难度大，管道中间不允许有环焊缝，材质要求高、加工制造难度大，堪称目前世界核电主管道制造难度之最。

2010年1月11日，国家核电技术公司所属国核工程有限公司与中国第二重型机械集团签订了三门核电厂1号机组、海阳核电厂1号机组国产化主管道采购合同。渤海船舶重工有限公司牵头的企业联合体在积极争取后续两台机组的主管道合同。AP1000主管道是我国AP1000自主化依托项目中唯一没有引进国外技术的核岛关键设备。与第二代核电厂采用铸造不锈钢管完全不同，AP1000的主管道采用了整体锻造、加工、弯管的不锈钢管道，管道中间不允许有环焊缝，这要求锻造中有更多的不锈钢水，其冶炼、浇铸、铸造、热处理、深孔加工、弯管等工艺都有较大困难。目前，其采购模式尚未最终确定，国内单位的模拟件试制进展显得尤为重要。上重、中国船舶重工集团公司(简称中船重工)、中国一重、中国二重均开展了主管道的样管试制工作，并取得较大进展，其中钢锭化学成分完全满足西屋公司的技术要求；通过主管道

科研攻关，我国的大型超纯净奥氏体不锈钢电渣锭技术已达到国际领先水平（2007年以前我国的电渣锭最大为45 t水平，现在可以达到150 t水平）；AP100主管道冷弯管核心技术取得突破，已达到目前国际同步水平；超低碳纯净不锈钢基础性理论研究已接近世界同步水平。中国二重等国内多家企业通过为时两年的科研攻关，自主突破了AP1000主管道制造的技术难关，制造的主管道1∶1模拟件综合技术指标已完全符合美国西屋公司的设计技术标准，达到世界一流水平，标志着我国装备制造业成功掌握了第三代核电AP1000主管道制造关键技术。这是我国装备制造企业在三代核电关键设备国产化进程中实现的一个非常重要的节点目标。对于推动我国第三代核电AP1000设备国产化，提升我国装备制造业核心能力都具有深远的影响。由于主管道制造实现国产化，使得我国第三代核电自主化依托项目的4台机组的主管道能够实现国内采购，大幅降低了设备采购成本。

5.2.9 核级泵及重要非核级泵

泵在石化行业、发电行业等工业生产领域中都是通用的成型设备，其所属系统相对简单、技术成熟，只要满足规定的流量、扬程（压力）、功率、温度等基本参数即可。而核电厂用泵作为核电厂上百个大小系统的介质输送心脏，不仅要满足整个核电厂主辅系统的正常运行，由于直接或间接涉及核安全，因此设备的安全性、可靠性要求很高。还必须严格确保设备的抗震性和耐久性等，以确保核电厂的系统安全，乃至核安全。所以对核电用泵有着不同于其他领域的特殊要求，如设备安全分级、设计制造分级、抗震分析及抗震试验、型式试验等。尤其是作为核安全及相关系统心脏的核安全级泵及所谓核泵，由于直接或间接涉及了核安全，更加凸显了其安全与质量的重要性。由于输送介质的温度、放射性和压力等级的苛刻性，对设备材料的化学成分和机械性能、零部件稳定性和耐久性方面也提出了更高的要求。在核级泵的设计、制造过程中，除了常规技术要求外，还要注重考虑介质的特性、环境温度和湿度、运行温度和压力、放射性、启动条件和次数、系统条件、电压要求、安全等级、抗震等级、质保等级等。主泵和上充泵输送的介质是带有放射性的反应堆冷却剂，承受的压力和温度也较高，一般压力在 15.8 MPa，温度在 300～330 ℃。

核级泵及重要非核级泵是与核电厂安全相关的能动部件，主要是起着安全相关的流体输送的功能。一座两套百万千瓦机组核电厂共有各类泵 257 种、842 台套，其中核岛用泵 20 种 200 余台；核岛泵中核Ⅰ级 1 种 6 台、核Ⅱ级 7 种 25 台、核Ⅲ级 13 种 58 台。核级泵多指核电厂用泵，主要包括包括反应堆内用泵、冷凝泵、高压芯溢流泵、核电厂的反应堆给水泵与核电厂的高压芯喷射泵等。核级泵技术是我国核电装备自主化的薄弱环节。核电厂主循环泵、核级泵是核电厂的心脏。现阶段我国核电厂的核泵(核Ⅰ、Ⅱ、Ⅲ级泵)市场基本仍仰赖国外进口，只有部分核Ⅲ级泵实现了国产化。中国核电厂的主循环泵和核级泵全部进口，需要花大力气进行攻关。秦山第二扩建工程是国内核电设备国产化率最高的核电厂，设备的国产化率达到了 75%，但核Ⅰ、Ⅱ级泵仍依赖进口。大亚湾核电站和岭澳核电站由于是核电机组整体引进模式，设备的国产化率很低。由于系统输送的介质大多数带有放射性，核泵设计不允许有任何泄漏。对于主泵和其他几种核泵的机械密封，也不会选用成型的标准产品，都是专门订制的非标准件。对于其中的密封水供给、泄漏标准、O 形圈耐辐照性等也都提出很高的要求。国内水泵企业的设计水平与发达国家相比，存在很大差距，尤其是核泵的水力模型设计(需要保证两个以上的工作点)、抗震分析计算、总体的部件应力分析等方面还不能自主完成。国内的一些水泵厂家虽然与国外合资合作，但是水力模型还是完全照搬国外公司的图纸，甚至不敢进行微小的修改。抗震分析计算、总体的部件应力分析等，国内的泵厂也只能委托清华大学等研究单位或国外的同行来完成。特别是60万kW以上机组的核泵设计，还只能依赖国外制造商。核泵的铸、锻件制造难度主要在制造工艺和高精度大尺寸的加工设备。就拿30万kW机组主泵泵壳锻件重80 t。国内也只有第一重工集团有加工经验。

而60万kW以上机组的主泵，由于泵壳的体积和重量更大，结构复杂精度要求更高，国内的制造工艺和加工精度还须要进一步提升；又如英国CLYDE公司在国内某厂分包的核Ⅱ级泵叶轮铸造，由于工艺问题合格品率一直在1/10左右。这些都是困扰我国核泵制造企业的技术难题。另外，核级泵的一些关键精密部件国内不具备加工制造能力。如主泵机械密封，要求Ⅰ级和Ⅱ级密封面能够承受一回路的压力，并且做到完全无泄漏。这样苛刻的技术要求，国际上也只有美国西屋电气公司等少数企业具备这个能力。我国的加工设备还主要依赖国外进口，这也导致在一些高精端的加工技术上受到国外的限制。核级泵的材料承压要求及耐辐照要求也比较特殊。法国《压水堆核岛机械设备设计和建造规则》(RCC-M)和美国机械工程师协会(ASME)中规定的材料牌号有很多在我国还没有与之完全对应的牌号，同时国产材料中有些元素的指标也达不到国外这些标准的要求。因此，进行国产材料替代试验的研究和移植应用工作将是我国科研机构和泵行业的长期攻关任务。同时我国还须要完善制定60万kW级及以上核电机组的国家标准，由于引进核电机组的历史原因，国内已建和在建的核电厂执行标准不统一，广东大亚湾核电站、岭澳核电站和秦山第二核电站一直在执行法国RCC标准，而田湾核电执行的是俄罗斯标准。还存在局部和整体标准不一致的情况，如秦山第二核电站扩建工程系统整体执行的是RCC标准，而主泵执行的却是美国ASME标准。

尽管目前我国已经成功掌握核Ⅱ、Ⅲ泵技术，其中机械密封作为核级泵上与水力模型、轴承并列的三大关键技术之一。即使以国产化率预期较高著称的辽宁红沿河核电，核级泵仍没有实现预期的国产化目标，主要原因是“核电业主”对于国产核泵的可靠性仍心存疑虑。因此，今后实现核泵的国产化已经成为迫切需要完成的任务。国内水泵制造企业很多，非核级泵占核电厂中所用的泵大部分，国内技术非常成熟，具备制造能力的企业不少，如沈阳水泵厂、上海水泵厂、重庆水泵厂、长沙水泵厂等，但是能够承担核泵生产的厂家却寥若晨星。泵行业的龙头企业沈鼓集团，曾经承担了巴基斯坦核电 30 万 kW 机组配套主泵和其他一些核泵的设计制造任务，并有成功运行的业绩，取得了核泵的设计和制造许可证。另外，国内还有几家合资公司或外资公司曾经承担了核泵的制造任务，但是设计仍需国外支持，如 SULZER(大连)为秦山二期扩建生产的设备冷却水泵(核Ⅲ级)采用的是法国 SULZER 的水力模型和设计计算，在大连工厂只是进行加工和制造。当前国产化的重点是核Ⅰ、Ⅱ级泵。此外，难度较大的常规岛主给水泵、凝结水泵，BOP 系统的海水循环泵也是国产化重点。对于引进技术的转化吸收需要下大力气攻关，另外不可能靠完全对应材料来解决核泵的材质问题，需要的是完成近似成分材料的试验和替代工作，以及建立全流量试验台和分析测试软件以提高核泵的自主化研发能力。东方电气与法国日蒙合作已承接红沿河、宁德项目任务，哈尔滨电气与奥地利安德烈斯公司合作已承接福清、方家山项目任务。此外上海电气与德国 KSB 组建由中方控股的合资企业，沈阳鼓风机集团与中广核集团联合开发并与美国 EMD 合作，依托核电项目的建设，在红沿河、宁德、阳江、福清和方家山等建设项目上核泵国产化率比岭澳核电站二期、秦山第二核电站扩建有了很大提高。核级泵和重要非核级泵的国产化率由 6%提高到接近 40%的水平。按照目前的研制进度，核级泵的国产化率在后续建设项目中达到 60%以上。

5.2.10 核级阀门

核电阀门是指在核电厂核岛(NI)、常规岛(CI)和电站辅助设施(BOP)系统中使用的阀门。从安全级别上分为核安全Ⅰ级、Ⅱ级、Ⅲ级、非核级,其中核安全Ⅰ级要求最高。一个百万千瓦级核电厂的核岛、常规岛等共需阀门28 000万多台,其中核岛11 690台、常规岛12 800台、辅助系统(BOP)3 500台;核岛阀门中核Ⅰ级阀门178台、核Ⅱ级阀门2 540台、核Ⅲ级阀门3 400台。国产化的重点是核Ⅰ、Ⅱ、Ⅲ级阀门。核电厂各种阀门不仅要保证核电厂主回路及其他回路的安全、正常运行,而且要担负着在事故状态下迅速应急启动、保护反应堆和防止外泄的作用。正因为核电阀门的重要性,其价值量和维修费用都很高,一座核电厂阀门加上核电厂的各种泵的价值量占设备费的15%左右。在2007年之前,我国核电装备制造业中核级阀门自主化能力不高,设计制造水平还远落后于发达国家,成为核级设备国产化的一个瓶颈。在岭澳核电站二期和秦山第二核电站扩建项目之前,我国核电厂建设核级泵阀几乎全部从国外进口,国产化率只有4%~6%。核电厂中使用的阀门,除秦山核电站、秦山第二核电站中使用部分国产阀门外,其他核岛和常规岛部分所用阀门几乎全部进口。经过这几年的发展,各类核Ⅲ级阀门全部实现了国产化;除部分核Ⅰ级和少量核Ⅱ级高压闸阀外,绝大部分核级闸阀实现了国产化;除少量气动截止阀外,其余全部实现国产化;除少量核Ⅰ级止回阀外,其余核Ⅰ、Ⅱ、Ⅲ级止回阀全部实现国产化;核级球阀和蝶阀几乎全部实现国产化;线性调节阀大部分实现了国产化;安全阀也部分实现了国产化。核电厂中难度最大的核Ⅰ级比例喷雾阀、主蒸汽隔离阀、气动截止阀、稳压器安全阀和核Ⅱ级主蒸汽安全阀等14种阀门正在开发研制。预计再经过两年左右的时间,核级阀门国产化率可以提高到75%以上。大连大高阀门股份有限公司(简称大连大高)和上海一核阀门制造有限公司是国内仅有的两家拥有核Ⅰ级阀门生产资质的企业。在核Ⅰ级的主蒸汽隔离阀、大口径安全阀(DN200 mm)等技术含量高的阀门研制和生产上尚未取得重大突破。2006年4月在沈阳召开的核电泵阀国产化工作会议,要求装备制造业和用户密切配合,共同搞好核电泵阀国产化。提出要在红沿河和宁德项目上分两步走,国产化率分别达到40%和60%的目标。近年来泵阀制造企业做了大量艰苦细致、脚踏实地的工作,在跟踪国外先进技术上取得了一定进展,拥有了部分自有知识产权的技术。按照核安全法规和标准的要求,为研制样机,完成所有要求苛刻的试验、建立健全核质保体系付出了艰辛的努力和巨大的代价,核级阀门的研制取得了重要突破,实现了既定的国产化目标。2009年大连大高拿下了秦山方家山核电工程止回阀的订单,这也是此类阀门首次由国内企业供货。主蒸汽隔离阀将有望首次实现国产化。福清、方家山项目首次实现了百万千瓦级核电机组DN300 mm核Ⅰ级旋启式止回阀国产化。由于一大批核级阀门的研制成功,并且在红沿河、宁德、阳江、福清和方家山等建设项目中得到应用,国产化率比岭澳核电站、秦山第2核电站扩建有了很大提高。核级阀门国产化率已由4%提高到40%以上。

5.2.11 数字化控制系统(DCS)

仪控系统是核电厂运行、操作与监控的中枢神经,在所有状态下对核动力厂变量和系统进行全程监测的仪表,并将各种变量控制在规定范围内的控制手段。同时应设置监测影响裂变过程、堆芯完整性、反应堆冷却剂系统和安全壳完整性的主要变量的仪表,以及严重事故期间确定核动力厂状态和为事故管理提供必要信息的仪表,是确保核电厂安全可靠运行的重要装备。能否实现核电厂全数字化仪控系统国产化,已经成为制约我国核电国产化进程的关键因素之一。控制室应在各种核动力厂状态下能够采取必要的措施，使核动力厂返回安全状态，必须为控制室内的人员提供必要的防护。辅助控制室应与控制室实现电气分隔和实体隔离，并在控制室丧失功能时使反应堆进入并保持停堆状态，排出余热并监测核动力厂状态；当在安全重要系统中采用计算机时，必须对硬件和软件进行 V&V，系统的可靠性水平必须与安全重要性相适应；各种安全动作必须是自动的，在预计运行事件和设计基准事故后一段合理的时间内不需要操纵员干预；保护系统要能自动触发系统动作，单一故障不能导致保护功能的丧失，应具备运行时的定期可试验性；如果在保护系统中采用了计算机，应使用最高质量和最佳实践的硬件和软件，由独立于设计者和供应商的专家对基于计算机的系统进行评价；必须防止保护系统和控制系统之间的相互干扰。保护系统和控制系统共用相同信号，必须采取适当的隔离措施。

核电厂控制系统经历了模拟控制系统、数字化控制系统的发展历程。随着分散控制系统（DCS）的快速发展，由于 DCS 所具有的良好的开放性、高可靠性、快速性和可操作性，常规火电厂普遍采用 DCS 作为综合控制系统。但是，由于核电厂对核安全的特殊要求，核电厂大都沿用传统的模拟控制系统。DCS 系统在国外核电厂中应用早在 20 世纪 80 年代，早在 1996 年，法国就在 145 万 kW 的 N4 核电厂上采用了全数字控制与保护系统。我国岭澳核电厂采用 DCS 控制常规岛，秦山核电厂则对循环冷却水控制系统进行了 DCS 改造，田湾核电厂是我国首先采用全数字的分散控制系统的核电厂。

常规的模拟仪表、控制和电气系统已经越来越不适应先进的压水堆核电厂对仪表、控制系统的高可靠性、安全性、经济性、紧凑性和高度自动化的要求。随着计算机技术和网络技术的发展，DCS 系统不论在功能、性能上都远强于常规仪控系统，计算机还具有很强的自检功能与容错技术，加上易于采用冗余方法从而使系统的可靠性和可用性大大提高，这是常规仪控系统所不能企及的。采用全数字化仪控系统代替传统的模拟技术仪控系统成了必然的趋势，也是提高核电厂综合自动化水平的必要手段。核电厂控制系统由安全级DCS、非安全级DCS、专用控制系统3部分构成。安全级DCS控制系统是设计重点，而非安全级的DCS控制系统与火电厂DCS控制系统差别不大，红沿河核电站DCS控制系统由安全级和非安全级2个子系统构成，其中安全级采用三菱公司的MELTAC-Nplus R3系统，非安全级则采用国产和利时公司的HOLLIAS MACS6系统。国家核安全局2010年3月向北京广利核系统工程有限公司颁发了第一个《民用核安全电气设备设计/制造许可证》，这是我国首次针对核安全级数字化仪控系统设备颁发相关许可证，意味着我国核电数字化仪控系统有了首个自主品牌。改变了我国核电数字化仪控系统多依赖国外进口，缺乏自主技术，处于产业低端位置的状态。我国全面引进了美国西屋公司AP1000三代核电技术时，包括数字化仪控系统设计、系统集成、设备鉴定和部分仪控设备制造技术。2008年，国家核电技术公司和上海自动化仪表股份有限公司共同出资组建了国核自仪系统工程有限公司，作为AP1000数字化仪控技术的受让主体，国核自仪系统工程有限公司负责接收和掌握仪控系统设计过程和控制程序、技术文件、西屋公司拥有的计算机工程设计工具、计算机代码、仪控设备采购控制、仪控平台采购规范书、安装图纸、硬件鉴定、系统软件的验证和确认等内容。同时，通过参与依托项目数字化仪控系统的工程实施，公司将逐步掌握AP1000数字化仪控系统的主要核心技术。在国家科技重大专项“大型先进压水堆核电厂示范工程”实施过程中，作为“大型先进压水堆核电厂数字化仪控系统技术研究”课题的责任主体，负责三代核电机组数字化仪控相关系统的自主化开发和研制，为CAP系列核电机组提供仪控系统和工程服务。并参与了岭澳核电站二期、辽宁红沿河、福建宁德、广东阳江核电站数字化仪控系统设计、制造工作，项目国产化率不断提高，在国家有关部门的大力支持下，正全力推进核电厂数字化仪控系统自主化进程，预计将在阳江5、6号百万千瓦核电机组中率先使用完全自主品牌的核电数字化仪控系统。

5.2.12 汽轮发电机组

核电厂的设计均采用常规岛匹配核岛的原则，对于确定的核岛方案，核岛与常规岛接口主参数包括热功率、蒸汽压力、蒸汽流量、蒸汽含湿量、给水温度、给水压力、给水流量，因此核电机组汽轮机必须与核岛匹配，核电机组汽轮机具有设计单一性的特点。对应每个反应堆，核电机组汽轮机进汽流量和参数是固定的，除因背压的不同而有不同的排汽面积匹配外，汽轮机产品的设计单一。汽轮发电机组的制造厂家应具有相关容量的汽轮发电机组的制造应用实践。核电常规岛的原理和结构都与火电(燃煤)汽轮组相同，不同之处在于由于核电汽轮机初参数低，其有效焓降仅为常规火电汽轮机的50%左右，致使同等功率机组，核电汽轮机的进汽量是火电机组的2倍，而容积流量则为4～6倍，同时疏水量也猛增，因此同等发电容量的蒸汽轮机组，核电蒸汽轮的直径比火电蒸汽轮机要大一些，使用的材料也有部分不同，制造要求更高。根据核电机组汽轮机自身的特点可将其分为全转速汽轮机和半转速汽轮机。采用半转速机组有利于提高单机的极限功率和机组效率，有利于降低叶片的设计难度；排汽缸的数量可以减少到2～3个；安全可靠性高于全速汽轮机。目前常规岛同核岛相比，国产化率较高，但仍然需要大量国外技术和产品支持。秦山核电站汽轮机由上海汽轮机厂为主进行设计制造，这台核电汽轮机是在1981年向美国西屋公司引进的30万kW和60万kW火电汽轮机设计制造技术的基础上，采用了一个高压汽轮机和两个低压汽轮机积木块，并按核电的要求进行改型设计。秦山第二核电站汽轮机由哈尔滨汽轮机厂设计、制造，它延续了秦山核电站汽轮机的设计思路和方法。秦山第三核电站为我国从加拿大引进建造的2台700 MW CANDU6型重水堆核电机组，是基本上全套进口的核电厂。大亚湾核电站共有2台900 MW压水堆机组，汽轮发电机组由英法GEC—阿尔斯通公司供应。我国没有参与设计和设备制造。广东岭澳核电站2×900 MW机组以大亚湾核电站为参考电站，汽轮机与大亚湾核电站汽轮机基本相同仍是GEC—阿尔斯通公司设计制造，进行了30项技术改进，东方汽轮机厂参与分包，国产化率为17%。江苏田湾核电厂所用核电汽轮机为俄罗斯引进。随着核电装机的增加，汽轮机国产化率也在不断提高。

作为核电厂常规岛的关键设备——核电汽轮机，应大力提倡国产化，我国大型超临界和超超临界常规汽轮发电机组制造是有相当基础的，东方汽轮机厂的首台1 000 MW超超临界常规汽轮机安装于华电邹县电厂，该机组创造了多个国内火电机组的第一，实现了锅炉水压试验、汽轮机扣缸、倒送厂用电、锅炉点火、汽轮机冲转、发电机并网、168 h试运等“七个一次”成功，创造国内最短的1 000 MW机组安装投运纪录。通过邹县电厂的运行和运和大修检查，证明1 000 MW汽轮机在超超临界机组诸如高温材料选择、高温结构设计、高温部件冷却、防气流激振及轴系稳定性、防固体微粒冲蚀、机组布置和可维护性等方面设计达到了预期目标，汽轮机的经济性、安全可靠性及自动化程度均达到世界先进水平。但在核电汽轮机组的制造方面，国内主要制造厂家在高参数、大容量汽轮机关键技术上还需要国外厂家的技术支持。由于缺少实证经验，与国外先进企业还有相当大的差距，尤其是世界先进国家广泛应用的半转速百万千瓦级核电机组在我国还是空白。三门核电一期工程是首个国家三代核电建设自主化依托项目，它将采用美国西屋公司开发的第三代先进压水堆(AP1000)技术，兴建两台百万千瓦级先进压水堆核电机组。哈尔滨动力设备公司、三菱重工业株式会社的联合体获得了三门核电一期工程常规岛设备合同。与此同时，上海汽轮机有限公司正按照西屋公司提供的 AP1000 的参数，并采用西门子西屋公司的汽轮机技术进行常规岛概念设计。

从已建核电厂的运行业绩来看，由中方为主设计制造的汽轮机，即上海电气提供的秦山第一核电站汽轮机和哈尔滨汽轮机厂提供的秦山第二核电站汽轮机，无论是经济性、先进性还是可靠性证明，中方完全有能力自主进行设计制造核电汽轮机。上海汽轮机有限公司这几年来在引进的核电技术的基础上，结合已经具有的核电汽轮机的设计、制造、调试和运行的经验，进行百万千瓦级核电汽轮机的设计开发工作。现在我国核电政策由适度发展到积极推进且依托项目明确，将极大地推动国内企业的积极性，国内几大汽轮机制造厂分别联合世界几大先进企业组成联合体进行百万千瓦级核电项目的竞标工作。采取的正是“以市场换技术”方式。

5.2.13 应急柴油发电机组

核电厂应急柴油发电机属核Ⅲ级设备，是确保核电厂安全的十五项重大关键设备之一，是安全保障的最后一道防线。其功能主要是在规定的环境条件和地震载荷下，当核反应堆发生故障，大电网失电时，应急柴油发电机组必须在要求的时间内启动发电，为各类应急设备提供相应的电力，以驱动应急设备，确保核电厂反应堆安全地关闭、排除余热，做到及时安全停堆，避免发生类似苏联切尔诺贝利核电厂那样的恶性事故。因此，对核电厂应急柴油机的性能有着特殊的要求和标准。根据核电厂类型及应急柴油发电机功能，核电厂应急柴油发电机分为 1E 级和非 1E 级。我国目前商业运行的“二代加”改进型核电厂，每个 1 000 MW 反应堆配备 2 台(互为备用)1E 级应急柴油发电机，正在建设的台山(三代)核电厂 1 700 MW 机组则配备 4 台 1E 级应急柴油发电机。通常每个核电厂还需另配一台相同功率的为日常维护使用的非1E级柴油发电机组。

国际上核电厂1E级应急柴油发电机组主要成套商为法国的ALSTOM(阿尔斯通)和AREVA(阿海法)公司。作为ALSTOM和AREVA公司的合作方,法国的Leroy Sommer、德国AVK和SIEMENS公司垄断了世界应急柴油发电机市场。早在20年前,阿尔斯通公司就参与了中国首个核电厂——大亚湾核电站的建设,从那时起奠定了阿尔斯通公司作为中国市场最大的应急柴油发电机组供应商的地位。长期以来,阿尔斯通公司与中核集团公司一直保持着良好的合作关系,曾先后为秦山第二核电站、秦山第三核电站及田湾核电站一期、二期供应急柴油发电机组及辅助设备。

我国自行设计生产的16V240ZDA型应急柴油发电机组在秦山核电站自1991年投入运用至今已有20个年头了,证明其运转良好、工作可靠。2009年,国内第一家成套核电应急柴油发电机组设备的厂商——陕西柴油机重工有限公司(简称陕柴重工)实现配套生产核电应急柴油机发电机组,取得我国新一代核电应急柴油发电机组国产化取得重大突破,并应用于巴基斯坦恰希玛核电二期工程项目。随后在法国阿尔斯通等国外公司的技术支持下,联合国内多家研究院及生产厂家,顺利完成了应急柴油发电机组的制造任务,成功解决了机组100次快速启动及带载试验等关键问题,掌握了核电应急柴油机组的核心技术。阿尔斯通公司与陕柴重工合作为广西防城港核电项目供应5台应急柴油发电机组,为福建宁德核电供应4台应急柴油发电机组。阿尔斯通公司的份额中大多数设备将由阿尔斯通公司在武汉的合资企业供应。2010年年初,中国核电工程有限公司与阿尔斯通公司及陕柴重工签订一项价值约3 000万欧元的设备供货合同。根据合同,阿尔斯通公司将为海南昌江核电厂供应5台输出功率为5 800 kW的应急

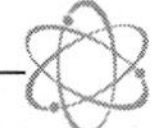

柴油发电机组。目前，陕柴重工已成功进军辽宁红沿河、福建宁德等核电项目，其研制工作进展顺利。2010 年上海电气按照国家核安全法规及 IEEE323、IEEE344、IEEE334、IEEE275、IEEE387、RCC-M、RCC-E 等技术标准，以及《核电厂应急柴油发电机组技术规格书》要求，完成了国产首台 1E 级应急柴油发电机设计和研制，各项性能指标符合相关标准及鉴定大纲的要求，发电机达到了 40 年的使用寿命要求。

5.2.14 电气贯穿件

电气贯穿件是核电厂中沟通安全壳内外的电气联系，防止放射线泄漏的最后一道屏障的重要的电气设施。必须保证在核电厂的正常或事故条件下，都应能承担起由设计规定的功能，其在安装寿命期限内能保持核反应堆安全壳压力边界的密封性、电导线穿过的完整性和电气信号的不间断性。相关规范规定为核安全 1E 级，质保 QA1 级的电气设备。包括中压动力、低压动力、控制、仪表和同轴型等几种型式。对环境耐受性、寿命要求、密封性等要求很高。

国产化电气贯穿件的研发始于 2002 年，逐步解决了导体组件成型工艺、刚性同轴导体成型工艺、陶瓷绝缘套管封接工艺等 6 大关键技术，有机结合通用成熟技术应用，历时 5 年，成功研制出覆盖了核电厂用电气贯穿件全系列产品。中国核动力研究设计院研制的具有完全自主知识产权的新型电气贯穿件，能够满足国际标准要求，达到国际先进水平，完全满足在正常情况下，以及包括地震和失水等事故条件下，维持反应堆安全壳的完整性和电气连续性的要求。2010 年，中国核动力研究设计院设备制造厂完成了红沿河 1 号机组电气贯穿件供货，签订了福清、方家山、红沿河等 8 套机组的供货合同。与此同时，上海发电设备成套设计研究院设计生产的宁德核电项目 1 号机组 79 台电气贯穿件通过中广核工程有限公司组织的出厂验收。其电气贯穿件产品通过了美国标准和法国标准的合格鉴定试验，是国内最早取得核安全局的设计和制造许可证的单位，同类产品于2007年在秦山核电有限公司安全投运，出口巴基斯坦C2核电厂项目的电气贯穿件已经安装完成。

5.3 结论和建议

实现核电设备国产化：一是要有一个统一的目标按照“以我为主，中外合作”的方针；对于我国目前尚不能生产的关键设备，要按照以我为主、引进技术、实现国产化的原则开展工作。对于已引进的技术，加快消化吸收进程，尽快转化为设备制造企业的生产能力。对于国内已经基本掌握制造技术的设备，原则上均在国内厂家中招标采购。二是要贯彻“大力协同”精神，把制造“两弹一艇”的经验移植到核电建设上来；是要有明确统一的标准、规范；从国家层面进行总体部署，结合自主化依托项目的建设，不断提高设备制造自主化的比例，最大限度地掌握制造技术，努力实现核电设备制造业的战略升级。三是要优选国际上有利于我国设备国产化的合作对象；对于少数没有掌握制造技术，且国际市场供应充足、稳定的非关键设备，经论证确定后，可对外招标采购。对于一些关键设备，要通过“市场换技术”方式，或者对外引进技术，或者与国外制造商成立合资、合作企业提供设备。以项目带动核电装备制造业的发展，研究大型先进压水堆核电厂技术，消化吸收AP1000核电技术，形成自主知识产权的CAP1400核电技术。

国家在核电产业政策上，积极推动各项重要设备的国产化工作，鼓励国内企业加大自主研发的力度，通过以依托项目，以市场换技术，在我国核电瓶颈技术领域争取突破。引进吸收是一种在特定时期内实现消化吸收世界先进技术、缩小与国外同行业差距行之有效的手段。但是怎样引进、在合作过程中的角色如何定位

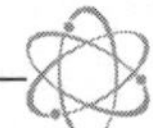

等对引进效果、企业未来自主设计能力和创新能力影响巨大，应具备前瞻性的眼光，防止形式主义的危害。坚持标准化、系列化，推荐采用统一堆型。标准化、系列化是适应机电制造业专业化、大批量生产的需要，也是适应核电规模发展的需要，这有利于提高加工制造业的劳动生产率，有利于降低核电技术装备的制造成本，降低核电价格，提高核电的市场竞争力。按可持续发展要求，核电发展将采用热堆—快堆—聚变堆“三步走”的发展路线，近期以技术成熟的压水堆型为基础，大力推进标准化、系列化生产，建成一批拥有百万千瓦级的压水堆核电厂，通过标准化、系列化，实现核电自主化、国产化、成规模的发展。

国内外的引进经验表明，不同的引进方式和目的，必然导致不同的效果。20 世纪 80 年代初我国从西屋公司全套引进了亚临界 300 MW、600 MW 的设计技术，随后我们在技术上进行了不断的改进并且自主研发出了 650 MW 核电汽轮机等多种机型，在一定程度上满足了要求。随着近几年发电设备行业井喷式发展，各大制造厂也相继引进了超临界、超超临界等技术，但我们掌握的仅仅是图纸。一些专利技术、核心设计技术并没有完全掌握，知其然而不知所以然的现象大量存在，还没有完全实现自主化。所以重引进吸收、轻试验创新成为目前汽轮机设计技术进步的绊脚石。同是从西屋公司引进技术的日本三菱公司经过消化、吸收和不断自主创新在较短时间内完全掌握了技术并相继开发出新型产品。全面实现了汽轮机设计、制造的现代化，从技术进口国一跃成为技术输出国。

应抓住国家大力发展核电的契机全面引进设计及制造技术，坚持以我为主、全面推进国产化进程的研发战略。通过与世界领先的大公司的合作开展我国核电设备的研发工作。在技术引进原则上，采取一系列政策、规定，避免多头、无序的重复引进。这样可以最大限度地利用现有技术资源，尽快消化吸收、理解技术，便于技术创新以及利用引进的核心技术和诀窍，更新改造现有的设计技术环境。同时，成熟的制造工艺流程，便于发挥现有加工设备潜力。通过技术引进可以完善和健全企业设计体系、技术标准、判别准则以及实现设计手段的升级换代，建立统一的设计平台，进而形成自己的设计特色。

在技术引进的方法上，采用请进来走出去的原则，通过联合设计合作制造的方式实现设计的自主化。在百万千瓦级核电汽轮机设计上充分利用依托工程确定合理的设计分工。中方要全面参与设计、关键部件和系统独立设计，以期达到全面独立自主设计的能力。实现核电汽轮机重大技术装备的国产化，是一项艰巨的历史任务。经过最近几年火力发电设备的快速发展和汽轮机制造企业装备的更新换代，我国核电机组制造设备装备能力和水平已与国外先进企业基本相当，国外有的我们都有。但是，我们的制造工艺水平相对于发达国家仍有差距。另外，核电装备制造的标准要求远比其他机械更为严格。所以，制造企业应该依托重点工程推进设备国产化，引进先进的制造工艺，通过依托工程设备的制造培养一批合格的工程技术人员和熟练的技术工人。制定自主制造的目标，力争尽快实现关键设备的制造本地化目标。对确实需进口重要部件，都应由使用单位、国内制造企业、设计单位联合制订自主制造的方案，实行国际招标。由国内制造企业与跨国公司联合投标，以国内市场换取国外企业的技术转让，逐步提高国内企业的制造能力。

核电设备全面国产化，必须保证主要原材料的供应和配套产品的国产化。目前国内大型铸、锻厂家对大容量汽轮机阀门、汽缸、转子等大型铸、锻件在技术上还不是很成熟，在质量和交货周期上还不能满足工程进度要求。提高主要原材料国产化需要汽轮机制造企业与国内大型铸、锻件厂家组成战略联盟和合作伙伴，二者是互为依存，唇齿相依的。通过优势互补，技术合作，战略联盟，共同联手开展科技攻关，早日实现形成主要原材料的国产化。在汽轮机配套和分包产品上汽轮机制造企业应以依托工程为契机，高标准、严要求控制相关供应企业。按国际标准和核电设备制造要求帮助国内企业全面提升技术水平，达到具有核电产品制造资质。只有配套企业达到可以独立生产符合核电的要求能力才能大幅度提高汽轮机的国产化水平。

增强企业对重大装备的研发和创新能力，为全面国产化的实现和后续产品技术升级提供强有力的智力支持。创新是一个企业进步的灵魂，也是技术水平提升的关键所在。

依据国家积极发展核电的政策，以市场为导向，抓住发展良机。确立“以国产化为目标、以引进消化吸收为手段、以自主设计和创新为目标”的发展思路，通过高起点引进、扎实管理、自主设计、不断创新这“四步走”，形成自己的核电机组品牌，实现跨越式发展。我们有充分的理由相信不久的将来我们定能实现核电汽轮机的全面国产化。我们有能力通过技术上的不断创新实现“国产化”的目标，而且有信心实现从“中国制造”到“中国创造”的飞跃。

第六章

核电人才培养

6.1 我国核电人才现状分析

进入 21 世纪以来，由于能源发展战略、电源结构的不合理、环境保护的压力等因素的考虑，我国核电发展的政策从“适度发展”调整为“安全高效发展”。我国将发展核电作为未来能源发展战略、作为基础产业设施建设的重要举措，这是具有重大战略意义的事件，将意味着在机遇和挑战面前，中国核电事业的春天已经到来。核电产业迎来了新的动力和发展机遇，核电市场需求增大，人才需求迅速增加。然而，目前核电人力资源现状却不容乐观。为了实现核电中长期发展规划中所制定的目标，摆在我们面前的首要问题就是如何解决核电产业链中各个环节对人才需求与人才短缺之间的矛盾。相关政府部门、高校、研究机构增设了核化工与核燃料循环、辐射防护与环境工程、原子核物理、核技术应用、核反应堆工程等与核电相关的专业，积极研究核能专业人才培养的现状，并针对具体问题采取有效措施，不断提高我国核电科学与技术类专业人才培养质量。

6.1.1 核电人才数量不足

从狭义上讲核电人才是指直接从事核电科研、设计、建造、监理、运行、辐射防护监管等方面的人才。广义上来讲还包括核电设备加工、燃料元件制造、废物处理和处置等为核电企业提供支持和服务的人才。我国在“八五”、“九五”、“十五”期间核电项目开工数量有限，因此，部分核电人员离开了核电行业。“十一五”才开始逐渐加大核电项目的建设，随着我国核电事业的发展，核电人才队伍也逐步培养起来。目前，设立有核工程专业的高校招生人数不多，同时考虑到要解决毕业生毕就业分配问题，压缩了专业知识教学的内容和课时，增加了一些通用专业的教学内容，致使核工程专业毕业生的数量和质量均有下降。2003 年中核集团人力资源部所做的人力资源现状调查显示，当时的我国核工业人才状况非常严峻。当时我国核工业各类技能人才的年龄结构比例为：55 岁以上占 10%，45～54 岁占 45%，35～44 岁占 38%，35 岁以下仅占 7%。各级技能人才的学历层次更为严峻。大专以上学历仅占 3%，高中（中专、技校）占 52%，初中以下占 45%。当时的核工业的管理者们意识到，如果不采取适当措施，将来势必会严重危及为以后提供足够的核专业人才的供应。不仅是中国，世界上其他国家一样也意识到了核工业人才缺乏的严峻状况，IAEA 成员国多次通过了多项项要求加强全球核科学技术教育与培训措施的决议，其覆盖范围从核安全、辐射防护和废物管理到核技术在水文学和其他领域的应用。当时的美国能源委员会（NEA）研究报告指出：“使美国的核能重新具有一个光明的前景，将有利于招收和教育新一代大学生，以满足今后几十年的（人力资源）需要”。“不论人们是支持核能、反对核能，还是对其持中立态度，目前和将来都明显存在若干重要的核问题，需要相当多的专门知识加以解决。”一些核能发达国家核专业人才需求与核电装机容量之间的关系如表 6.1 所示。

表 6.1　某些国家核专业人才需求与核电装机容量之间的关系[1)]

国家	专业人才需求/人	核电装机容量/GW
比利时	860	5.5 (5.5)[2)]

续表

国家	专业人才需求/人	核电装机容量/GW
芬兰	394	2.3 (2.3)
荷兰	413	0.5 (0.5)
瑞士	708	3.0 (3.0)
瑞典	1 621	10.0 (10.7)
加拿大	3 232	11.9 (15.4)
日本	9 843	27.6 (49.7)[3)]
英国	14 013	11.2 (9.9)
美国	74 511	98.0 (104.0)

注:1) 美国能源部核能委员会数据;

2) 括号中数据为预测值;

3) 2000 年实际数据。

20 世纪 70 年代前毕业的从事核电工作的老一辈工作者目前岁数基本都超过 60 岁,正在陆续退休离开他们的工作岗位,70 年代后参加核电工作的人员目前岁数基本上在 50 岁左右,他们在老一辈工作者多年的传帮带下,已具备了工作所需的管理能力和技术能力,现在已走上了各个单位的行政领导岗位和技术领导岗位。在核电需求拉动下,核燃料循环产业各个环节生产能力都将大幅提升,一批重大项目也将开工建设。核电、核燃料循环等产业的快速发展,对各类人才在数量和质量上提出了新的更高的要求。

据中核集团完成的我国核电人才摸底调查报告显示,目前我国从事与核电直接相关的核建设、核设计、核运行、核维修的专业人才只有 5.1 万人,这些人才分布在三大核电企业:中核集团 1.8 万人,中核建设集团 1.5 万人,中广核集团 1.2 万人。但是,随着我国核电大跨越发展,更多的企业进入核电产业链,还有少量相关人才进入其他开展核电投资的电力集团。目前核电人才缺口主要体现在核专业人才和高层次科研、设计人才,突出表现在快堆研

发、后处理、核设施退役与放射性废物治理、铀矿采冶及核安全与辐射防护等领域。

我国核电人才主要来自清华大学等12所高校。一般来说，1名本科生需要工作3～4年后才能独立开展工作，要成长为技术骨干需要5～8年时间，工作15年以上才能成长为副总经理、总经理级别的高管，这意味着人才紧缺将是核电发展的一块短板。因此高科技领军人才、中青年科技创新人才、各专业领域学术技术带头人、拔尖技能人才等相对缺乏的现状短期难以单靠通过高校培养解决。随着核电发展态势的变化，高端人才不断稀释，新人成长缺乏足够的培训和积累；其次，早期培养起来的技术人才和管理人才也在陆续退休。青黄不接是当下我国核电人才现状的最好描述，而且体现在核电产业链上的各个环节都非常缺人，不光是核电厂的建设、运行缺人，核电技术的研发、核燃料的供应和处理等也非常缺人。相关核电行业的工程、金融、财务、商务谈判等综合性人才也存在不同程度的短缺情况。相比而言，更缺少核工程方向的人才。

更多的企业正在准备进入核电产业链，因为核电产业链的逐步形成产生出了的新的企业，这些都有配备整套核电人才的旺盛需要。随着核电项目的增多，国家各级各类职能管理部门原有的人员专业素养不够、人力数量不足，都需要补充新人。新建核电项目也需要大量的核电人才，目前我国在建核电机组达26个，为历史最高峰值的5倍，根据国家核电发展的中长期规划，到2020年，核电运行装机容量争取达到8 000万kW，即在未来的十几年里，核电将新增8 000万kW以上的装机容量，这意味着需要新开工建设50台左右的百万千瓦级核电机组，也就是从现在起，每年要开工建设5台百万千瓦级的核电厂。这一目标的确定，对核电人才的数量提出了很大的要求。这些未来的核电厂在建设时期和运行时期都需要大量的核电专业人才作为保证。建设阶段，制造一个单机组核电厂的设备和部件需要约 3 000 名专业管理人员、技术员和技术工人。这还只是对于单一机组建造过程而言，若要满足核电的可持续发展和多项目同时启动的要求，这个数字还远远不够。建成以后，发电系统的运行和设备的维护修理所需要的核电人才数量也是一个很大的数字。不管是哪种规模的核电厂工程的计划、管理和实施，在专业和技术方面都需要合格人才，这包括500～700 名经过专门训练的技术员和 400～600 名专业人员（主要是工程师），在施工阶段，还需要 2 000～2 700 名熟练的技术工人。解决包括核操纵员在内的核专业人才匮乏问题已迫在眉睫。一方面是核电人才培养工作的长期不足；另一方面是新项目、新单位对人才需要的大量增加，导致目前我国核电人才数量的严重不足。

6.1.2　核电人才的专业结构比例失衡

核电人才按技术专业可分为核能专业和非核能专业，核能专业是指那些在大学期间接受过系统的核能专业知识学习，并取得核能专业学士学位以上证书的人员。非核能专业粗略地分为机械专业、电气专业、热能专业、化工专业、仪控专业、土建专业、HVAC（供热、通风与空调）专业等。我国具有培养核能专业人才的高等院校在 5 年前只有清华大学、上海交通大学、西安交通大学和哈尔滨工程大学（原哈尔滨船舶工程学院），这 4 所大学在核电不景气时每年总共招收的核能专业的学生在 200 名左右，每年毕业的学生在 5 年后仍然直接从事核行业的人数大约只有一半。核能专业毕业生数量的减少及其他原因所导致的人才流失，使得我国从事核电事业的人员在专业结构的比例上出现失衡。这种失衡在政府管理部门和参与核电项目的各技术单位中表现得尤为突出。

6.1.3 核电人才的素质有待提高

为了弥补核能专业及其他专业人才的不足，各用人单位想尽各种办法，采取各种措施加强对各类急需人员的培训，包括从现有的具有火电工程经验的人员中抽调部分人员去学习核能知识，与高校签订委托培养协议等。有核能专业的高校为了适应市场上对核能专业毕业生的需要，采取了从其他专业大三学生中抽调部分学生补学核能知识的办法来弥补核能专业毕业生数量的不足。但人才的培养是一个系统工程，需要经过一个系统学习相关知识的课堂学习阶段和在实际工程中不断积累工作经验、提高工作技能的阶段。核电基本知识的学习或许可以通过强化学习的短期培训获得，但工作经验和工作技能的获得绝不是短期培训所能解决的。而决定人才素质的关键恰恰又是工作经验和工作技能。

6.2 核电发展对核电人才的需求分析

一个核电项目从项目的提出、前期工作，到项目开工建设，再到建成并投入运行涉及多个政府管理部门、上百个项目承担企业和单位、一个或多个项目投资业主。涉及到的相关政府主管部门包括：作为行业主管的国防科学技术工业委员会（其中国家原子能机构作为对外的另一块牌子）、负责规划和项目审批的国家发展与改革委员会、负责核安全监督管理的国家环保总局（与国家核安全局对外是一块牌子，对内是前者的一个部门）、负责基础研究的科技部。此外，还有机械工业协会负责核电机械设备的制造；电监会负责发电后的电力监管。这些政府管理部门在具体的核电项目中承担的更多是管理、协调、组织、落实等事务性工作，其所需要的人才是对核电项目的特点、核安全要求、核电质量保证体系有基本了解的行政管理人员，而非技术管理人员。

核电项目所涉及的技术单位包括：从事基础理论、方法、工艺、材料等研究的科研院所；从事不同阶段、不同专题、不同专业具体研究与设计的工程研究与设计单位；核电项目建设所需设备、材料的制造、加工、生产企业；核电项目土建施工与设备安装企业；核电项目建设的监理企业；具体负责执照申请审查工作的作为国家核安全局或行业主管部门技术支持单位的审查单位。这些单位或企业在核电项目的进程中承担的更多的是具体的技术工作，其对人才的要求除具有扎实的专业基础知识外，还要对核电项目的特点、核安全要求、核电质量保证体系有深入的认识。此外，还需要一定数量的技术管理人员。作为核电项目具体投资方的业主对核电项目建设期间的投资、进度、质量、技术等承担主要责任；在项目投入运营后对核电厂的运行和管理承担全部责任。在核电项目建设期间，业主的项目公司要有能够对投资、进度、质量、技术进行控制的项目管理人员；在核电厂运营期间，要有具有运行资质的核电厂操纵人员、设备检修与维护人员、电厂技术支持人员等技术人员和技术工人。这些人员要有扎实的核电知识和专业知识，对核电厂的技术特性和设计特点非常清楚，能够准确判断核电厂的系统运行状态、设备工作状态，能够针对不同的运行状态、事件、事故按照相应的运行规程进行操作和处理。

核电厂的建设期需要很多人参与，虽然设计、制造和施工任务一经完成，所需人员可大大减少，但是人员的质量要求却不能降低。当然并不是核电厂的全部工作时期都需要这么多人员。除了运行人员外，许多人员只是在工程的某些阶段需要。而每项任务一完成，如何从数量和技能上重新安排人员就会成为重要问题。在未来的十几年中，必须对这些人才的培养做出系统的安排。目前国家的核电发展规划已经为人才培养使用指明了方向，以成熟的建设和运行基地作为人才培养的中心，以多项目的可持续发展作为目的，尽可能实现人才的培养、循环和补给模式。实现核电建

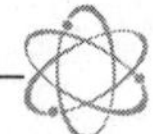

设国产化的人才要求。

现在,我国核电发展力量还比较薄弱,要完全依照自己的力量来完成国家核电发展的中长期规划还相当困难。我国已初步具备了“以我为主、中外合作”建设百万千瓦级压水堆核电厂的能力,但是也存在许多问题。在大型商用核电厂方面,设计技术不全面,没有完善的标准体系,设计管理技术、项目管理技术与国际水平还存有差距,也不具备独立自主设计“第三代”大型核电厂的能力。而要实现核电厂建设国产化,其中最关键的就是需要掌握核电设计与设备建造的核心技术能力。我国核电发展的一个重要技术瓶颈在于,核心部件主要还是依靠进口。从现在的情况看,岭澳核电站顺利建成投产,我国核电建设的国产化率有所提高,但对此要有清醒的认识。对于核电设备的关键部分(核岛),核岛的关键部分(核反应堆压力容器),我们还不能实现自己设计制造,我国不能只通过一些边缘技术的自主化带动着整体国产化率的提高。国内建成或者正在建设的核电机组中,近九成的核心技术及设备须从国外进口。在秦山第二核电站、秦山第三核电站、大亚湾核电站、岭澳核电站、田湾核电站等中,国内只能提供大部分辅助设备,或者只能合作提供个别主设备。在“十一五”期间,我们要通过国内研究人员自主研发和国外技术转让,争取掌握核电建造的关键技术,来实现建造中国完全自主化的先进压水堆核电厂。根据现状,我国核电的主导产业在今后几十年中仍是以压水堆为主。当然从国际环境来说,我国的核能发展遵循的应是热中子反应堆—快中子反应堆—受控核聚变堆“三步走”的发展战略。我国核能利用的快速发展,必须建立在提升核心技术能力,特别是形成自主知识产权的基础上,这就需要大量高素质的核电技术人才。

由于核电技术含量高、核安全性事关重大,因此核电对人才素质的要求很高。按照一个百万千瓦核电机组 400 个技术人员计算,如果 2020 年有 80 个机组,则总共需要 32 000 个核专业技术人员(包括工程、设备检修、运行等)。而核电技术人员的培养几乎和核电的建设周期一样长,大学毕业生还需要至少 1 年专门培训才能上岗,经过 3～5 年的经验积累才能完全合格。而之前核电发展建设的低潮使得相关教育也受到了较大影响,核电人才的培养需要一个恢复的过程。我国教育机构从 2005 年开始加大了核电人才培养的工作力度。我国现在约有 50 所学校设有核相关学科,再加上相近的热能专业和电气专业也可以贡献一部分,未来 10 年培养出 30 000～50 000 核电人才的难度不大,从目前培养的核工程相关专业人才的规模看问题不大,但从人才的成熟程度看将不能满足核电快速发展的需要,还是会遭遇人才瓶颈。

6.3 核电人才培养机制分析

6.3.1 核电发展要求核电人才培养机制必须作相应调整

在核电发展之初,人才的培养主要立足于用人单位的自主培养,即用人单位通过自身力量培养核电人才的机制是可行的,这与当时的机组少、任务小、后续任务跟不上等外部形势是相适应的。我国第一台投入商业运行的秦山核电站就是这样,从 20 世纪 80 年代初以来招收大中专院校毕业生共 1 150 多人,经过电站的建造、调试、运行等过程的多年培养,这些人绝大多数成了电站生产、运行、管理等各方面的骨干。大亚湾核电站自建成以来,良好的商业运行业绩使其在国际上赢得了良好的声誉,这离不开大批的核电工作者的创造和努力。目前已投入商业运行的岭澳核电站也为核电事业培养了大批优秀的人作为国内早期的核电人才培训基地,秦山核电站和大亚湾核电站不仅满足了自身安全运行的需要,也为核电管理机构和其他核电企业输送了核电管理及技术人员,为祖国的核电人才队伍培养做出了贡献。但这与我国核电事业发展的需求相比还有不小的差距。

但随着核电发展步伐的加快,核电建设运行也将朝着规模化、批量化的群堆管理模式和方向发展,以往那种单纯靠自己培养人才的模式已远不能适应核电发展的需要,必须对传统的核电人才培养机制进行改进,必须建立健全面向市场的核电人才培养机制。

人才培养有两层含义或者说两种渠道、两种方式。一是狭义的培养,即主张谁使用谁培养。二是广义的培养,是指运用市场机制通过由已建成的老电站为新电站成套地培养和输出人才。即由已建成运行的电站负责招收新人进入电站各岗位进行系统的实践锻炼和培训培养,待掌握技术后,按照一定的老、新合理搭配比例,为新电站配备一整套的技术、管理人才队伍。应该注意到,核电企业要培养出一支成熟的人才队伍是不容易的,参考新建常规火电厂运行经验,一支没有实践经验的新队伍运行一个新电站达到相对稳定的阶段大约需要 3 年的时间,而一支有实践经验的新老搭配的队伍运行一个新电站达到稳定期一般需要 1 年左右的时间。这个情况对核电厂的运行而言其道理也是一样的,谁使用谁自己培养的观点和做法其弊端很多,首先,用人单位新建电站要花费大的人力、物力和财力;其次老电站的人才、经验等资源,优势不能得到最大限度的利用和共享;第二,新建电站委托老电站培养人才,由于不是"一家人"学与教的积极性都不会高,从而导致被培养者学习钻研技术的主动性不强、实践操作锻炼少、实际经验欠缺导致动手能力较弱。相反,通过市场机制成套培养输出人才队伍的做法会使人才培养和输出电站将人才培养作为一种"产品"来打造市场品牌,另外成套输出人才队伍时,合理的新老搭配比例就能使输出的核电人才队伍成为一支具有团队协作优势的、较为成熟的队伍,可以很好满足新建核电厂的需要,发挥电厂运行队伍良好的整体功能。这种人才培养机制既能为新电站提供可靠的人力资源支持,又能有效地促进老电站人才的合理流动。

据了解，对于核电科研设计人才的培养，在本科人才方面，主要专业有核工程、热能工程、电气技术、电力系统即自动化等，现在设有核技术专业的大学只有华北电力大学(北京)、清华大学、上海交通大学、中国科学技术大学等十几所大学。核专业的研究生，主要是由已具有研究生培养和学位授予资格的中国原子能科学研究院、中国核动力研究设计院、北京核工程研究设计院、上海核工程研究设计院等科研设计院所，以及一直承担科研院所前期教学任务的核工业研究生部进行培养，辅之以从清华、西安交大、上海交大等高校吸收补充。这种培养方式发展需求相比还略显单薄，需要不断拓宽人才培养方式和范围。而创办核电专业大学和广泛成立核学院，走“产学研”相结合的人才培养新模式是满足发展需求的必不可少的措施。目前我国核能研究人员、学者出国留学访问的形式主要还是个体行为，或者是工作单位、研究院所出于本身研究需要派出的，这需要国家或大集团进行干预、调节。由国家或大型集团有计划地派遣学生、学者出国留学访问、研究，对于实现核电人才在管理理念、专业技术上与国际接轨有事半功倍之效。如在大亚湾核电厂建设初期，中广核集团从全国各地精心选拔 114 人，分 3 批送往法国、英国，学习核电厂生产和管理技能。此外，他们每年还选派一批优秀的青年技术骨干到国外培训，并与法国、南非、韩国的十多个核电厂建立了人才培养合作关系，这是很重要的一步。集中组织国内相关人员的培训在目前情况下，大规模、频繁地集中派遣学生、学者出国留学访问、研究还有实施的难度，而在国内或者本单位内部组织一些规模较大、层次较高的管理人员和专业技术人员的培训是非常必要的。组织者在了解核科技行业的最新发展动向后，可以邀请外国专家学者到国内针对相关专业技术人员发表演讲，或者邀请国内核行业领域内的权威人士就最新的研究成果进行研讨。在研讨会上，专业技术人员既可以针对行业的最新发展动向提出自己的观点看法，也可以针对技术上的难题向权威人士求教。通过互动交流，可以保持研究和技术人员对核能领域的最新进展的敏感性，争取和国外同行的发展步调保持一致。中广核集团力推核能领域的企校联合办学模式，取得了一定成果。企校联合办学模式，是企业与高等院校签订合作培养人才协议，以"订单＋联合"的培养模式，挑选学生进行有针对性的培养。中广核集团与四川大学、上海交通大学、华北电力大学、哈尔滨工程大学等9所高等院校进行了联合人才培养，已经达到了一定的成效。出于国家对核反应堆自主化、国产化的要求，目前已有很多反应堆研究和设计项目在进行，这些研究项目大多分散在各个研究院所、集团。

我国已加入ITER计划，意味着不管是基于核聚变还是核裂变的反应堆，最终目的是我国能掌握自主设计和建设的技术。鉴于ITER计划的快速进展，可以看出这种集中大量研究人员参与同一课题的力量。鉴于我国核工业技术需要自主化的要求，可以相应地集中现有研究人员共同合作，这对于加强交流和沟通，避免重复研究大有裨益。我国核电的大规模发展需要大量与核电有关的专业人才。发展核电既是国家战略，又为相关行业和专业人员提供了广阔的市场空间和施展才华的舞台。为实现2020年核电发展目标，国家、企业和高等院校、科研院所要抓住机遇，在科研、设计、燃料、制造、运行和维修等环节，以及核电设计、核工程技术、核反应堆工程、核与辐射安全、运行管理等专业领域，大力加强各类人才的培养工作，做好人才储备。

6.3.2 建立科学使用人才的机制

随着核电事业的不断发展，一方面核电人才严重不足，但另一方面，已建成电站中又存在较明显的人才积压浪费和流失现象。究其原因主要是人才使用流动机制不科学、不合理造成的。科学、合理、有效地使用人才是适应和满足核电快速发展的一项根本性措施，合理使用人才必须转变用人机制，实现人才的滚动培养和滚动使用，从而有效促进核电事业的持续发展。否则培养的人才越多，人才的浪费也就越严重。核电的大发展离不开核电人才滚动培养和使用，核电的产业化发展，要求人才的使用也要产业化。要使已建成的核电厂在现有基础上实现自我滚动发展，同时，今后新建电站时应考虑将已建成电站作为投资主体，这样才能使新老电站在考虑人才培养规划时目的性更明确，目标也更清晰，培养手段和措施更加得当，从而更有效地实现人才的滚动培养和使用，实现人才培养使用的良性循环。

人才的使用不是也不能简单地通过组织安排或上级调动来解决，而要切实根据事业发展的内在需求，结合员工的个人职业生涯设计，决定人才的培养使用目标、机制等。相对于科研人才通道而言，管理人才的通道相对比较完备，待遇也较为显性，这会吸引一些科研人员走向管理职位，从而导致“弃研从政”这一社会普遍现象。因此高科技领军人才、中青年科技创新人才、各专业领域学术技术带头人、拔尖技能人才等通过开展了首席科学家、首席技师、科技带头人遴选等一系列人才培养方式，将科研人员晋升通道前伸后延，把“梯子”加长，突破原有职务序列的限定，在待遇上予以相应的保障。进一步还可以实施集团公司首席专家、科技带头人和首席技师制度，促进科技和技能人才安心于岗位发展，促进科技及技能人才的水平和创新能力有效提升。通过科学合理整合现有的核电人才队伍资源来促进核电的规模运行、滚动发展适应我国核电事业快速发展的需要。

6.4 核电人才培养已成当务之急

胡锦涛同志在 2002 年 6 月 23 日视察秦山核电基地时指出：核电这个产业是一个高技术战略产业，这个产业是拿钱买不来的，需要我们坚持“以我为主”的方针，这是我们国家核电发展的必由之路。胡锦涛同志的指示深刻阐明了人才在核电发展中的作用。落实胡锦涛同志提出的要求，首先要认识核电是高技术的战略产业。支撑这一战略产业的核心是人才；把握当前核电发展的大好时机，推进核电健康发展的关键是人才；抓好核电新项目的建设，提升中国核电自主能力的重点也是人才。我国核电事业经历了从无到有、从小到大的发展过程。在这个过程中，核电人才队伍也在不断发展壮大。但由于我国经济社会发展迅速，对核电的需求越来越旺盛，对核电人才的需求也越来越旺盛，核电企业之间挖人已经是司空见惯的事情，核电现场的运营管理人员、整个施工现场的管理、操作员的管理、安全控制、计划安排和保证，以及设备维护等方面都非常缺人；整个建设场面的控制、各个部门分工和衔接等，也缺少一大批专业人才。自从国家确立积极发展核电的政策，核电人才缺乏成为阻碍核电发展的主要问题之一。因此，加快核电人才的培养成为当务之急。

6.5 国外核电人才培养情况

随着世界上又一轮核电大发展的热潮，一些发达国家已经采取措施，加强核专业人才培养。例如日本在多所国立重点大学设有与核科学技术教育相关的学院，政府和企业投入大量资金拓展核科学与核技术的研究前沿，而研究机构和核工业亦积极招募新培养的核专业人才；英国有关公司正在更加紧密地与大学合作，例如英国核燃料有限公司与大学合作，共同建立一个优秀的核化学中心；法国原子能委员会招聘的原子工程大学毕业生的年龄分析显示，法国拥有一个“能够将其专门知识保持到今后若干年”的相对年轻的群体，核教育的前景比较光明。但政府对此仍不敢掉以轻心。受国家科技委员会委托，法兰西科学院在《法国 2000—

2005年科技状态报告》中仍将“放射化学”和“核材料技术”列入政府应考虑进一步增加投入的11个优先发展领域。并要求在后继人才的培养、实验室的对外开放和交流、国际合作等方面给予资金保证。此外，报告还建议，政府应尽快对年轻博士，包括在国外做博士后的人才回到法国后就业的情况做出评估，以防人才流失；匈牙利40%的电力需求由核电提供，核教育与培训一直与核电厂建造、运行和未来紧密联系。多年来一直在科技大学计划框架内制订核动力、放射化学和核测量技术方面的专门计划。在IAEA帮助下，建立了一个核维护中心，培训新一代教师，作为旨在改善该国核电厂专业培训系统的一部分。

美国更是不遗余力开展积极的核能人才培养计划，有四十多所大学有核化学和放射化学的研究生培养计划，另外一些大学在为低年级学生开设的普通化学课中都含有“核化学”一章，并有专门的研究会用于普及核化学及应用知识。2003年的统计表明：美国有28座大学研究反应堆在20个州的27所大学校园运行。这些研究反应堆为国家实验室、私营产业、联邦政府和学术界培养从事基础性和应用性研究所需的人才，是国家研究和教育基础设施至关重要的组成部分。此外，在反应堆共享计划的帮助下，还为其他学院和大学提供的教育、研究和培训计划，以及对为执行有关教学计划而访问反应堆的高中学生与教师开放并提供服务。为美国能源部(DOE)各种核计划提供专家建议和指导的独立的核能研究咨询委员会(NERAC)成立了一个“第一小组委员会”，其任务是：考虑美国核教育基础设施的未来，并且特别关注美国的大学研究反应堆的未来；以及大学和国家实验室之间在进行核工程研究方面的关系。2000年，该小组就曾向NERAC提出其最后报告，紧急呼吁采取行动，强烈要求为核教育和研究投入更多资金，以扩大计划为目标，支持核工程和科学教育，更新大学的培训和研究反应堆，使正在老龄化的教师队伍和技术队伍恢复活力。

总的趋势是，若干国家已经开始行动起来支持核研究、发展核教育以确保核科学与核工程后继有人。这些行动主要包括：政府资助研究和发展计划，包括为大学、技术教育学院、研究院和企业购置设备；政府和企业为大学（包括专业化的暑期培训班）的学生和教师提供资助；核企业，研究中心和大学在完成研究和发展计划，学生和职员的培训和交换等方面密切合作；加强国际合作与交流；支持公共研究机构的相关教育活动。因此，如何尽快调整、整合核相关学科以适应国家战略和社会发展需要，成为首要问题。

6.6 结论和建议

面对我国核电快速发展的形势，所有与核电相关的部门和企业都将面临一个重要的问题——人才短缺。人才短缺不仅是人才数量的不足，还包括人才的素质与人才结构合理匹配的问题。将一个大学毕业生培养成为一个合格的核电项目参与人员，需要遵循一定的客观规律，经历时间经验积累，绝不可以“拔苗助长”，也不能简单地“快速成材”。如何加快核电人才的培养，是一个需要不断实践，不断在实践过程中检验和矫正的课题。

首先要把人才的培养作为企业发展的基础来抓，从企业的战略角度看待和实施人才培养工作。要从企业发展战略层面制订企业人才培养计划，企业应根据自己在核电项目实施过程中准备扮演的角色、承担的责任，制订一个相对长期的人才需求计划。

在国家加快核电发展的形势下，各用人单位都在不断地探讨如何加快核电人才的培养，在取得优良业绩的因素很多，而注重人才培养则是其中一个不可或缺的重要环节。中国核电行业的快速发展，使得对核专业人才尤其是对反应堆工程专业（下称“核工程”）的人才需求急速增长，超过了人才培养的周期和人才供给能力增长的速度。因此，在当下大学毕业生整体就业形势严峻的情况下，核电企业招聘呈现出有趣的现象：一方面，真正受过系统核工程专业教育的学生不足；另一方面，核电企业相对优厚的待遇，让没接受过核工程专业，甚至是没接受过相关核专业教育的学生千方百计想挤进核电企业。高校对人才市场的形势迅速做出反应，从2004年开始，开设核工程相关专业的学校雨后春笋般地涌现，从原来的9家增加到39家，年招收学生20 000人左右，而且有越来越多的趋势。然而，各个学校的教学体系不尽相同，教学能力参差不齐。由于核电行业的特殊性，业界人士对核工程教育这样的发展趋势表示担忧。一方面是传统的4所高校不想招收更多的学生和承担更多的培训课程，另一方面是其他高校看好这一业务。因此，中国核专业教育，尤其是核工程教育开始遍地开花。我国培养核工程人才的老牌学校主要有清华大学、上海交通大学、西安交通大学和哈尔滨工程大学这4所，其核专业皆开设于20世纪50年代末。由于国际局势的需要，我国当时共有十多所学校开设了与核相关的专业，但由于需求有限，这些学校此后纷纷撤销了核专业，只有上述4所学校予以保留。时至今日，中国核电领域的骨干多出自这四所高校，其毕业生也在人才市场上最为抢手。从核工程专业招收的学生总数看，4所高校加起来不会超过800人，每家企业都希望能尽可能多地把这些学生招致麾下，所以人才数量远不能满足需求。核电企业现在已经开始对大三甚至是大二的学生招聘，随后对入选学生进行定向培养。在这个过程中，4所学校中其他相关专业的学生也可以参加企业的招聘，企业会将招收到的其他专业的学生与核工程专业的学生安排进培训班一同上课，增加最终可以进入企业的人才数量。新建核电厂所在地的高校和专业技术学校也寄望于发挥地理优势开设核工程专业。新开设核工程专业的学校当中有知名的综合性大学，有本身具备核相关专业基础的高校，也有的大学是从零开始，甚至职业技术学校也开始涉足核专业教育。这其中一些院校的教学体系和教学水平能否经得

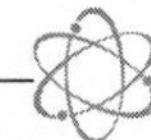

住国际原子能机构的考核和社会的检验令人存疑。

由国家和企业帮助有条件的工科院校吸引和培养核科学学生，培训、资助教师和研究人员，向相关大学投入资金维持和发挥大学的研究设施在核教育中的核心作用。扶持在核能源相关领域开展创新性研究的杰出学生和教师；选拔一部分工科院校开设核电相关学科的一系列基础课程填补教师在核科学和工程领域的知识空白，并吸引更多的新生参与学习。加强国际交流，资助我国学生到国外核设施较为发达的国家从事核科学技术领域的研究。如某核电集团公司将核电人才培养的“时间”与“基地”同时前置，采取“订单制”的方式，与高等院校联合，形成了一套滚动发展的核电人才培养新模式，为该集团核电的长期发展提供了人才保障。

避免人才选择和培养的片面性，无论是法国公司还是美国公司以及其他国家公司的人员，他们来中国的专家学历并不高，但却有着丰富的核电工作经验。有的只相当于中国的技校，并且年龄大多数都不年轻，说明需要的是经验，需要的是一种工作精神。现有的火电行业聚集了众多的具有专业素养和职业素养的管理人员、技术人员和生产人员，这些人有着良好的专业背景和多年的电力行业严谨的工作作风，进行转型培养也可以作为一个渠道尝试。

借鉴核电大国美国和法国的经验，控制开设核学科学校的数量，集合各方面力量打造一支专职的教师队伍，再建立一个以业界有名望、资深的专家为主的师资库作为补充，制订系统的培养计划，定义不同的学制，设立不同的专业班，这就等于为我国建立了核电人才培训基地。核电专业教育机构缺失，同样是中国核电人才培养面临的一个重要问题。法国的国立核科学与技术学院，是一个专业教育机构，集合国内优秀的师资力量，建设完善的教学体系，培养核电领域最核心技术的人才，尤其是反应堆工程人才。法国原子能委员会的技术专家和企业当中有实践经验的专家也会到学校授课。美国虽然不像法国那样集中培养核工程人才，但同样也有专业的核工程培训机构，而且不止一家。这些培训机构把核电项目的案例、实践、课程结合起来设计课程，培养操作及技术人员。把最好的实践用在核专业教育当中，其教学内容不仅来自美国，也来自其他国家。事实上，我国核电企业都会在企业内部设立培训部门，例如国家核电技术公司开办的国核大学。但同国外的企业一样，这些企业的培训机构主要面向企业内部员工，而较少会吸纳其他企业的员工。当企业自己的培训能力不足时，通常会把员工送到高校中进行培训。组建一个专业的核电人才培养机构是解决这一问题的有效途径。这个基地会为企业制定一个课程菜单，当企业有培训的需要时就可以到基地里选择某一项课程进行专门培训。不同企业的员工甚至可以在一起上课，这样效率就会有很大的提高。最重要的是，这种形式突破了学校办学和企业办学的局限。”中国核能行业协会已经开始开办培训班，如“核能行业质量保证监查培训班”，但是这种“一期一班”的形式仍不能满足我国核电发展对核电专业教育的需要。“在中国建立与美、法两国相似的专业、独立的核学科教育机构，市场缺少能力，企业缺少动力，还需要政府层面的推动。”

加大对核电厂模拟机培训体系的发展和完善，增强核电厂操作人员的培训能力。直接肩负机组安全运行重任的操纵员和高级操纵员必须经过严格的选拔，培训和考核，才能获得由国家核安全局颁发的“反应堆操纵员”或“高级反应堆操纵员”执照。执照的取得，表明他已经过系统化的培训，具备了所在岗位必备的能力。例如，大亚湾核电厂实施的培训管理模式是国际原子能机构 IAEA 为保证核电厂员工培训质量，提高人员技能水平而推荐的培训系统化分析方法。所谓培训系统化分析，即通过确定一项工作所需的技能水平，并采取一套系统的过程去设置培训并加以实施，促使人员达到确定的技能要求，最终再评价这项培训的效果。培训系统化分析由探索与分析需求、计划设置、培训准备与开发、实施培训和效果评估5个环节组成。操纵员岗位要求决定了并不是每个人都适合成为操纵员。因此必须进行全面的考察才能选拔出合适的人选。

为确保培训的质量，充分合理使用培训资源，每年都要进行学习操纵员的选拔考试。考试形式包括面试和笔试两种，重点从心理素质、技能、沟通、表达能力和外语水平几个方面进行考察。操纵员和高级操纵员培训的具体过程包括授权培训、岗位技能培训以及各种工况下的模拟机培训。根据系统化的培训流程，要培养出一名合格的操纵员，需要经过至少3年的时间，而培养出一名高级操纵员，则至少要经过5年时间。模拟机培训是电站培训的重要组成部分，其对象是机组操纵人员。操纵员是机组的负责人，负责机组的技术管理和操作。他既可以通过准确而迅速的干预消除故障、稳定机组，也可能因不必要的失误而造成停机停堆，甚至损坏机组。因此可以说模拟机培训的质量直接影响到电站的安全性、经济性和可靠性。由于模拟机培训是培养合格的操纵员的关键环节所在，所以必须不断结合生产实际和国际先进经验进行改进。在人力许可的情况下，模拟机教员应结合经验反馈开展一些专题的研究活动，以解决电厂经常遇到的问题。我国现有的核电厂经过几年的模拟机培训教学实践，已经逐步建立了一套完整的培训体系，无论是从培训组织、培训实施过程，还是教材编写，或是教员队伍的建设都开始或已经走向正规化、系统化。这一体系的建立，有利于公司人才的选拔和培养，也有利于培训目标的实现。从长远而言，对培养核电厂生产技术人员大有裨益。

坚持"走出去、引进来"进行核电专业人才培养工作，派出技术人员去法国、英国等核电技术发达的国家学习核电技术的同时，核电厂建设和运营期间，实施中方员工与外方专家一对一的"影子培训"，提高人员技术水平和综合素质。会同高等院校进行核电专业知识培训的"联合培养模式"。逐步形成了由工程培训、运营培训、管理培训和校企联合培养等构成的培训体系。

第七章

核电投资主体多元化

7.1 我国核电投资主体现状

我国核电项目投资模式也经历了两个阶段的演进，最初的高度集中的“一体化”模式阶段。从 20 世纪 80 年代到 90 年代初期，我国的核电项目投资是高度集中的一体化模式，由原核工业部转制而来的中国核工业集团公司对核电产业链进行了高度计划经济体制下建设和营运。该阶段具有高度的“一体化”性质，从核燃料供应、核装备供应、核电厂建造工程、运行管理和设计到销售等整个产业链都囊括其中。这是由于我国核电发展的阶段及当时国情决定的。第二阶段是核电项目投资主体“初级多元化” 阶段，1994 年，大亚湾核电站建成后，国务院决定在其基础上成立中国广东核电集团公司（简称中广核集团），中广核集团引入香港资本，采取以核养核，进行了投资与经营主体非计划经济的初步改革。中广核集团的成立打破了中国核电“一统天下”的格局，形成了双寡头“二分天下”的格局，我国核电项目投资主体多元化初绽头角。随后，秦山第二核电站、秦山第三核电站和田湾核电站则是由中核集团控股，引入其他电力公司、地方电力公司及相关投资公司资本，其余按照出口信贷或融资来解决建设资金问题。当前，中国电力投资集团公司（简称中电投集团）控股的山东海阳已经获得国家审批进入建设阶段，中国华能集团公司（简称华能集团）控股建设的山东荣城的高温气冷堆核电示范工程已经获得国家审批，我国核电项目投资进入了"初级多元化"阶段。

"初级多元化"仍然没有摆脱"一体化"垄断的模式，中广核集团原本只是核电投资运营商，由于没有设计能力，在项目进度上受到中核集团的限制，为了打破中核集团技术垄断，中广核集团成立了自己的工程公司(中广核工程有限公司)，具有了设计和建造能力，最后又形成了新的垄断核电项目投资还属于典型寡头垄断的市场，但地方政府与电网公司开始参股，核电项目投资多元化初绽头角。

21世纪初期国家电力体制改革后，核电项目投资也出现了多元化发展趋势，大型电力企业成了投资的生力军。2007年中电投集团由于承接了原国家电网公司的核电资产的缘故，获得国务院经营核电的牌照，在五大电力集团中占有先发优势。目前我国就只有中核集团、中广核集团和中电投集团、国家核电技术公司(简称国核技)4家拥有国内获得核电开发资质的企业。虽然其他电力集团：中国华能集团公司(华能集团)、中国大唐集团公司(简称大唐集团)、中国国电集团公司(简称国电集团)、中国华电集团公司(简称华电集团)都积极投资核电，但也仅能居于参股地位。华能集团控股建设位于山东荣城的高温气冷堆核电示范工程，大唐集团、国电集团、华电集团也都在积极投资核电。目前，在建核电项目有方家山、福建福清、浙江三门、辽宁红沿河、福建宁德、山东海阳、广东阳江、浙江秦山、广东台山、江苏田湾二期、山东石岛湾，已核准建设和获准开展前期工作的核电项目均由上述三大集团主体控股，同时均采取多元投资主体模式，并且五大电力集团和地方国有电力公司所占股权比重明显加大。

中电投集团作为五大发电集团中唯一有核电控股资质的电力集团，还陆续启动广西、安徽、湖北、湖南、重庆、吉林等核电项目的前期工作。

其他4家发电集团在与核电集团共同参股核电项目的同时，

也在积极争取早日获得核电开发资质，同时积极跑内陆各省地方政府，争取提前布局核电项目。比如安徽地方电企皖能股份近期在核电项目上就颇有作为，分别对安徽芜湖、吉阳两个核电项目进行了参股，其中吉阳核电项目预计参股达49%。如果项目都能审批通过，皖能在核电方面的投资将占股份公司投资总额的60%以上，核电的投资比重将远超其在火电领域的投资。

7.2 国外核电投资主体情况

世界各国核电发展模式各自不同，源于其各自不同历史的、政治的、经济的诸多原因。美、法、日、俄、英、韩等都是世界上主要的核电大国。按照其核电投资模式和市场化程度大致可以分为两大类，一是以日、美为代表的“小业主，高市场化”模式，再是以法、俄、英、韩为代表的“大业主，低市场化”模式。

7.2.1 “小业主，高市场化”模式

以日、美为代表的“小业主，高市场化“模式的主要特点是核电业主分散而且数量多，业主是核电和其他电力的混合型电力公司，市场化程度很高，核电技术公司与核电运营公司分立。美、日这种投资主体多元化和高度市场化的核电发展模式，极大促进了其核电事业的发展。美国一开始就扶持建立了产权明晰的民间核电投资体系。目前美国运行中的反应堆共有103座，总净装机容量97 924 MW，核发电量占总发电量的比重基本维持在20%左右，在美国电源结构中占具较高的战略地位。同时造就了领先世界的西屋电气公司、ABB-CE公司、通用电气(GE)等核电技术设备供应巨头。日本核电业主单位主要由9家电力公司和日本原子力发电公司构成。目前，核电总装机容量中的94.7%为9家独立和私营电力公司所有和运营。从1980—1998年，日本的核电发电量每

年增长率为8%,日本也成为继美国、法国之后的世界第三大核电国家,核电装机容量占到总装机容量的30%。日本已发展为核电产业规模最大的亚太地区国家,同时也造就了三菱重工、东芝、日立等强大的核电设备供应商。

1999年美国诞生了世界上第一家核电专业化运营管理公司,该公司是经由核管会批准成立的。核电厂业主以托管的方式交由专业管理公司运营,通过运行服务协议建立合同关系,使这些电站能够获得同样的管理。这种专业化运营管理模式,一方面可以使电站的业主能够有更多的精力从事其他业务或开发新产业;另一方面,由于运营管理公司同时接受其他核电厂业主的委托,负责运营其他核电厂,积累了核电运行、管理和技术支持的专家和经验,采用规模经营、群堆管理等手段,为公众安全及经济、可靠地运行核电厂提供更多发展契机。事实证明,这种专业化运营模式取得了巨大成功,核电厂运行业绩得到显著提高,成本大幅度下降,显示了强劲的竞争能力。专业化管理公司的数量和规模迅速扩大,至2002年,美国已拥有7个专业化运营管理公司,负责全美一半以上核电机组的运营管理。核电厂实绩指标(PI)持续攀升,核电成本下降。正如美国亚特兰大的核电运行研究所(INPO)所长兼首席执行官Mike Evans说:“美国核电厂在很多方面都达到历史最佳实绩,这些实绩指标不仅反映了近1年或10年的进步,而且反映了20年来持续不断的进步。”美国运行的核电厂各项实绩指标持续攀升,不仅降低了核电成本,也提高了核电竞争力。平均可利用率从1990年的64%提升到2002年的91.9%,机组容量因子则由1990年的71.7%提高到2002年的91.2%。安全系统实绩连续10多年超过90%,每座核电机组的非计划停堆平均值从1.2降到0。核发电量增加,在运行核电机组数没有增量的情况下,核发电量从1990—2004年年均递增2%。核发电成本也逐年下降,到2002年核发电成本为1.71美分/(kW·h),成为美国最低廉的一种发电形式。

7.2.2 “大业主,低市场化”模式

而以“大业主,低市场化”为主要模式的法、俄、英、韩等国家核电市场则采用了垄断的核电公司拥有和运行绝大多数甚至所有核电厂。业主、运营单位、AE公司乃至核燃料供应、核装备供应、核电厂建造工程、设计到销售等整个业务链相对集中甚至高度“一体化”。2001年法国对核装备供应商与核燃料循环体系重组成AREVA公司。法国电力公司(EDF)既是法国59座运行机组的唯一核电业主又是AE公司,此外还拥有AREVA的部分股权。法国核工业重组后的组织和资本结构如图7.1所示。俄罗斯核电产业组织几经重组,形成了以业主为核心,产业链上下游企业分工合作的组织模式。目前,俄罗斯核电公司掌管所有的核电厂运营、维护、维修以及研究和开发等,包括在建反应堆和所有相关设施。英国核电厂曾经一度由国营的核电公司经营。经过1996年的重组,69%的核电厂的资产由私营的英国能源公司经营,31%难以私有化的老反应堆,由国家核燃料公司接管。韩国核电曾是“一体化”的产业组织模式,在韩国电力公司(KEPCO)内完成从核燃料供应、核装备供应、核电厂建造工程、运行管理和设计到销售等整个业务链的活动。为了适应电力市场解除管制的需要,韩国水电和核电有限公司(KHNP)从KEPCO剥离出来,并成为韩国所有核电厂的业主。

法、俄、英、韩等国家核电投资的高度集中,是因为在这些国家核电的业主是发电企业,而其电力市场是高度集中的。另外,这些国家原来的核电产业集中度高、关联度高,在资金有限的情况下有利于实现产业价值链的最大化。但这种高度垄断的组织模式,不利于提高核电市场竞争能力和实现产权多元化,尤其是当这些国家的核电产业已经发展到一定程度,这种高度集中的模式已经与

其市场化不协调，甚至阻碍了核电事业的进一步发展。因此，俄罗斯、英国、韩国等国家先后都进行了产业组织重组。

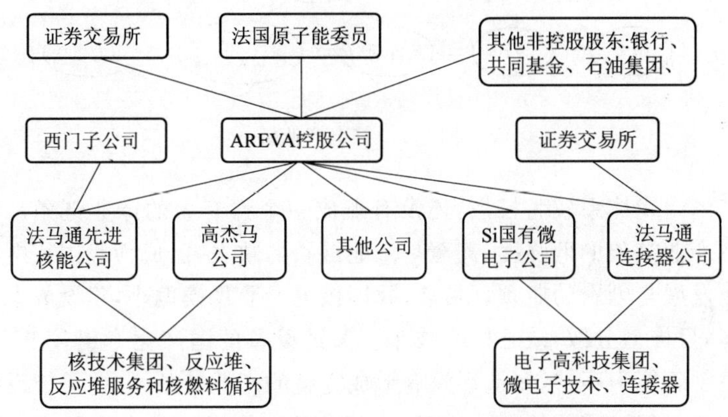

图 7.1　法国核工业重组后的组织和资本结构

7.3　我国核电发展存在的问题

7.3.1　核电发展的产业链条有待完善

核电产业链是以电力产品的生产为主线，围绕核能发电及其技术保障而形成的产业链条。产业的发展与创新不仅仅只是一项活动，也是一个受多种因素影响的复杂过程与创新相关的各组员组成了一个相对稳定的链条。核电产业链条是由相互影响的各个环节组成，通过核电厂将核燃料生产与电网经营者联结在一起(见图 7.2)，核电厂是整个核电产业的中心环节。

从产业链的构成上来看，我国核电产业目前尚没有形成完整流畅的产业链。核电的研发与装备各板块之间及核电装备制造业的配套服务链条尚未完全打通，科研成果有效转化效率不高；产业

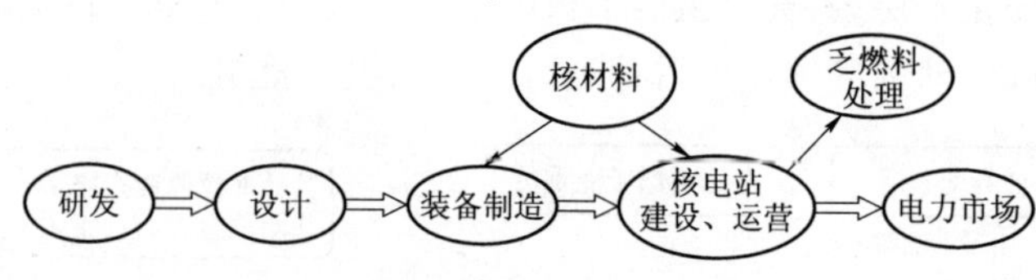

图 7.2　核电产业链

链内组织体系较为松散，还没有形成一个强有力的产业链条。核电产业链条的低强度，甚至是产业链条的缺失，已成为我国核电产业发展与创新的瓶颈。目前，我国核电产业规模偏小，建设成本较高，且堆型分散，缺乏核心技术。关键设备的国产化率仍较低，自主创新能力不够，制造还没有形成完整的产业链条，一些关键设备和材料仍然需要从国外进口，我国高效安全发展核电实际为外国核能公司提供了巨大的商机。法国《论坛报》曾有这样的评论："法国为中国庞大的核电市场而激动"。

7.3.2　现代企业制度需要进一步推行

核电产业组织模式是指核电业主企业、核电设备供应商、核燃料供应商、核电设计和核电建设 AE 公司等各个环节的组织形式和相互关系，如果形成核电产业链条解决的是核电产业完整性和系统性的问题，那么核电产业组织模式解决的就是核电产业组织的有效性和协同性问题。从国际视角来看，具有代表性的核电产业组织模式主要有美国"小业主"型、法围"大业主"型、日本"供应商"式、韩国"一体化"式等诸多类型，这些国家由于选择了适合本国国情的核电产业组织模式，进而促进了本国核电产业的长足发展。

我国核电产业长期属于政企不分的行政垄断的市场，中核集团凭借先进入者的技术优势，在市场中形成了寡头垄断，下属 100 多家子公司构成了完整的核岛设备供应链。一方面通过规模经济与网络经济为提高整个产业竞争力、抵抗高风险取得了良好的效果。但另一方面"一体化"垄断对我国核电发展危害很大，由于缺乏外部竞争，由于没有形成公开透明、公平合理、专业分工、有序竞争的整体环境，不同环节间竞争性不足，项目投资效益很低，整个行业发展缓慢。

在核电发展初期，在计划经济模式下形成的价格垄断，资源配置上的绝对照顾，不计财力、物力和人力等做法，使得人们较少考虑经济效益，使核电造价高，与火电相比缺乏竞争力，最终影响了国家核电发展方针、政策的落实。"一体化"垄断没有竞争压力，造成我国核电发展缓慢，核电运行装机容量仅为908万kW，在全国电力总装机占比不足2%。核能在发电结构中的比例明显偏低，与国外发达国家相比差距很大；控股投资主体单一，形成了既是业主又是承包商，既是投资者又是经营者的经营管理模式，弱化了决策权及经营者的责任感，不利于提高核电管理能力，不能有效降低核电造价；阻碍控股投资主体多元化，限制了核电投资，影响核电发展规模，造成我国核电发展规模小；无法推进核电产业市场化，开放度低，我国目前还没有中立的核技术供应商和中立的专业化的核电运营商，严重影响我国核电专业化水平。

随着国家能源电力发展的需要，国家引入了中广核集团及中电投集团作为核电项目投资业主，提高行业竞争。然而，中国核电高速发展，竞争主体偏少凸显了寡头垄断的弊端，目前的投资主体已经不能满足市场发展的需要。我国核电项目投资不是过度竞争，而是对准入门槛定得太高，准入审批效率低下，在体制上限制了潜在竞争主体的进入。

在不同的核电产业发展生命周期阶段，政府扶持和管理的力度有所不同，核电产业的组织模式也会发生变化，而核电的市场化程度也会随着核电产业的发达程度有很大不同。在核电发展的初期，各国政府都不同程度地参与核电厂的建设，投入了大量财力、物力和人力来扶持核电产业的发展；随着核电产业进入成长期，参与到整个核电产业链的组织、企业、机构必然会大大增加，为了提高整个核电产业竞争力，政府会逐步开放市场允许更多企业进入核电市场；而到了核电成熟期，市场化要求政府应该更倾向于宏观调控，倾向于放开核电投资市场。

目前我国已经开始逐渐进入核电产业发展的成长期，原来的体制必然会不适应现实发展的要求，核电投资主体的多元化程度与我国电力市场化程度是密不可分的。由于世界上多数国家的核电产权都集中在电力生产企业，因而，电力市场投资主体集中的国家，核电投资主体就集中；相反，电力市场开放程度高的国家，核电的投资主体也更加多元化。我国由原来的国家电力公司到现在的五大电力集团（华能集团、大唐集团、华电集团、国电集团、中国电力投资集团）和两大电网公司（国家电网、南方电网）的七加二体制，和在经济发展中逐渐成长起来的地方电力企业，电力市场投资主体发生了巨大而深远的变化，那么必然会要求核电投资主体的多元化倾向。另外一个原因是我国尚未形成合理的核电调峰成本价格补偿机制，常规发电集团承担了核电的大部分调峰成本，造成了核电企业与常规发电企业之间的不公平竞争；这也要求适当放开核电市场投资主体的限制。

7.4 核电投资主体多元化的必要性

核电项目投资是一个前期资金规模大、建设周期长、技术水平和安全系数要求高的复杂系统项目。涉及设计、制造、技术转化、运营等多个方面，投资巨大，具有非常高的资产专用性、投资风险高等特点。根据我国核电中长期发展规划来看，未来十年我国核电项目建设资金需求总量会超过一万亿人民币的规模，其中内项目资本金需求量至少需要 2 000 亿元，平均每年要投入企业自有资金200多亿元。因此，我国急需高效率与高水平的规制体系引导核电项目投资，理顺核电发展体制，加快推进市场化、专业化进程。发挥市场机制，推行多业主、专业化，逐步增加核电建设控股业主数量。理顺核电投资、建造和运营机制，大力推行核电工程管理和运行维护的专业化发展。培育广泛参与、公平竞争、健康有序的建设市场。做好核电人力资源规划，加快核电人才队伍建设。加强科技研发平台建设，建立产学研用相结合的技术创新体系。

核电投资的"一体化"垄断对我国核电发展影响很大，核电发展初期，在计划经济模式下形成的价格垄断，资源配置上的绝对照顾，不计财力、物力和人力等做法，使得人们较少考虑经济效益，使核电造价高，与火电相比缺乏竞争力，最终影响国家核电发展方针、政策的落实；阻碍控股投资主体多元化的后果是限制了核电投资，影响核电发展规模，造成我国核电发展规模小。单一的投资主体没有竞争压力，创新积极性低，造成核电发展缓慢，发电总装机容量中占比低于2%，与国外发达国家相比差距很大；控股投资主体单一，形成了既是业主又是承包商，既是投资者又是经营者的经营管理模式，弱化了决策权及经营者的责任感，无法推进核电产业市场化，开放度低，不利于提高核电管理能力、有效降低核电造价。缺少中立的核技术供应商和中立的专业化的核电运营商，甚至不执行国家招投标法规，严重影响我国核电专业化水平。

目前，我国核电发展规划要求核电安全高效发展，原有高度集中的核电项目投资控股模式已经不能适应我国核电事业大发展的需要。允许更多的投资主体进入核电市场，施行控股多元化，建立具有中国特色的核电项目投资模式已经成为我国核电体制改革的必然趋势。强力推动中央企业中的大型国有发电企业集团投资控股核电项目，必将加速我国核电产业市场的迅速发展，缩短我国核电装机比例与世界发达国家的差距，在确保安全的前提下，如期实现我国能源长远发展的战略目标。核电要发展必须要有竞争力，需要引入更多的投资主体，通过公平竞争，提高管理，降低核电成本，使核电具有竞争力。我国核电要规模发展，需要大量的资金，仅靠几家企业是不能满足要求的，需要大型的发电集团投资。核电要发展还必须规范经营，可以通过实现投资主体多元化，摆脱既是业主又是承包商，既是所有者又是经营者的经营模式，增强责任感，提高管理能力。

同时，我国以火电为主的电力结构受到来自煤炭资源、运力、环保等方面的压力日益加大，必须大力发展清洁能源实现电力结构调整。由于水电受移民费用、开发难度及环境保护的影响，风电受接入系统及规模限制，安全高效发展核电是发电集团实现电力结构调整，确保我国电力安全和可持续发展的必然选择。大型发电集团具有核电项目建设所需资本金和融资能力，他们的进入有助于破解核电发展所需资金问题。因此，无论从核电发展的需要，还是建立公平竞争环境以及发电企业自身发展需要看，都必须对我国核电发展模式进行改革，实现投资主体多元化，允许大型国有发电企业投资核电项目，发挥大型发电企业的骨干作用。

当核电产业发展到成长期以后，高度集中的模式已经与市场化不协调，不利于提高核电市场竞争能力和实现产权多元化。在核电产业已经发展到成长期以后，更适合于采用核电运营单位、AE 公司、核电技术企业等分离的“业主”模式。

7.5 核电产业基金的建立与运作分析

产业基金是指一种对未上市企业进行股权投资和提供经营管理服务的利益共享、风险共担的投资机制，发起人通过向投资者发行基金份额设立基金公司，委托基金管理人管理基金资产，进行创业投资、企业重组和基础设施等实业投资。产业投资基金以直接投资实业为主，并通过资本运营使基金增值以追求长期收益，并通过股权转让、企业回购或公司上市等方式实现资金退出。作为一

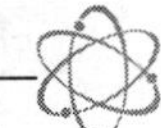

种新型融资工具，产业投资基金是促进经济结构调整和经济增长方式转变、提高经济发展整体素质的重要手段。

2020 年核电装机容量要达 8 000 万 kW，需要巨额资金除银行融资和核电业主投入外，积极探索核电产业基金的建立与运行，对促进我国核电产业发展应具有积极的意义。

7.5.1 建立核电产业基金的必要性

未来十年将新建 60 多座核电机组，即使是国产化率达到 70%，资金的需求量也是巨大的。核电产业属于高科技重大装备行业，是国家重点支持领域，对促进国家重大技术装备发展和国家安全有重要战略意义。核电产业从设计、材料、设备加工、安装、调试、运营管理到最后退役或循环利用处理形成完整的产业链，涉及较多配套高新技术企业，这些高新企业的发展和壮大需要产业投资基金支持。产业基金能够改善核电产业融资结构。核电业主均为大型电力或核电集团，核电建设融资基本都是通过银行贷款解决；而通过建立核电产业基金，一可以有助于弥补核电建设巨大的资金缺口。二可以通过投资入股，改善核电产业资本结构，促进核电业主和核电行业改革和发展。国内投资拉动的需要。由于美国次贷危机影响，国内出口和消费低迷，国家加大了投资力度，诸多电力、公路、铁路等大型项目开始投资建设，核电产业基金尽快建立和运行，符合国家宏观调控政策和国内投资环境；另外，在目前国内证券市场信心不足的情况下，核电产业基金的建立也能够拓展投资渠道、增加引导社会资金投资方向的力度，有利于改善我国金融环境。

7.5.2 建立核电产业基金可行性

理由在于当前我国的金融环境的实际情况。一是政策环境已经具备。国家发改委正在加紧研究制定《产业投资基金试点管理办法》，产业投资基金的发展不久就可以寻求到法律支持。二是有充足的资金来源，近几年社会金融资产增长较快，但目前国内外股市持续低迷，社会和居民投资渠道较少，以管理专业化为特征的投资基金恰好能满足投资需求；核电行业属优质行业，未来现金流稳定，投资风险相对较低，符合国内社会和大众投资需求和期望。三是我国基金业经过近十多年的发展，投资基金市场体系初步建立，有模式可以借鉴。目前，已成功运作的产业基金有中瑞合作基金、中国—东盟中小企业投资基金、中国—比利时直接股权投资基金、渤海产业投资基金 4 支产业基金。海峡西岸产业投资基金和山西省能源产业投资基金也已获国务院批准等，为核电产业基金的建立提供了经验支持。2007 年底，国家发改委批准 100 亿元广东核电及新能源产业投资基金正式筹建，将为全国范围核电和新能源公司提供投资渠道和金融支持，在政策环境、产业环境已具备，有模式可借鉴的情况下也为建立全国性的核电产业基金的建立提供了良好的借鉴。因此，要抓住国家实施新能源战略的有利机遇，尽快建立核电产业基金。四是已具备产业投资基金发展的产业环境。我国的核电产业链趋于完善，参与核电产业的企业越来越多，实力也越来越强，产业结构的升级和优化对资金需求规模巨大，这为核电产业投资基金的建立也提供了潜在机遇。

7.5.3 核电产业基金运作模式

核电产业基金具有特殊行业性特点，其运作模式首先可以由核电产业基金发起人联合其他投资者共同发起投资基金，核电产业基金发起人应具备一定的经济实力、行业管理经验、基金或投资管理经验的企事业法人。比如核电集团和各大电力集团等行业集团公司，结合基金投资经验和从事过大型项目投资管理经验的金融机构(如国家开发银行等)共同组建。向核电高新技术企业和核电能源基础设施进行股权投资，同时委托资金实力雄厚、有丰富的行业和金融投资经验的基金管理公司对该股权投资进行日常管理，选择合适的募集方式，建立适当的退出机制。核电产业基金可以投向核电配套高新技术企业，比如优选成熟的核电配套高新技术企业，可以直接投向核电能源基础设施，例如目前正在建设和规划的核电厂等。核电产业发展与基金的结合将是一个双赢的局面，通过实践积累经验，逐步做强做大，以促进全国核电产业发展。

7.6 结论和建议

健全市场机制，加快核电投资市场中介服务体系的建设，促使现有的投资咨询、项目评估、设计、审计、法律、监理、企业资信评估等机构要与政府部门脱钩，逐步成为独立核算、自负盈亏，对其行为后果承担经济和法律责任的法人实体。

适度引入竞争主体。加强国有资本的引导、带动作用，确保国有资本保持相对的控股地位，积极创造条件，鼓励引导大型电力企业进入核电项目投资领域。核电项目投资主体的多元化，能使常规电力集团进入核电领域，通过自我平衡的市场调节手段来促进发电市场的公平竞争，这也是对电力市场价格补偿机制缺位的一种有效弥补。

核电发展向国内外投资者开放，特别是吸引国内其他电力公司投资入股，也可以考虑对外合作，吸引外资进入，或上市融资，以市场机制为主发展核电。建立以市场为导向的发展机制，积极推进投资主体多元化是推动我国核电产业大力发展，实现我国能源长远发展战略目标的必要条件。

核安全技术保障核电发展到今天，其技术已经标准化、系列化。核电的安全性已得到验证。逐步改进的设计使得核电厂具备固有的安全性。目前的核电设计和建造，均由业主委托专业化的设计和工程公司进行，采用更先进的技术，使得安全性和可靠性大幅提高。实行核电投资主体多元化,从核安全技术来说是有充分保障的。

引入多元化的投资主体可以为核电大力发展提供可靠的资金保障。降低核电建设成本的有效方法控股投资主体多元化,可以解决目前存在的由于控股投资主体单一,既是业主又是承包商,既是投资者又是经营者的经营管理模式,减少甚至避免关联交易,强化决策权及经营者的责任感,提高核电管理能力,有效降低核电造价。通过投资多元化,让核电产业高关联度的企业进行核技术攻关,由此实现核电技术自主研发,设备生产国产化,技术服务国内化,从而缩短建造周期,减少初始投资,降低建设成本。

通过投资多元化,将更多优秀企业的安全文化融入核电安全建设中,使更多的人认识了解核电,对破除核恐惧,促进核电产业健康发展具有非常积极的意义。

建议国家能源主管部门尽快制定相关法律法规,加快核电行业的体制改革,打破行业垄断,积极鼓励和扶持发电集团参与投资核电项目,实行核电项目的投资、建造、运营等机制创新和市场化运作,保障公平竞争,促进核电事业健康快速发展。有序开放核电投资市场。对特大型发电集团尽快开放核电控股投资权,实现核电控股业主多元化。成立国家级核燃料公司,完善核燃料循环体系。加快培养核电人才。培育核电设计、工程和研发市场,引入市场竞争机制。尽快完善核电技术路线,加快提高核电设备成套生产供应能力。

第八章

关于核电厂的安全问题

8.1 核电安全的基本概念

人类的安全问题和人类历史一样长，可以说，自有人类以来，人类无时无刻不面临安全问题。远古的人类更多面临的是野兽威胁、自然灾害、饥饿等自然因素导致的安全问题，后来的人类又增加了战争等由人类自己制造的安全问题。而工业化革命后，由人类强加给自然，自然又反过来回馈给人类的安全问题越来越突显，工业、农业生产的安全问题、陆路、航海、航空的交通安全问题、食品卫生的安全问题，社会公共安全问题、国际安全问题，甚至温室气体排放导致的全球气候变暖问题等。

8.1.1 安全是相对的概念

理论上说，绝对的安全是不存在的。在一个阶段里，处于一种本质安全的状态下，我们可以认为是绝对安全的。如果放置在一个长时期的历史状态下，安全只能是相对的。绝对安全和相对安全是一种辩证关系。《现代汉语词典》对"安全"的解释是："没有危险；不受威胁；不出事故"。《牛津英语词典》对安全的定义是："免于危险"(free from danger)或"对危险的防护"(protection from danger)。现实社会中，人类无时无刻不面临安全问题，如电的使用每年导致大量的触电、火灾和爆炸等事故，汽车的使用每年导致大量的车祸，我国近几年每年车祸导致的死亡人数逾10万人。国际原子能机构(IAEA)在其基础性文件 75-INSAG-3《核电安全的基本原则》中指出:“无论怎样努力,都不可能实现绝对安全。就某种意义来说:“生活中处处有危险”。但是大多数人还是赞成电和汽车的使用,因为其在存在危险的同时,给人们带来了更为巨大的利益。所以可以看到通常我们看待安全问题时是使用一种相对的观点,而《现代汉语词典》给出的是一种绝对安全的概念。相比较而言,《牛津英语词典》对安全的定义则要科学得多。

8.1.2 安全是动态的

人们处于不同的环境、不同的时间,对安全的看法也会改变。在许多贫穷地区,例如,人们在食不果腹的情况下,是无暇关心食品卫生问题的。近些年的一些科幻电影描述了小行星撞击地球的问题,当然一旦发生小行星撞击地球,其后果是极其严重的,但迄今为止还没有见到哪个国家大规模地投资于防止小行星撞击地球,因为一是它的可能性极小,二是人类现有技术能力无法防止,但我们不能肯定未来的人类不会着手解决这个问题。2003 年,法国高温干旱,核电厂冷却水温度超标,正常的做法是采取降低核电厂的功率或停堆等措施,但高温同时导致用电量的大增,此时法国核安全当局决定允许核电厂继续运行(因为停电可能导致更大的社会风险)。所以,安全的概念也是动态的。从前面有关核安全发展的历史简述中我们也可以看到核安全的这种动态特性。

无论怎样努力,都不可能实现绝对安全。因此我们可以给安全下个定义,即“某件事情带给我们的利益足够大,而其代价可以承受,则该件事情就是安全的”,或者换一个说法,即“安全是利益和代价的平衡”。

8.1.3 核电安全的度量

在我们评价不同事情的安全水平时,我们必须有一个统一的尺度，即如何度量安全的问题。小行星撞击地球的后果极其严重，许多科学家认为恐龙和大量物种的灭绝就是小行星撞击地球的结果，但“杞人忧天”地天天担心小行星撞到我们头上是否必要呢？我们直觉地判断其可能性微乎其微。但我们通常对饮食卫生问题很关注，虽然它导致的后果一般并不严重，但饮食问题是我们每天都要面对的问题。所以我们考虑一件事情的安全问题时，必须从其发生的可能性和其导致的后果两方面来衡量。目前科学界多数接受用“风险”的概念来度量一件事情的安全水平：

风险＝事件发生的频率×事件导致的后果

从根本意义上说安全是将风险控制在可接受的程度，而不可能完全消除风险。核安全的问题要复杂得多，核安全专家指出，人们对核的恐怖心理，往往是由于是对核知识知之甚少，加上道听途说，以偏概全，偏听偏信所致。有关资料表明，自 1954 第一座反应堆开始发电到现在，全世界共有 442 座核电厂在运行，发电总量达 47.2 GW。其间 1979 年美国三哩岛核电站发生重大事故得以及时排除，没造成任何灾难性后果，1999 年发生在日本的茨仁县东海村 JCD 核燃料加工厂的人为责任事故也未造成灾难性后果，造成环境污染的核事故的为 1986 年发生在苏联境内切尔诺贝利核电事故和 2011 年日本福岛核事故。

人类所从事的所有活动都有一定的风险，只是风险的可接受程度与减少风险需付出的代价有所不同。核电厂的运行实践与研究表明：核电厂安全性远远好于其他工业。核电厂在正常运行时，核电厂实际向外排放的放射性三废是很少的，仅为允许排放限制量的 0.01%～50%，甚至更少。由此给周围居民造成的最大剂量大约为本底辐射剂量的 10%以下，对居民造成的平均剂量仅约 1×10^{-4} mSv/a。核电厂导致的个人死亡风险大约为 2×10^{-10}，远远小于因车祸，空难、火灾、爆炸、溃坝、有毒气体泄漏所造成的死亡风险，也小于因地震、龙卷风和飓风等自然灾害引起的风险。按照核电厂安全设计,实际发生严重融堆事故的概率极低,一个核电机组运行10亿年以上才可能发生一次。对于已经发生的核事故,专家们的看法几乎一致,除了苏联切尔诺贝利核电厂的设施有设计缺陷外,难以预计的风险几乎都是可以避免的工作责任事故。但是人们对于核电厂安全的担心却没有完全消除。尤其是核电厂一有"风吹草动",公众就会绷紧神经。这一点有些像空难事故。空难给人的恐惧感,是飞机一旦失事,就很难有人生还。可若进行统计分析,航空实际上是最安全的交通方式。空难之所以发生,并不是飞机这种交通工具在技术不成熟,而且多数是应该依靠人的努力可以避免的。我们讨论核电厂安全问题时,核电厂安全的技术方面是核电厂安全所涉及的各个方面中最清晰的部分。经过50余年的核电发展和大量的研究,对核电厂安全的绝大部分问题我们都可以给出合理的技术解答,我们对核电厂的安全水平也可以给出定性和定量的评估。

8.1.4 核电的社会可接受性

核电厂的一个特殊之处是有着很多其他行业所不具有的社会敏感性,这里的原因很多,如核能特殊的发展历史、核工业本身特点所导致的神秘性等。核电的发展,除了考虑其技术性和经济性因素外,还必须考虑公众接受程度。由于核电本身具有的特殊性,核电厂的建设必将是一件关系老百姓生活的重大事情。在国外,核电公众接受性曾对核电的发展产生过重要的影响,切尔诺贝利核事故、三哩岛核事故和福岛核事故使得民众对于核能发电持有怀疑态度,民众对核危险的关注度也达到了空前的高度。因此,即使在后果与其他灾难相当或更小的情况下,核事故的影响也会被心理放大许多倍。在安全目标的确定过程中不得不考虑到这个因素。这是核电厂安全所涉及的最复杂的一个方面,核电的社会可接受性不仅仅和核电厂的安全水平有关,还涉及整个核燃料循环,如放射性废物最终的处置等。同时，不同国家的公众对核电的接受程度差异是有很大的，这与这个国家和民族的历史、文化、价值观，甚至个人的社会道德取向等都有很大关系。许多西方的绿党人士都承认目前的核电厂具有很高的安全水平，但担忧放射性废物的长期处置的安全，甚至站在道德的角度上提问："我们这代人有没有权利将这些有害废物遗留给子孙后代?"通过核安全的研究、核电知识和核安全知识的宣传和普及，可以解决核安全的技术问题，但确实不能解决道德层次的问题。涉及世界观的问题还可以提出很多：我们相信人类发展的总趋势总是朝着进步的方向吗？我们相信人类的进步所带来的技术成果能够解决自己所造成的问题，还是人类所造成的问题最终将毁掉自己？这些问题更适合哲学家去辩论。

社会可接受性还受到人类心理特点的影响。研究表明，人类对一次造成重大后果的事件的心理敏感程度要远远高于陆续发生，但累积后果也许更严重的事件，虽然从风险度量的角度讲某些事件的风险并不高。典型的例子是空难，各种数据都表明，航空客运比汽车客运的风险小得多，但人们对飞机失事印象特别深刻，却不大关心车祸，即使我国每年因车祸死亡人数超过 10 万人。单纯认为公众对核电利用的争议是对核能技术的不了解、缺乏理性是片面的。

在实践中发现，以技术上的观点和评价去改变公众看法的作用是十分有限的，持续的核技术的改进并没有带来公众接受性的改善，其原因在于公众与专家对风险的理解存在根本差异。这就是由于政治、经济、社会、文化、技术等方面的差异。核能公众接受性从切尔诺贝利核事故以来一直处于低迷状态，至今仍未走出低谷。国际原子能机构曾经对全球 18 个国家 18 000 人进行的一项大范围的调查显示，62％的被调查者同意现有核电厂继续运行，但也有 59％的人反对建设新的核电厂，比较而言，韩国、印度、美国等国家对新建核电厂的支持率较高。当前,我国公众意识作用在逐渐增强,公众的接受程度在公共决策中的作用将越来越得到重视。高度重视核电公众接受性问题的研究,加强社会学理论研究、民意调查、核领域的沟通,鼓励公众参与决策,只有通过技术和非技术的共同作用,我国核电事业的持续发展才会得到保障。因此,前瞻性的开展核电公众接受程度的研究,有利于创造一个技术与社会的良好沟通环境,我国核电事业的持续发展才会得到保证。

核电厂安全水平的改进无疑有利于核电的社会可接受性提高,但迄今为止的核电发展历史表明,安全水平的改进总是以一定的经济性为代价的,也不意味着需要一味地提高核电厂的安全水平要求,因为提高核电厂的安全水平往往需要大量资源的投入。对于一个风险很低的行业,再过多地投入资源对降低整个社会风险没有显著意义,反而是对资源的一种浪费。从这个角度讲,必须合理评估核风险在整个社会风险中所占的比例,如果其比例很低的话,进一步提高其安全水平对降低社会总风险水平贡献不大,而所花费的代价是一种对社会资源的浪费。因为必须考虑到提供这种资源本身也存在社会风险的问题。“生活中处处有危险”,一个人生活中可能面临的风险有:交通事故、火灾、触电、中毒、被谋杀、医疗事故、地震、洪水、房屋倒塌等许多方面,而这些方面所导致风险的叠加构成了一个人可能面临的社会总风险。作为一个国家来说,保证公众安全的根本是降低公众所可能面临的社会总风险,而降低社会总风险的最有效途径是降低社会总风险中贡献最大的部分。这就像“木桶理论”中指出的一样:需要修补最短的一块桶板,而不是最长的一块桶板才能增加水装量。所以在许多反核人士质疑核电厂的安全水平时,核电界人士也面临着困惑,这种困惑形成了一个著名的核安全命题,即“多安全是足够的(How safe is safe enough)?”这里必须找到一个平衡点,既要保证足够的安全水平,又要使核电厂能够承受由此所付出的代价,从而保证核电的可持续发展。

8.1.5 国际核安全问题

如何确保核电厂的安全一直是人们关注的问题，核废料的处理也是国际上一个令人头痛的问题。核电厂的放射性废弃物在数千年内都具有一定的危害性，如不妥善贮藏和管理，会破坏生态环境，给人类带来灾难。近年来，随着核能、核技术的广泛应用，核材料安全风险上升，核恐怖主义的潜在威胁也引起关注。根据国际原子能机构的统计，从1993年到2008年的15年间，核材料被偷盗、遗失达1 500起。核材料走私活动也日益增多。如果恐怖分子获得核武器或核材料，并发动核恐怖袭击，将对人类造成严重危害。美国总统奥巴马曾表示，美国面临的首要威胁不再是国家之间的核战争，而是核恐怖主义与核扩散。因此，确保核武器和核材料的安全、减少核扩散，也是国际社会的当务之急。国际社会在核安全方面做出了积极努力，达成了《核材料实物保护公约》及其修订案、《制止核恐怖主义行为国际公约》等法律文件，国际原子能机构制订了核安全计划，联合国安理会也通过了第1540号和1887号等决议，要求各国采取措施，防止大规模杀伤性武器及其材料落入非国家行为者之手。这里要考虑到两个方面。第一，由于核事故广泛的国际影响，一个国家的核事故可能对全世界核电的发展产生消极作用，最后又影响到自身的核电发展。第二，毋庸讳言，国际经济竞争的因素。核电发达国家由于拥有较大的话语权，总是对诸如国际原子能机构(IAEA)这样的国际机构产生较强的影响，这样对于接受国际原子能机构安全标准的国家而言，当选择核电厂时，被采纳观点的国家就拥有了某些竞争优势。相反地，核电发达国家的国内标准则较少受到国际原子能机构这样国际组织的影响。所以对于发展中国家来说，采用IAEA这样的国际组织标准时必须进行认真的分析和评价。

8.2 核电厂的安全目标

8.2.1 核电厂的定性安全目标

核电厂安全的总体战略目标就是要在核电厂建立并维持一套有效的防护措施，以保护工作人员、公众和环境免受放射性的危害。安全的最终目标是保障公众的健康和安全以及保护环境。核安全的两个具体的安全目标是：1）辐射防护目标：保证所有运行状态下核电厂内的辐射照射或者核电厂放射性物质的计划排放保持在规定限值之内和合理可行并尽量降低，保证减轻所有事故的放射性后果；2）技术安全目标：采取所有合理可行的措施预防核电厂的事故和减轻它们的后果；保证在核电厂设计中所考虑的所有可能的事故、包括概率很低的事故的放射性后果很小并在规定限值之内；保证有严重放射性后果的事故的可能性极低。由于核电厂可能造成的危害就是裂变反应所产生的放射性物质所导致，所以在核安全的总目标中明确了对放射性危害的有效防御。在辐射防护目标中，核电厂并不是不允许有限的辐射照射和放射性物质的排放，但必须符合规定限值并做到合理可行尽量低。技术安全目标表达的是一种风险控制的概念。通过技术安全目标的实施，达到辐射防护目标的要求，最终实现核安全的总目标。但是定性的安全目标不能够解决“多安全是足够的？”问题，这样还必须确定定量的安全目标。

8.2.2 核电厂的定量安全目标

目前只有美国核管会（NRC）给出了核电厂的定量安全目标，NRC在1986年发表了一般性的指导性文件，在反应堆事故中放射性物质对环境大量释放的总平均概率不应超过10^{-6}堆·年；关于人员健康的定性安全目标:1) 为公众中的单个成员提供一种免受核电厂运行影响的保护,使他们的生命与健康不致蒙受明显的额外风险;2) 核电厂运行对生命和健康的社会风险应该能与利用现有技术生产电力的风险相匹敌或更小,并且不应明显地附加其他的社会风险。以这种有效的方式促使核电厂的运行达到高的安全标准。它包括4个子目标:

(1) 人员健康安全目标

• 事故造成电厂附近区域个人急性死亡的风险不超过该人通常遇到其他事故造成急性死亡风险的0.1%;

• 不超过电厂附近区域居民的潜在癌症死亡风险总的0.1%。这一目标避免了公众受到来自核电厂的过高的风险。

(2) 大量释放安全目标

• 在电厂边界能够引起急性死亡(电厂边界5 Sv的剂量)的放射性释放;

• 在电厂边界产生250 mSv的释放。发生严重的向环境释放的概率小于10^{-5}(堆·年)。

(3) 堆芯损伤安全目标

NRC对于目前运行中的核电厂采用的堆芯损坏频率是1×10^{-4}堆·年。堆芯损伤的安全目标是事故预防的重要组成部分。

(4) 安全壳失效安全目标

NRC认为安全壳失效的概率应该低于堆芯损坏频率的10%。安全壳是核电厂纵深防御的最后一层实体屏障,其失效的概率需要大为降低。

作为一种发电技术,本来核电厂所导致的风险不高于可竞争的其他发电技术即可,但考虑到我们前面分析的核安全所涉及的因素,NRC为核电厂确定了一个相当低的风险值。我们可以看到,NRC所确定的定量安全目标只解决了对人员的保护问题,没有解决对环境的保护问题,这主要是评价长期环境影响的技术复杂性所决定的。

判断某个核电厂是否满足上述的定量安全目标是一个非常复杂的过程，对核电厂的设计者来说，每个核电厂都要完成此评价过程是不现实的。NRC在广泛考察了美国核电厂的情况并进行了评估后，推荐了一个判断是否满足定量安全目标的指导值，即与传统的纵深防御途径和事故缓解概念所要求的安全壳系统可靠性能相一致，由于反应堆事故所导致的向环境大规模放射性释放的总平均频率应该低于10^{-6}堆·年。这就是通常的概率目标。由于大量的研究表明，安全壳可以将大规模放射性释放的频率降低大约一个数量级，所以此概率安全目标又演化出了另外一个概率安全目标，即核电厂发生严重堆芯损坏的频率应该低于10^{-5}堆·年。概率安全目标和所确定的定量安全目标有关系，同时和核电厂的堆型、一个厂址的堆数量、核电厂周围的地理、气象、人口分布等也有关系。比如，同样的定量安全目标情况下，一个核电厂建在戈壁滩和建在东部沿海，其所对应的概率安全目标肯定不同。但由于技术能力的限制，不少国家是将NRC推荐的概率安全目标简单套用的。不能简单将一个国家所有的核电厂数量和堆芯严重损坏概率或大规模放射性释放概率简单相乘，因为一个核电厂事故的影响范围总是有限的，这种简单相乘的做法是混淆了核电厂邻近区域人员所承担的风险和国家所承担的风险。对一个国家来说，在100年的时间内发生一次堆芯严重损坏事故应该说是一个很小的后果，唐山大地震、1998年长江大洪水等所造成的损失都远远大于三哩岛核电厂事故。

8.2.3 核电厂安全目标的实现

纵深防御是IAEA国际核安全咨询组在《核电厂安全基本原则》中提出的最主要的原则，是民用核设施安全保障所依据的基本理念。它要求将与安全有关的所有事项均置于多重防御措施之下，在一道屏障失效时，还有其他的屏障加以弥补。核电厂的设计、建造和运行，采用纵深防御原则，从设备上和措施上提供多层次的重叠保护，确保反应堆的功率能得到有效的控制，燃料组件能得到充分冷却，放射性物质能有效地包容起来不发生泄漏。纵深防御还包括从管理机构和程序上多重设防，设备和系统的多重屏障来防止设备失效和人因失误造成的放射性向环境释放。在核电厂设置如下的纵深防御层次：第一层次要求以保守的设计、恰当的质量、严格的建造、维护和运行来防止核电厂出现偏离正常运行的工况；第二层次要求能够检测和纠正核电厂偏离正常运行的工况，以防止发生事故；第三层次要求通过固有安全特性、故障安全设计、专门的设施和规程来对付设计基准事故，将核电厂带到安全状态；第四层次要求有措施来对付超设计基准事故，减轻严重事故的后果；第五层次要求适当的应急措施，对人员提供进一步的保护。

纵深防御概念的另外一个典型例子是多道放射性屏障的设置。核电厂运行的历史表明，纵深防御概念对保障核电厂安全起到了重要作用。三哩岛核事故导致了大规模的堆芯熔化，但厂外放射性后果微乎其微。相反，苏联长期脱离国际核安全的主流观点，其核电厂设计中没有彻底贯彻纵深防御概念，切尔诺贝利核电厂事故则造成了严重的厂外后果。

与常规电厂不同，核电厂的裂变产物在停堆后仍会继续衰变并产生衰变热，如果不能带出这些热量，其能量积累最终会损坏放射性包容的各道屏障，导致大规模的放射性释放。所以为了保证核电厂的安全，反应堆停堆、排出余热和包容放射性物质是最基本的要求。核电厂安全系统的设计就是围绕着保证这三项基本安全功能展开的。在系统和部件的设计、建造和试验过程中要使用已经实践证明可用的法规和标准。重要部件的制造要依靠有经验和认可的供货商和采用成熟的工艺。据统计，核电厂过去发生的事件中，由人为原因引起的事故占70%以上，三哩岛核事故主因是人为因素失误。事故后核电界提出，必须在设计、运行等各个阶段中系统地考虑人的因素，能确保事故中给出的过程信息足够、易于及时捕捉、易被正确理解和判断。

在系统设计上，凡属可行，都应考虑消除及缓解可能的人为因素错误的影响，使核设施具有高度的容忍人为因素错误的能力。一方面使人的机智在非常环境中得到最佳发挥；另一方面能承受人的差错。系统的设计确保只有具备足够信息、足够时间去进行诊断和纠正，才能要求人为干预去纠正故障。同时，试图建立一种机制抑制人为因素失误。在设计一个让人易于认知、控制机器的环境之外，还要对每一个重要操作进行独立验证。对每一个重要任务的终结，实施功能验证。设立系列措施，消除工作过程中可能遗留的失误。如何理解人在事故中的行为，怎么帮助人能及时、正确地识别、判断事故过程中各种现象，怎么避免人在事故中被错误地导向等，这些人机接口的问题引起了核电界的关注。核电厂需要强化安全管理，通过安全管理措施，建立多重安全屏障，有效减少人因失误的可能性。改善人机接口，提高设备安全性能。

三哩岛核事故引入核电安全的基本原则是：除了技术安全外，人也是安全的要素，人同样是安全技术研究的对象，是客体。人的行为表现与工作环境密切相关，人机接口成为一个专门的课题，这就是核电安全中的行为科学。由美国所建立的如纵深防御概念、设计基准工况、保守假设和分析，乃至验收准则，已被许多国家普遍接受，但在一些具体的和细节的要求方面，各国或多或少地存在着差异。这当然与各国的具体情况有关，同时由于核安全要求归根结底是一个国家的主权，并不存在一个国际上通用的核安全标准。IAEA 在推荐自己的核安全标准时，也一再强调其核安全标准的推荐性，建议各国根据自己的情况将其具体化并做适应性的修改。

8.3 核安全“十二五”规划

根据国务院常务会部署，国家环保部牵头组织开展了全国民用核设施综合安全检查，完成了《关于全国民用核设施综合安全检查情况的报告》（简称《综合安全检查报告》），并研究编制了《核安全与放射性污染防治“十二五”规划及2020年远景目标》（简称《核安全规划》）。国务院常务会议先后两次对《综合安全检查报告》和《核安全规划》进行审议，2012年5月31日原则通过了上述两个文件，决定向社会公开征求意见。

2012年10月16日，国家环保部公布了经国务院批复的《核安全规划》。国务院指出核安全与放射性污染防治关系经济社会发展全局和人民群众的切身利益，是全民关注的重大问题。做好我国核安全与放射性污染防治工作要按照安全第一、质量第一的根本方针，不断健全法规标准和政策措施，加强科技支撑和基础能力建设，强化质量保证，完善监管机制和应急体系，严格安全管理，不断提高我国核安全与放射性污染防治水平，推动核能与核技术利用事业安全、健康、可持续发展。《核安全规划》主要内容包括：现状与形势，指导思想、基本原则和规化目标，重点任务，重点工程，保障措施等。其中指导思想、基本原则和规化目标如下。

8.3.1 指导思想

以邓小平理论和“三个代表”重要思想为指导，深入贯彻落实科学发展观，坚持“安全第一、质量第一”的根本方针，以法规标准为准绳，以科技进步为先导，以基础能力为支撑，进一步明确责任、优化机制、严格管理、持续改进、消除隐患，不断提高我国核安全与放射性污染防治水平，确保核安全、环境安全和公众健康，推动核能与核技术利用事业安全、健康、可持续发展。

8.3.2 基本原则

(1) 预防为主,纵深防御

采取所有合理可行的技术和管理手段,确保核设施各种防御措施的有效性和多道屏障的完整性,防止发生核事故,并在一旦发生事故时减轻其后果。

(2) 新老并重,防治结合

多还旧账,积极推进早期核设施退役,开展历史遗留放射性污染治理,恢复和改善环境。不欠新账,按照新标准建设各类核设施,从源头防止或减少放射性废物产生,及时处理处置新产生的放射性废物。

(3) 依靠科技,持续改进

发挥科技在核安全工作中的支撑和引领作用,注重经验积累和反馈,及时查找和消除安全隐患,不断改进和提升安全水平。

(4) 坚持法治,严格监管

完善核安全法规标准体系,与国际先进水平保持一致。贯彻"独立、公开、法治、理性、有效"的监管理念,严格依法开展审评、许可、监督和执法,严厉查处违法违规行为。

(5) 公开透明,协调发展

完善公众参与机制,保障公众对核安全相关信息的知情权。加强宣传教育,增强公众对核安全的了解和信心。坚持核安全监管与核能、核技术利用事业同步发展,推动核能与核技术利用事业和社会、环境的协调发展。

8.3.3 规划目标

(1) 核技术利用装置安全水平提高方面

放射性同位素和射线装置100%落实许可证管理;放射源辐射事

故年发生率低于 2.0 起/万枚;有效控制重特大辐射事故的发生。

(2) 辐射环境安全风险降低方面

基本消除历史遗留中、低放废物的安全风险;基本完成铀矿冶环境综合治理。

(3) 事故防御方面

完成运行和在建核电厂、研究堆、核燃料循环设施的安全改造,提高核设施抵御外部事件、预防和缓解严重事故的能力。

(4) 污染治理方面

建设与核工业发展水平相适应的、先进高效的放射性污染治理和废物处理体系,基本建成与核工业发展配套的中、低放废物处置场。

(5) 科技创新方面

完善核安全与放射性污染防治科技创新平台,培养一批领军人才,突破一批关键技术。

(6) 应急响应方面

强化各级政府和有关单位的应急指挥、应急响应、应急监测、应急技术支持能力建设,形成统一调度的核事故应急工程抢险力量,充实应急物资及装备配置。

(7) 安全监管方面

基本建成国家核与辐射安全监管技术研发基地,构建监管技术支撑平台,初步具备相对独立、较为完整的安全分析评价、校核计算和实验验证能力;建成全国辐射环境监测网络,国家、省级辐射环境监测能力 100%达到能力建设标准。

8.4 核电安全规划

2012 年 10 月 24 日,国务院常务会议第二次讨论并通过了《核电安全规划(2011—2020 年)》和《核电中长期发展规划(2011—2020 年)》(以下简称核电中长期规划)。会议指出,2011 年 3 月以来,在对运行、在建核电机组进行综合安全检查的基础上，国务院两次讨论这两个规划，对待核电安全和发展是十分严肃和慎重的。会议对当前和今后一个时期的核电建设作出部署：一是稳妥恢复正常建设。合理把握建设节奏，稳步有序推进。二是科学布局项目。“十二五”时期只在沿海安排少数经过充分论证的核电项目厂址，不安排内陆核电项目。三是提高准入门槛。按照全球最高安全要求新建核电项目，新建核电机组必须符合三代安全标准。会议强调，安全是核电的生命线。发展核电，必须按照确保环境安全、公众健康和社会和谐的总体要求，把安全第一的方针落实到核电规划、建设、运行、退役全过程及所有相关产业。要用最先进的成熟技术，持续开展在役在建核电机组安全改造，不断提升我国既有核电机组安全性能。全面加强核电安全管理。加大核电安全技术装备研发力度，加快建设核电安全标准法规体系，提高核事故应急管理和响应能力。强化核电安全社会监督和舆论监督。积极开展国际合作。10 月 26 日，国家发改委副主任、国家能源局局长刘铁男在田湾核电站调研时表示，国家能源局将召开核电工作会议，研究部署落实国务院批准的核电安全规划和核电中长期规划。

2012 年 11 月 17 日，我国核电项目审批重新启动，广东阳江核电 4 号机组、福建福清核电 4 号机组低调开工。

2012 年 12 月 9 日，山东石岛湾核电 1 号机组 FCD。

2012 年 12 月 27 日，江苏湾核电站二期 3、4 号机组 FCD，标志着核电重启已经从政策层面落实到建设层面。

2012 年 12 月 28 日，福建宁德核电 1 号机组并网。

2013 年 2 月 17 日，辽宁红沿河核电站 1 号机组并网发电，标志着该机组正式进入并网调试阶段，具备发电能力。

发展核电也是落实党的十八大精神，推动能源生产和消费革命，加强节能降耗，支持节能低碳产业发展，建设“美丽中国”的有效方式之一。

第九章

核电厂管理信息化

在核电产业链中，核电厂安全、高效的建设与运营是核电业界及公众最关心的问题。针对同一核电堆型如何以统一的最佳模式和手段应对来诸如核电厂的运行安全如何保障、项目投资如何计划与控制、项目进度如何优化与控制、项目质量如何监控与分析、设备如何掌握全程动态、沟通如何高效、绩效考核如何准确及时等多方面的问题，成为摆在决策者和管理者们面前亟待解决的难题。

问题不仅仅是局限在单纯的核电厂如何安全、高效的建设与运营这一层面上，长久以来核电业界所积累的丰富管理经验和技术经验如何更好地继承和创新并应用于将要到来的大批核电厂建设与运营的实际管理中，得出中国核电厂最佳企业管理模式，并实现中国核电发展规划中的“四个自主化”，辅助实现核电强国之理想，才是更加具有重大意义的深层次问题。

另外在目前的现状下，核电人才的培养、核电设备设计与制造、核电新技术的吸收与创新等已经成为一个影响和制约中国核电大发展的瓶颈，如何有效、高效的培养核电人才，如何增强设备设计与制造能力，如何实现核电技术创新等，都已成为一个个突出的问题。计算机技术与信息化如此发达的今天，我们在寻找良策时，视角将自然转向管理信息化这个解决上述问题之利器。

9.1 核电厂管理信息化的概念

信息化是现代社会中新生产力的代表，它是指以发展、利用计算机及软件开发技术、网络技术等智能化工具和处理思想与传统生产或工作方式相融合后推动社会进步的过程。智能化工具具备信息快速获取、信息实时传递、信息处理、信息再生、信息利用的功能，与之配套的处理思想则具有整合、重组、复用、转变、创新等多种特征。信息化已经为这个时代的进步做出了极大的贡献。

管理信息化是以信息化带动现代工业，实现企业管理现代化的过程。管理信息化是将信息化技术和思想与先进的管理理念相融合，在全面梳理企业现有资源和运营模式的基础上，发现企业各方面的管理漏洞和发展劣势，制定相应的改进措施并转变或改进企业的生产方式、经营方式、组织方式、业务流程等传统的管理方式，重新对企业内部、外部进行资源整合，提高企业的效率、效益，并实时处理企业产生的各项业务，监控企业的内部控制动态与各项经营状况动态，以时时刻刻增强企业的核心竞争力和实现企业战略管理为目标。

核电厂的各项业务皆在管理范围之内，或者说一切皆为管理。因此核电厂的管理信息化即是需要信息化支撑整个核电厂的各项业务。核电厂作为典型的资产密集型、资金密集型、技术密集型以及项目管理型企业，历来其对信息化的要求标准和依靠程度都是非常高的。尤其是核电厂始终以“安全第一，质量第一”为管控的首要目标，并在保证安全的前提下实现企业效益。因此核电厂在进行管理信息化的规划和实施、应用时，将以在保证各项业务操作规范的基础上实现电站安全、优质建设与运行为主要思路和主要目标。发电企业所有的生产和经营管理都是由各种流程组成的。

近十年来，随着计算机技术的发展以及核电企业管理科学化的不断深入，特别是资产全生命周期管理思想在核电界深入人心，为核电管理信息化的实施思路和手段提供了更加全面、更加科学的支持。以秦山核电基地、大亚湾核电基地为代表的核电管理信息化领头企业与国际信息化厂商合作率先探索、研究并成功实施了相应的EAM、CBA、PM、ERP等核心管理信息化系统，为后续其他核电厂、核电设备制造企业、核电集团公司的核电管理信息化实施提供了宝贵经验。目前国内的多家核电相关企业已经将管理信息化工作作为一项长期的、重要工作来对待，他们依靠同行评估、同行交流等途径不但吸收国际、国内同行的宝贵经验而且积极与国内外信息化厂商通力合作取得了丰硕的创新型成果。

核电企业管理与信息化的完美融合所形成的一系列管理信息化思想、管理信息化解决方案、管理信息化系统软件将持续为核电企业管理的企业效益、人的培养、核电厂的安全建设与运行以及最终的企业价值提升保驾护航。

9.2 核电厂管理信息化的特点

管理信息化的本身有如下特点。

(1) 信息化始终都是为企业运营和发展服务的，企业管理应和信息化保持实时的紧密联系和融合，相互融合相互创新，两者实为一体。企业管理可以借助信息化来实现高效、规范的管理，可以从信息化中触发管理灵感，并可借助信息化进行第一时间的快速试验，信息化可将管理效果第一时间呈现给管理者和决策者。

(2) 管理信息化并非一成不变，而是随着企业内外部环境变化而进行调整的一个动态过程，这个调整过程应具备前瞻性。

(3) 管理信息化并非一蹴而就，而是基于企业的资源与能力现状和未来企业发展战略所制定实施的一个长期工作。

就核电厂管理信息化来讲，其特点更加鲜明，更加突出了核电业务特色和管理特色。核电管理信息化总体上来讲，应基于"核安全文化"，覆盖"项目准备前期、工程建设期、调试移交期、生产运营期"的核电厂全生命周期。遵从"规范化、流程化、标准化、程序化"。其主要目标是"实现业务操作标准与规范，减少人因影响和错误、实现核电企业安全建设与高效运营"。

其中遵从"程序化、流程化、标准化、规范化"是整个信息化实施的主思路，具体步骤是如下：

(1) 将相关业务特别是核心业务首先编制出的操作程序，操作程序是一切工作的基石。

(2) 从整体出发，对操作程序进行信息化的流程再造和业务重塑。加强业务间的横纵向关联，重点对业务流程进行信息化实现，以保证各个部门和各个岗位能合理、高效的参与其中。

(3) 后续的业务将完全基于信息化来实现其标准化与规范化的操作，遇到与实际业务发生冲突的情况，将对现实业务与信息化进行平衡后决定谁进行调整。

"四化"的提出和应用实际上是核电厂各项工作先进经验的实时总结和基于信息化的实现。不同的岗位人员在信息化中将体验到相关业务的整个过程，而非只是自己原先负责的那一部分工作，并且基于信息化的良好图文展示，可以使核电厂每一位员工和领导都能在较短的时间内理解整个业务的操作流程和进行相关内容的查看。信息化中产生的知识库作用使人员能力的培养大大加速。反过来，员工可对信息化中的流程设置、功能实现、报表等提出改进建议，这个建议实际上就是针对管理来提出的。信息化与企业管理的相互促进与相互融合成果斐然。

9.3 核电厂管理信息化的应用范围

核电厂项目全生命周期包含项目前期、工程建设期(含调试移交期)、生产运营期三个主要阶段。每一个阶段都基于全生命周期在时间上独立存在,虽都有各自不同的业务特点、管理特点以及项目阶段性目标,但是从项目全生命角度来讲,其业务和管理又是一脉相承的,是项目全生命周期管理中不可分割的一部分,三者共同构成项目全生命周期。因此相应的管理信息化应基于上述总体思路去实现,并且应能支撑各个阶段业务需要和管理需要。

目前核电厂工程项目管理信息系统(Project Management System,PM)可以满足项目前期、工程建设期的各项业务需求,主要实现工程的投资、进度、安全、质量、风险、绩效六大管控目标。核电厂生产运营管理信息系统是以保证设备可靠性为主要管控目标的资产管理信息系统(Enterprise Asset Management,EAM),EAM 系统主要实现设备维护、设备维修的标准化工单业务操作以及采购、物资管理,其中工单管理实现了缺陷报告、工单策划与准备、工单执行与分析等全程操作。在 PM、EAM 系统中,文档管理、财务管理、人力资源管理、采购管理、物资仓储管理、进度计划管理等为基础性业务管理子系统,其中涉及的财务费用可实时结算和实时过账。各个业务子系统之间业务关联非常紧密,实际上已经形成了核电厂的 ERP(Enterprise Resourse Planning)。

PM 与 EAM 都是基于核电项目全生命周期管理需要而在不同阶段主要应用的管理信息系统,功能各有不同且均可在一定程度上独立运行,但都是核电管理信息化的一部分,两者在业务上、数据上互相关联、互相支持、互相应用,共同实现核电厂的信息化管理。

9.3.1 工程建设期管理分析

(1) 工程建设期的项目特点

目前,我国核电项目在工程建设与生产运营期都积极贯彻了国际项目管理理论范围。核电区别于常规电厂所独有的特点,使核电工程项目管理具有常规电厂工程项目管理所不具备的特点，并使其管理难度大大提高。

1）对核安全的首要要求，构成了核电工程项目管理最突出的特点

按照国际和国内现行核安全法规，核电厂为保障反应控制、余热排除和放射性控制三个基本的安全功能，建立了五层纵深防御策略；为了达到和保持这种策略的可靠性，用于实现特定安全功能的系统和设备的设置应遵循多重性和独立性原则，并且核电厂建筑物、系统和设备要满足一系列极为严格的设计要求。为加强堆型本身安全性，AP1000 则进一步要求完全消除场外应急的必要性。核安全要求与环境要求特别高，公众的敏感性特别强，导致核电工程项目在设计、设备制造、土建、安装、调试等方面的安全管理和质量控制特别苛刻。因此各类干系人都把建立全面的质量保证体系和质量控制作为项目管理的最重要措施。

2）各类接口协调以及主合同管理的复杂性和难度相当高

以 AP1000 为例，与 PWR 等相比其系统设计复杂性、重复性已经大大简化。整个工程仍有大小作业 10 多万项，各类接口数以万计，各类干系人达几十家之多，接口协调复杂度极高。另外核电工程项目的复杂性、长周期运作等特性决定了它的合同关系复杂，涉及多个国家，主合同内容以及条款的全面性、完整性与严密性要求高导致合同管理面宽且难度大。

3）设备制造、安装、土建等施工技术的高复杂性和高难度

AP1000 核电厂系统达 100 多个，涉及几十个专业，其模块化理念虽对安装与调试简化，但实际也增加了设计与制造的难度。压力容器、蒸汽发生器、主泵、稳压器、主管道、堆内构件等 AP1000 主设备有的为首次制造，且由多个国家制造、制造难度大、周期长，许多设备重达数百吨，制造精度却是微米级别的。其他的多项特殊设备例如高性能燃料组件、全数字化仪控系统、用于

预防和环节严重事故的专用设施等都具有特殊的性能要求，在国际上只有少数国家有自己的设计许可证和知识产权，一项关键设备的延迟交货、延迟安装都可能给项目带来巨大的影响。另外核电土建施工量极大、技术要求极高，例如AP1000坐落在核岛厂房筏基上的内径接近40 m，壁厚约1 m，高度60 m的圆柱形预应力混凝土容器在进行垂直钢束充填水泥浆时候要做到无浸水、无空隙以保证全生命周期防锈，且在有数万米的焊缝情况下，要求在0.4 MPa的试验气压下，达到24 h渗漏率不大于0.25%～0.3%。

4）建设期的巨大筹融资、贷款带来资金管控的难度

目前国际上核电厂的比投资在2 000美元/kW左右，建设周期为6年左右。从业主委托监造到商业运行的近72个月中，建设期间若发生工期延误，仅利息一项一天就要多付出几百万元。若考虑前期的损失以及由此给当地经济带来的可能负面影响损失就更大。如果再有国家政策调整、国际金融状况变动、设备禁运、通货膨胀等无法控制与预测的因素将使工程资金的控制更加困难。

5）建设周期长使建设面临诸多不确定性

建设周期过长增加了诸多项目因素的不确定性和难以预测性。这已经在多个核电项目中出现，给项目进展带来了不小的麻烦。另外，无论是采用世界上首次应用的AP1000技术或者是国内成熟的CPR1000、CNP650技术，业主或集团要求的这两种核电技术的前期准备、工程建设工期，与它们规定工期相比，一直都在保证质量的前提下提前，这种对工期缩短的要求趋势除了可以解释为建设成熟度不断提高的原因之外还受其他诸如国情、金融、市场经济变动、企业发展等因素的影响。

(2) 工程建设期的业务及管理分析

核电工程建设期(含项目前期和调试移交期)包含设计院、设备制造公司、工程公司、业主方、运营公司、维修公司等多方干系人，而且项目建设从ATP开工日到并网发电达60个月之久，蒸汽

发生器、稳压器、安全壳、主泵等各种重要设备制造精度高、制造周期长，因此面对上述技术涉及面广、参与方多、建设周期长和高质量、高安全性等各项典型性的大型项目特点，作为核电企业管理方应尽快掌握并利用相应的管理模型和管理方案进行实际的管理实现。

核电工程作为典型项目管理，包含多个业务，见表9.1。各个业务都可对应到现代标准项目管理的九大知识领域中，并且各个业务之间关联紧密，总体来讲，主要分为资金流、事务流、实物流、信息流四类。核电项目管理是以“进度计划管控与投资管控”为两条管控主线，对相关的工程项目投资、产出、组织、质量、安全等各个主要目标进行管理。核心业务为“工程项目过程管理”。我们可以看出，对于业主方来说，过程管理上有两个聚焦点:“合同”和“过程控制”。“合同”是关联业主方、监理方、承包商、设备供应商等的纽带;而“过程控制”(包括工作分解结构和进度计划以及投资、安全、质量)则是关联投入(资金、物资、设备)、产出(设备、文档图纸)、组织(人力资源)、安全、质量等的主线。工程项目管理工作主要围绕“合同”和“过程控制”两个聚焦点展开。在实际开展工作时候，这个“过程控制“即为进度计划管理与投资管控，其中进度计划管理包含施工管理、物资和设备采购管理、质量控制、安全管理等业务，主要体现“事务”。投资管控包含工程概算、年度投资计划与完成、立项管理、招标管理、合同管理、财务管理、物资设备的采购与库存等业务，主要体现“费用”。把握住了这两条管控线，就等于抓住了工程建设管理的各个方面。

表9.1　核电工程项目管理的主要业务

序号	项目管理内容	主要业务
1	工程项目合同管理	合同事务管理(招标、合同、变更、结算、支付等)、财务管理

续表

序号	项目管理内容	主要业务
2	工程项目过程管理	前期、立项、任务分解(工作分解结构 WBS) 进度管理(进度或与进度相关的计划与控制) 施工管理、安全与质量管理、移交管理、调试管理
3	工程项目投入管理	造价管理(概算、投资计划等) 物资管理(采购、设备和备件管理、库存等) 资源管理(人力、工具、车辆、办公设备等)
4	工程项目产出管理	设备管理(设备编码、设备台账、固定资产等) 资料档案管理(文档、图纸、档案、图书等)
5	工程项目组织管理	人力资源管理(组织机构、员工档案、薪资福利、培训管理、授权、岗位标准制定等)
6	工程项目安全管理	安全检查管理(安全规范、应急管理、事件事故分析、检查、监察等)
7	工程项目质量管理	工程质量管理(质保 QA、控制 QC、趋势分析等)
8	工程沟通管理	业主与各个供应商之间的沟通(函件、文档、会议)

在进度管理方面,多个不同类型的承包商针对核岛、常规岛、辅助设施的各项单位、分部、分项、单元工程之间的先后次序和交叉工作执行提出了更高的要求,对项目的管理模式和管理思路都提出了新的挑战。在这种情况下对各个参建方本身业务能力的提高和多方相互协作能力的提升与完善提出很大的挑战,特别是给业主方的归口统一管理提出了很大的难题。

在核电工程投资方面,历来投资额巨大、投资跨度时间长。并且项目经费来源方式已经趋于多样化,例如融资、投资、贷款(世行、国内,长期、短期)、企业发债等。在严峻的金融市场环境下,本身的工程概算管理、投资与进度、投资计划与完成、资金使用计划、合同支付与外部的贷款利息、融资投资渠道的建立与维护等都成为集团和公司所持续重点关注的问题。

在核电工程质量方面，强调“质量是工程的生命，管理是质量的保证”。对质量体系的建立、质量验评标准的制定、质量检验的过程、质量趋势的多重分析一直都是质量管理工作的重点。并且核电质量管理强调要把“业主、设计方、建设方、监理、主设备提供方等都纳入到质量管理体系中来”，实现全面的质量管理。在具体的质量过程分析方面，大多数业主和监理对工程质量的合格率、优良率等也都有明确的要求。

在核电工程安全方面，核电安全文化已经深入人心，不论是在工程建设期还是生产运行期，核安全总是放在首位。“核电无小事”，核电安全管理在总体安全体系下具体深入到工作的各方各面，细致入微。

另外核电工程建设除了上述比较明显的关注问题之外，还具备大多数工厂型的工程项目建设具有的资金密集、技术密集、资源密集、专业众多、交叉施工多，施工场地有限、连续施工等特点，同时还要受工程设计、设备制造、多国多地设备和材料的采购运输、还有其他许多工程外部因素的影响。另外，核电工程项目管理与核电生产运行密不可分，两者是同一体，应是无缝集成且平滑过渡，不可分割。

在工程开工前如何正确地表示这些错综复杂的关系，在工程实施过程中，当某些主客观原因导致某些进度提前或推迟时，又如何动态地反映这种变化对整个工程进度的影响，并及时做出相应的调整，使整个工程项目的建设和施工始终在可知可控、优质高效的情况下完成，是每个工程建设管理者所追求的。

显然，传统的、简单的、粗放的、定性的工程建设管理模式已经不能胜任新的工程投资管理模式和工程建设这些新的特点。为了合理地计划、组织、协调、控制管理好工程项目建设中方方面面的工作，必须利用基于现代计算机技术和网络技术的工程项目管理软件，才能胜任现在的工程项目建设的管理工作。在科学规范的管理制度基础上，并依据科学、系统的项目管理方法论，形成以投资管控和进度管控为主线，以成本、进度、质量和安全控制为目标的项目管理信息系统，实现对工程项目全生命周期的全过程管理，对项目的投资、进度、造价、质量、安全、合同、材料、设备、技术、文档等各方面进行统一、规范的管理与控制，并实现对项目实施中投资方、建设单位、承包商、监理及主供应商等各方的管理与协调，将各方统一纳入到项目管理体系与平台上来，为企业各级经营管理者提供与工程项目管理相关的基本信息和有利于领导决策的统计分析与汇总信息，提高企业工程项目管理工作的效率和总体水平。为保证项目优质、按时交付提供了必要的保证。

9.3.2 工程建设期管理信息化方案分析

综合来讲，工程建设期管理信息化要搭建起一套应用系统平台来对工程建设项目管理各项业务进行支撑。那么这个管理系统平台应该具备如下几个重要特征。

（1）可以容纳所有相关人的核电工程管理系统平台

由于目前业主负责制、大监理小业主、EPC总承包、设计外委、承包分包制等工程模式的广泛应用而导致项目参与方类型多并且业务类型多而复杂。各类参建方为保证达到项目可控化、精细化、标准化、流程化管理而采取的精细、深入、快速的沟通也成为工程开展的一个必要条件。工程公司、成套公司、设计院、主要设备制造单位也作为重要的任务承担者、技术受益者将和业主协作完成项目，应提供一个适合多方沟通开展工作的信息化平台是必需的，系统应为各个参建方提供了一个全面、安全、易管理的工程项目管理平台。各方将在这个平台上有序、实时、无障碍的高效开展各自工作和综合协调。

(2) 实现包含各种先进管理思想的管理系统平台

系统应实现先进的管理思想、管理手段。例如业务智能分析(BP)及平衡计分卡;支持现代物流中的各种先进的库存管理理论,如ABC库存分析和准时制供给、采购提前期、库存周转率并提供多类库存成本计算方法等;针对设备管理应支持各种先进的维护策略:如设备性能分析、设备成本分析、支持状态检修(CBM)、可靠性维修、国内常见的三票两制等维修理论。针对工程进度管理支持甘特图管理、关键路径、多进度计算方法、例外管理、挣值分析等。系统应提供可配置的个性化业务展示、应用功能。为企业中的各级业务操作者、管理者、决策者,根据其在企业中扮演的不同角色(或不同岗位),定制不同的信息内容。门户解决方案使管理者、决策者能够很方便地访问系统中各项关键数据。数据一般应以图表、图形表示。

(3) 成熟的工程建设项目管理系统平台

在核电工程项目管理中,进度、投资(成本)、质量、安全、风险将是五大管理要素,业主方、主管单位、设计方、施工方、供应方、监理方和咨询方等多个参建方共同参与的一个新型大型工程,核电建设具有新型技术未实践、可借鉴经验少、常规作业比例低、新技术比例高、多方初次合作较为生疏、存在技术壁垒等工程建设不利因素,在上述多种不利因素下,如何尽快拿出一套行之有效的工程建设项目管理方法,实现对工程项目建设过程中发生的资金流、物流、人力流和信息流等进行动态的规范化的管理,随时掌握工程建设过程中的人、财、物、事的发生,并进行先进的项目管理,是保证核电基建工程优质高效完成的一个保证。核电工程建设项目管理系统将提供这样的保证。将根据五大管控要素和四大类型业务流并根据诸多项目经验凝练出进度管控、投资管控两条工程项目管控主线。每一条主线管理脉络清晰、业务高度集成,且两条主线泾渭分明,适度合理关联。

(4) 全生命周期管理一体化平台

一般资产密集型企业都具备资产全生命周期的概念,但核电厂在资产全生命周期管理方面表现得最为明显和彻底。核电厂的有形资产主要是指设备,设备的全生命周期是从设备的设计、采购、制造、监造、设计变更、出厂、运输、验收、入库、出库、安装、调试、试运行一直到正式移交生产,并且在生产过程中不断进行维护、发现缺陷、维修、调试、试运行、运行直到报废等。设备在整个全生命周期中将积累大量的数据信息,并将进度管理、设计管理、招标管理、采购管理、合同管理、物资仓储管理、调试管理、运行管理、维护管理、维修管理、成本核算管理等进行了最大限度的关联。尤其是在工程建设阶段,设备将收集和积累最重要、最初始、最丰富、最核心的信息,这些信息对于将来的设备生产运行及其他同类型项目建设起到至关重要的作用。且工程建设期也是信息搜集时机最佳的时候。进入生产运营期后,将可以实现调用工程建设信息和利用、追溯、移交过来的设备台账等信息,更好地为生产期服务。因此工程建设期 PM 系统和生产运营期 EAM 系统本身就是架构在统一平台上的一体化集成系统。在具体实施过程中,PM 将为 EAM 的实施做好最充分、最坚实的准备以做到最大程度的平滑过渡和无缝集成。可以这样说,实施 PM 就是实施 EAM。

综合看来,在考虑整个应用方案时,应按照系统工程的观点,把整个核电工程看做一个有机整体,全盘考虑,统一规划、提交管理信息系统的整体解决方案,避免局部优化时对整体目标的损害,争取达到整体最优化。整个管理信息化应基于“面向管理,辅助决策”的设计思想,着眼于未来和发展,同时注重结合目前实际情况,进行统一规划和总体设计。另外,针对具体核电企业一般会建设多期而导致若干年内都处于工程建设期,如何能使其工程建设期信息化建设成果和大量的设备安装调试的技术文档及数据平稳过渡到生产期这个问题应得到很好的考虑和解决,即关键问题就是能够以绝对前瞻的能力在实施 PM 系统的同时考虑到如何更好地实施生产运行管理系统 EAM。

核电 PM 是最彻底贯彻和执行核电工程建设和生产运营一体化全生命周期管理的系统平台，核电项目工程建设期解决方案功能如图 9.1 所示，应基于统一的系统平台搭建了多个业务组件以分别形成了 PM 和 EAM 业务系统，实现对工程项目前期、工程建设、生产运营核电三大阶段的全面业务覆盖，其中 PM 与 EAM 可以做到无缝集成、平滑过渡。

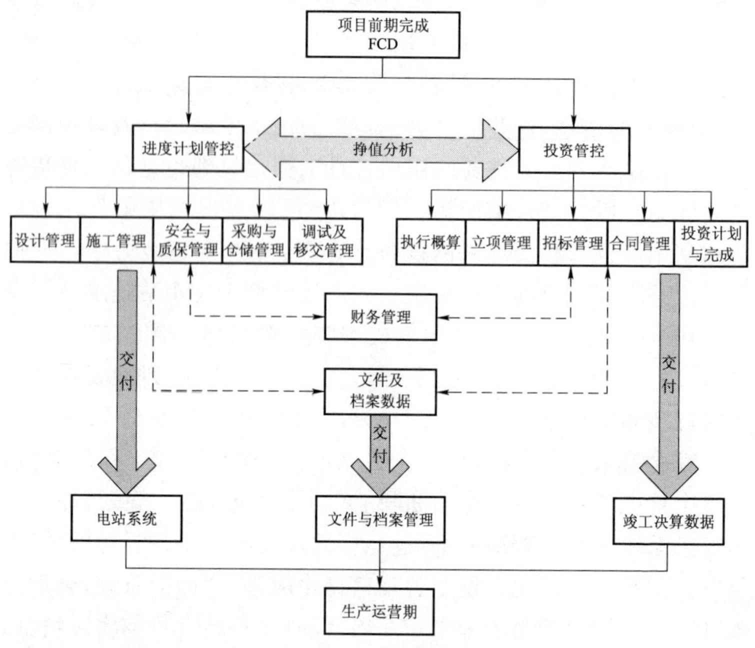

图 9.1　核电厂工程建设期管理信息化解决方案图

其中进度管控将以 WBS 工作分解树为业务主线，其他业务例如前期、设计、质量、安全、采购、设备管理、施工都可以作为工程事务从 WBS 上产生。并且各类工程事务都能查看到自己所在 WBS 节点的其他事务情况(包括成本状况),为交叉工序有序进行和统揽全局提供了有效保证。这样进度主线就为这些多项类型工程事务的执行起到了纲举目张的作用。

其中投资管控应主要包含工程概预算、立项、招标、采购、合同、仓储、财务等一系列事务。各项工程事务所产生的工程量、设备、服务等成本,通过合同支付模块进行核准,由财务子系统进行实际支付,并将结果实时反馈回工程事务。其中成本的产生和处理都应由财务子系统实时监控和处理。所有成本经过财务支付、合同申请支付与工程概算、投资计划与完成形成的闭环业务管理,达到了实时掌握工程概预算执行情况,做到"静态控制、动态管理"。

通过进度管控和投资管控两条主要管控主线的有效、紧密关联。将实现清晰的工程建设关于进度、投资、质量、安全、风险的有效关联管理。程建设期通过竣工验收、调试移交、试运移交等将设备台账、技术文档、竣工验收等重要信息传递至生产运行期,完成了 PM 对 EAM 在数据方面的过渡与传递。

9.3.3 生产运营期管理分析

核电厂进入生产运营期后,其业务主要分为四大类(见表 9.2)。

表 9.2 核电厂生产运营期业务

序号	业务类型	业务说明
1	生产	运行、维修、运行计划、维护与维修计划、发电计划;质量策划
2	支持	设备管理、工程改造、技术测试、燃料管理、保健物理、授权与培训、文档与信息管理
3	监督	核安全、工业安全与消防、质量保证、辐射防护、环境监测
4	服务	采购、人力、行政、绩效考核

其中四种类型业务之间的关系即综合目前企业资源状况，制订本年度的各项计划，在生产过程中，核心的生产运行和设备维护工作得到相应的技术支持、服务支持，并在整个过程中绩效考核体系发挥作用，将对每一项活动进行定性或定量考核，并将考核结果应用于后续的工作改进中，通过循环的PDCA模式驱动和实行对标管理，得出企业最佳生产运营的管理模式，并使企业的生产运营实时保持最佳状态，不断达成更高的生产运营目标。

根据对目前国内核电企业生产运营经验进行分析，其核电企业管理主要有如下特点，这些特点是公司管理与治理的体现：

(1) 强化工作计划。针对具体工作或企业发展规划，实现制订相应计划，通过强化工作计划的编制与执行，实现对工作事前的周密安排，增强效率。

(2) 强化过程控制。在运行和维修等作业过程中，工作过程管理的核心和关键是作业许可证制度。此制度对工作的准备质量、计划安排、作业风险、过程中的风险控制起到了良好的控制作用。

(3) 强化以业绩评估为中心的目标导向。核电厂的业绩目标是引导工作过程向着正确的方向高效前进。业绩包含总体关键性能指标KPI，指的是电站主要的最高层次指标，如总工业安全事故率、厂址集体辐射剂量、机组各项运行指标、非计划自动停堆、能力因子、总运行成本、运行指标；包含专业组指标，指的是针对各专业的评价考核指标，涉及工作控制组、维修组、技术支持组、人因管理组、化学组、财务组等。

(4) 强化质保体系建设，实现工作的标准化、规范化、程序化。运行质保大纲是建立质量保证体系的方针、目标和任务的纲领性文件。生产质量管理手册，将会对核电厂内所有与质量和安全的功能领域和活动进行定义，以保证程序先行、质保先行。

其中管理程序描述了管理原则和政策，以及管理流程，并明确

相关责任以便管理流程正常运作和各项活动顺利进行。管理程序规范了电站管理功能和阐明了管理体系。工作程序具体规定了某项作业活动的流程、相关人和职责、预算、标准工作包、评估标准，多以技术程序为主，内容涉及核电厂的运行、检修、维护、电气、机械、化水、环境、辐射防护、工业安全、应急处理等。

(5) 强化以核安全理念为核心的价值体系、管理理念、安全理念。其中以核安全理念的继续深入贯彻执行最为典型，在此基础之上，同行评估、电站监督、人因分析、经验反馈、状态报告、质量保证、业绩管理等项管理也更加深入与实际执行。核安全理念与意识的培养与巩固成为永远的核电厂管理工作。

而且与工程建设期相比，如下的管理方面发生了较大变化。

(1) 管理范围和工作内容是完全不同的，即由以工程施工、采购、安装、调试为代表的工程建设转移到了以电站运行、维护与维修设备为代表的生产运营。

(2) 管理由以管控进度、投资、质量、安全为目标的工程建设项目管理变成了以设备可靠性、利润为目标的企业安全生产与经济运行。

(3) 管理重心也由关注工程、关注合同转移到了关注运行、关注维修。

(4) 运营管理方也由业主方与多个承包商变成了单纯的运营方(业主方)。

(5) 财务管理也以筹融资、合同支付为代表的事后管理转变成以全面预算为代表的事前控制和事中监督。

(6) 基于管理信息化系统的强化使用使工作标准化、规范化、程序化的要求更加严格。

另外，按照生产运营期的两大业务主线计划经营和生产运行，那么其管理目标或是运营目标就定位在主要两个总体目标：安全、利润。其中安全是不容置疑的首要目标，为更好地落实管理，对两个总体目标进行分解成如下四个更加具体的目标。

（1）工作标准化和规范化且实现持续改进，从人的思想和行为方面为实现安全运营提供保障。

（2）设备可靠性分析等提高设备可靠性，从设备方面为实现安全运营提供保障。

（3）成本精细化核算，处理各项企业活动成本，为企业全面预算制定和形成最佳成本提供依据，为核电企业运营利润最大化提供翔实的数据。并为业绩指标分析提供数据支持。

（4）业绩指标分析，为考核过程管理和目标管理实现定量分析，并准确反映工作状态和效果，识别出弱项和其严重程度，为纠正行动做出指引。

9.3.4 生产运营期管理信息化方案分析

核电厂企业管理信息化将按照“长远统一规划、分步按需实施”的信息化推进策略，在实施好工程建设期 PM 系统的基础上同时兼顾生产运营期 EAM 的实施，提前做好 EAM 的实施储备。然后基于丰富的数据进行挖掘与分析，实现企业具有决策支持、全面风险管理的 EAM 系统。核电 EAM 中主要实现生产运行和计划经营两条业务管控主线。两条主线相互关联，共同实现生产运营的目标，见图 9.2。

从图 9.2 中我们可以看出，核电 EAM 管理信息系统包括设备管理、工单管理、预防性维护管理、工器具管理、库存管理、采购管理、财务管理、人力管理、文档管理、全面预算管理、检修计划管理、经营目标管理等主要模块，涵盖核电企业的生产运行、计划经营两大方面，包含设备台账管理、消缺管理、工作票管理（安措票、实验票等）物资库存、物资采购、财务过账、技术文档、运行管理等主要功能模块。系统以设备管理为中心，按照生产运行和计划经营两条业务主线，在全面预算等全厂资源的基础之上，通过编制企

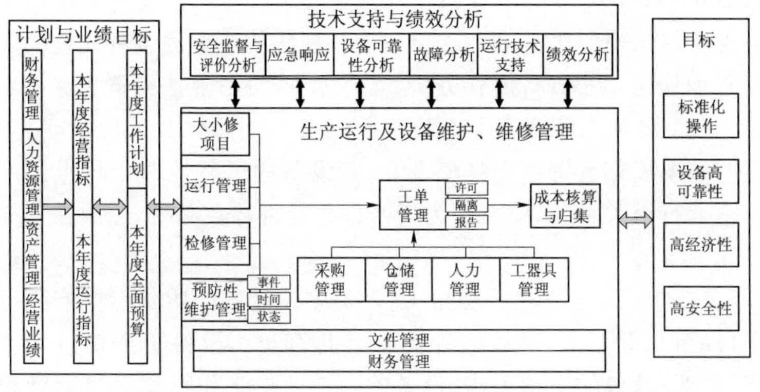

图 9.2　核电厂生产运营期管理信息化解决方案

业年/季/月度检修维护计划，合理协调人力资源与物流仓储，实现计划经营与生产运行的有效辩证结合。具体的对与设备维修工作有关的业务过程进行管理，包括设备维修工作计划管理、设备维修作业过程管理、设备维修所需备品备件管理、备品备件的采购管理、设备维修工作人员工作计划和工时管理，设备的故障分析和设备维修策略改进管理等，并在过程中实现绩效考核，实现资产管理的最优化与最大化。EAM 目前已经在核电厂成功应用，可促进核电的设备管理、消缺管理的规范化、标准化，促进物资管理的改革；同时通过软件项目的实施，可吸收 EAM 管理软件中蕴涵的先进的管理思想，实现诸如工作票电子化、危险点预控和计量设备管理方面进行管理创新，大大提升核电企业的设备资产管理水平。

根据上述内容，我们可以得出核电 EAM 管理信息系统应具备如下特征：

(1) 应使用先进的管理理念

设备运行、维护、维修模块支持各种先进的维护理念，支持以可靠性为中心的现代维修理论、点检定修制；支持状态检修

(CBM)、ISO 9000标准体系在检修过程中的应用。支持先进的预防性维修策略。采购和库存模块支持现代物流中的各种先进的库存管理理论,如ABC库存分析,安全库存、订货点法等概念。

(2) 以资产管理为中心

核电厂作为资产密集型企业,其设备的可靠性对于核电厂的正常运行至关重要,设备作为资产进行管理势在必行,原因在于如下几个方面。

1) 电厂的设备资产数量大、种类多。设备的数量可能有数万个,甚至几十万个;设备的种类也有几百类。设备资产信息的登记、更新;设备的维护工作;设备的更新改造工作需要大量的管理人员参与。

2) 电厂的企业成本构成中,设备资产所占比例很大。企业固定资产购置,维持设备资产正常运行需要的费用(设备维护、设备检修、更新改造等)占企业运营成本的额度较大。

3) 设备资产的正常运行对电厂十分重要。企业的核心竞争力体现在保持良好的设备健康状态、提高设备运行效率、降低设备运营成本、降低设备检修成本。

系统将为企业的战略发展和实际运营提供有价值的支持,同时它也是企业提高资产利用率、可靠性,以及提高生产效率和利润空间的有效工具,为企业的战略层面和运行层面运作提供了强有力的支持。

(3) 支持资产全生命周期管理

EAM解决方案将体现核电厂设备资产生命周期的管理思想。以"资产"为主线,对核电的所有资产从源头处开始跟踪,管理企业资产整个生命周期。从前期准备的选型、设计、采购、安装、调试管理开始,到交付运行后的设备运行状态监控、维护保养、设备的移动、封存、借用等资产运行后活动,直至设备报废或者更新改造的整个生命周期的管理。

特别对于电厂建设、改扩建之类的大型工程项目，系统将提供从土建、工程阶段到运行维护阶段的信息的平滑过渡与衔接。通过折旧回收设备成本，以利润回报投资收益，以大修费等费用的计提控制设备维护成本，实现公司资产管设备的目标。

资产的全生命周期的管理方式是以资产为主体，负责管理设备、资产在整个生命周期中的全部信息，所有的信息将按照其使用范畴为企业的管理层和相关技术人员提供了生产管理活动的依据，比如：为领导层提供实时的设备维护成本信息、计划性的设备维护成本及主要设备的运行状态等；为生产技术人员提供设备的基本运行参数、设备维护要求、设备的投运状况等。提供的信息包括：基本信息——包括设备的铭牌信息、检验台账、试验台账等；维护信息——包括设备制造进度计划、监造、运货、维护要求、维护使用的材料、备品配件、人力、工单、维护的成本等；变更信息——设备封存、拆装、起停、报废等信息。

企业资产管理(EAM)可向企业资源计划管理(ERP)方向发展。采用信息化的手段，优化企业资产管理，围绕企业资产生命周期管理、资产维护管理，提高企业资产管理水平，迅速提高企业核心竞争能力。建立与EAM集成的ERP系统，将企业财务管理、项目管理、人力资源管理等纳入统一的信息化平台。为企业管理人员提供及时、准确的业务数据，为决策人员提供决策支持工具。

具体来讲，EAM主要应达成目标如下。

(1) 经营计划和全面预算相互协调制订出发电计划和大小检修计划，实现公司的计划经营管理。

(2) 实现设备台账的管理规范化、设备日常运行维护、故障与缺陷处理工作的规范化、标准化操作，减少人因失误。规范设备的运行、维护及检修工作、优化检修过程中的人力、物力、备品备件管理，降低维修费用，提高设备可靠性。

(3) 加强预防性维护管理。安排定期工作，如润滑、定期检查等工作计划；制订大、小修等维护计划。分别通过日期、事件等条件自动触发维护工单，规范预防性维护管理过程。加强预见性设备维护，减少故障检修，提高设备的可用率。

（4）支持基于生产控制实时数据（来自控制系统的数据）的状态检修，实现关键设备的精细化检修，提高关键设备维护工作的效率，降低企业维护成本。

（5）加强公司的各项大修/技改/科技项目的预算、计划、跟踪、控制管理能力，提高复杂项目管理的水平，节约成本提高效率。

（6）提高仓库备品储存水平的合理性，从而减少因备件短缺引起的设备维修响应时间过长，同时减少仓库物资过多而带来的资金占用和备件损耗；

（7）提高采购的科学性，从而降低采购和库存管理成本。

（8）通过实时分析运行、检修的各项成本，为及时调整公司经营策略提供支持。

（9）系统通过业务流程化等方式来优化业务操作和管理模式。

核电 EAM 采用功能模块化、功能集成化的体系结构，将核电物流、资金流、信息流进行整合、综合利用，避免了信息孤岛与数据的重复录入。系统应用之后，将实现企业资产管理标准化和规范化的目标，实现企业资产管理部门之间的数据信息自动传递和实时处理，为实现企业的安全生产、提高企业运营利润提供有力的管理平台。

9.4　核电厂管理信息化的规划

企业信息化规划，是指在企业发展战略目标的指导下，在理解企业发展战略目标与业务规划的基础上，诊断、分析、评估企业管理和 IT 现状，优化企业业务流程，结合所属行业信息化方面的实践经验和对最新信息技术发展趋势的掌握，提出企业信息化建设的远景、目标和战略，制定企业信息化的系统架构、确定信息系统各部分的逻辑关系，以及具体信息系统的架构设计、选型和实施策略，对信息化目标和内容进行整体规划，全面系统地指导企业信息化的进程，协调发展地进行企业信息技术的应用，及时地满足企业发展的需要，以及有效充分地利用企业的资源，以促进企业战略目标的实现，满足企业可持续发展的需要。

作为管理信息化的起步阶段，核电管理信息化的前期规划工作是格外重要的。规划的质量高低在很大程度上决定了后续实施工作的好坏和难易。按照核电厂的管理模式和业务模式，其规划的思路一般是“总体规划、全面统筹、急用先上、分步实现”。具体的步骤为现状调研、系统规划、实施计划三部分，其中现状调研包含：行业现状、业务现状、IT 现状、资源现状、疼痛链分析、企业战略和发展目标、获取需求和问题；系统规划包含：针对需求和问题，给出解决方案；特别是理清楚各个业务系统之间的关联，并对涉及的硬件、网络、安全、软件、组织、标准等作出规定；实施计划包含：一般为 3～5 年的建设计划，将网络建设与各个系统按时间排列，给出大致的费用和实施时间。应通过专业的咨询团队来进行信息化规划工作后提交信息化规划方案，并在后续实施中，将相关注意事项内容写进招标合同并告知相应的合同实施方。

就核电管理信息化来讲，核电企业在项目全生命周期的建设、生产和经营管理有五个层次：设备运行层、过程控制层、信息事务层、信息管理层、决策层。其中设备运行层与过程控制层属于设备信息化方面，提供设备实时数据，除满足设备自动控制之外，可供管理信息化调用和分析，其设计与运行的正确性、可靠性由设备厂商负责。管理信息化主要包含信息事务层、信息管理层、决策层三方面，但从管理信息系统来看，实际这三层数据均产生、加工于同一套管理信息系统中，只是根据使用者的类型不同而将数据进行了分类。

(1) 设备运行层:是确保发电业务能够被有效地、有效率地执行的过程,设备或装置的运行参数和状态,是实时数据的主要信息源。

(2) 过程控制层:采集设备运行层设备或装置的运行参数和状态等实时数据,为运行提供指导。

(3) 信息事务层:是为实现企业目标有效地利用资源的具体过程,积累的各种业务处理和管理基础数据,是非实时数据的主要信息源。

(4) 信息管理层:对采集的各种跨平台的基础数据重新组合和加工,构成数据仓库,进行深层数据挖掘、多维数据分析。

(5) 决策层:确立企业的经营战略,即确定企业目标、方针,制定战略规划、人力资源规划、财务管理计划等方面的政策和原则。

上述每一个层面都会涉及不同的信息化招标、信息化合同、产品提供商、软件开发平台、实施团队,其中一个关键的问题就是几个层面之间的数据是否可实时、准确的共享,这关系到数据的整合与加工、分析。

9.5 结论和建议

核电管理信息化是从企业整合运作、提升竞争力的角度出发,站在企业全局的高度进行的一项以促进工作标准化和规范化、降低人因错误、优化管理模式、提升资源利用率、提升工作效率的创新型工程。其中促进工作标准化和规范化、降低人因错误、优化管理模式为实施信息化工程的重要目标所在,但最终目标是为了保证核电厂安全、高效、经济的建设和运营。

基于上述的目标,各个核电集团或核电厂管理方应从自身现状和问题出发,寻求适合自己的解决方案。核电集团应发挥集团优势和作用，应集中集团优势并进行全面的核电厂、火电、水电的信息化调研，并借鉴核电同行经验，制订出最佳的核电管理信息化解决方案并寻找合适实施商、开发平台进行设计与开发，实施时建议采取试点先行，改进完善之后再进行推广。在各个核电厂进行应用的同时，集团应做好各个核电厂信息化的指导、检查、监督、意见收集、改进、评估、绩效考核等工作，并将多个核电厂的数据进行集中后，进行数据挖掘和对比分析以使全集团核电管理工作更加快捷、准确、高效。

第十章

总　　结

在当今全球面临常规能源短缺和环境保护压力之际，核电作为一种排放任何温室气体最低的高效和持久能源有着光明的前景。世界核电发展的经验和我国的核电发展经验证明，核电是洁净、安全和高效的能源，当前国产化核电成本已低于常规燃煤发电成本。因此，发展核电可以成为我国能源供应的首要战略选择，特别是在缺煤地区应优先考虑发展核电。铀矿资源不足是制约我国核电发展的瓶颈，应加大国内铀矿勘探力度，扩大生产矿山的保有储量，新建一批铀矿山，发掘和增加天然铀的生产能力。进一步考虑组建全国性的核电设计研究开发中心，集中核电技术力量，鼓励主要核电设备制造集团组成核电设备制造的战略联盟或合股成立新的核电设备制造公司，实现优势互补、共谋发展。支持和鼓励电力企业、电网企业及其他愿意从事核电建设和经营管理的企业积极参与核电的建设和经营管理。鼓励国内公司积极参与海外铀矿开发，注意培养高素质核工程人才，提高核电厂设计、制造能力，引进国际先进技术与管理经验，为我国核电产业的快速、健康发展创造有利条件。

按照我国建设资源节约型、环境友好型社会的总体部署，核电将在我国经济社会发展中发挥越来越重要的作用。核电在我国具有广阔的发展前景，必将在我国全面实践科学发展观、建设和谐社会的历史进程中发挥重要的作用。推进核电自主化建设，促进核电技术装备国产化，必须坚持自主研发、自主设计、自主制造、自主

建设和自主经营管理。自主设计是核心，是实现核电国产化的基础，关键是掌握核心技术，推进核电设备国产化是实现中国核电规模发展的必由途径。我国自主设计的秦山核电站30万kW压水堆型核电机组并网发电已稳定运行20年了；2004年5月投入运营的秦山第二核电站60万kW级压水型双堆设计，实现了我国自主发展核电从中小型装机容量向较大容量发展的跨越；由华能集团、中核集团和清华大学共同投资建设的我国首台20万kW级高温气冷堆核电厂已开工。

核电设备国产化有利于降低核电厂工程建设投资，降低核电电价水平，提高核电市场竞争力。现在我国正在投入运行和在建的870万kW核电机组中，有720万kW机组是分别从法国、加拿大和俄罗斯进口的，每千瓦机组造价约2 000美元，此价比用国产设备建造的秦山第二核电站造价高出1/3。采用国产核电技术装备建设核电厂，工程造价可明显降低。同时核电设备自主化有利于促进我国装备制造业特别是重大技术装备制造业的发展，提高装备制造系统集成能力，增强国际竞争力，有利于中国核电走向世界，参与国际市场的竞争。

发展民族核电，实现核电建设自主化、国际化，必须有强大的核燃料工业做保障。核燃料储备要列为国家战略储备，核地质是整个核工业循环链的最前端，决定着核产业的发展。目前，我国已建立了较完整的核燃料循环工业体系，包括铀矿勘探、铀矿开采、铀的提取、铀纯化、铀浓缩、核燃料元件制造以及乏燃料后处理等完整的核燃烧循环系统。组建独立经营的核燃料循环公司应摆脱行政或经济的隶属关系，按市场规则参与国内外市场竞争，以合同方式提供核燃料供应，乏燃料后处理，核废料处置等服务。在国家监管、组织、支持下，进行核燃料循环技术的研究与开发。

现在，从国家经济战略层面已经确立核电在电力工业中及其在电力市场格局中的地位与作用，并制订国家发展核电的近、中、长期计划及规划，明确了国家核电发展的政策、方针、目标、计划、措施、步骤；接下来就是按照国家的总体部署进一步解放思想，抓住核电发展的历史机遇，锐意进取，开拓创新，努力实现我国核电产业安全高效跨越式发展。

核电将成为未来中国清洁能源之脊梁！

参考文献

[1] 潘自强,等.从环境保护看发展核能的必要性[J].辐射防护,1984,4(4):124.

[2] 张永兴.我国的能源发展与环境保护[J].能源与环境,1996,13(3):1-7.

[3] 潘自强,主编.环境危害评价[M].北京:原子能出版社,1991.

[4] 广东大亚湾核电厂.广东大亚湾核电厂生产运行年鉴[M],1994—2002年.北京:原子能出版社,1995—2003.

[5] 王鹤滨.核电厂的危险估计与各种电厂危害的比较[J].辐射防护,1998,4(3):201.

[6] 祝汉民.燃煤电站和核电厂对环境辐射影响比较[J].环境科学,1988,19:59-64.

[7] 李端香,等.我国煤电厂气流排出物辐射影响[J].辐射防护,1990,10(1):30.

[8] 张春粦,等.大亚湾核电厂与燃煤电站放射性排出物对环境的影响[J].暨南大学学报,2000,21(5):30-35.

[9] 陈德淦,等.大亚湾核电厂辐射防护和最优化(ALARA)管理体系十年的实践和经验[J].辐射防护,2004,(3-4):132.

[10] 张文全,等.大亚湾核电厂和岭澳核电厂循环冷却水排热的热影响分析[J].辐射防护.2004,(3-4):257.

[11] 叶连松,靳新彬,著.新型工业化与能源工业发展[M].北京:中国经济出版社,2009.06.

[12] 邹树梁,著. 中国核电产业发展研究[M]. 北京:原子能出版社,2008.10.
[13] 中国电力企业联合会,编. 改革开放三十年的中国电力[M]. 北京:中国电力出版社,2008.11.
[14] 韩文科,等著. 2007中国能源问题研究[M]. 北京:中国环境科学出版社,2008.11.
[15] 王成孝. 核电厂经济 [M]. 北京:原子能出版社,1998.
[16] 刘江华. 压水堆核燃料组件价格形成及对核发电成本的影响初探[J]. 中国核电,2008(1):70-73.
[17] 国家发改委,建设部. 建设项目经济评价方法与参数 [M]. 北京:中国计划出版社,2006.
[18] 祁恩兰,等. 我国核电经济性及竞争力的分析 [J]. 核电,2004.
[19] 陈祖伊. 亚洲砂岩型铀矿区域分布规律和中国砂岩型铀矿找矿对策[J]. 铀矿地质,2002,118(3): 129-137.
[20] 陈祖伊. 全国新一轮可地浸砂岩型铀矿勘察战略选区[D]. 核工业北京地质研究院年报,2002.
[21] 王正邦. 国外地浸砂岩型铀矿地质发展现状与展望[J]. 铀矿地质,2002,118(1):9-20.
[22] 黄世杰. 层间氧化带砂岩型铀矿的形成条件及找矿判据[J]. 铀矿地质,1994,110 (1): 6-13.
[23] 焦养泉,等. 吐哈盆地西南缘水西沟群层序地层与沉积体系分析[R]. 中国地质大学(武汉),2001.
[24] 叶天竺,等. 矿产预测工作指南[R]. 中国地质调查局, 2003.
[25] 翟裕生. 中国区域成矿特征及若干值得重视的成矿环境[J]. 中国地质,2003,130 (4): 337-342.
[26] 刘兴忠,等. 中国铀矿省及其分布格局[J]. 铀矿地质,1990,16 (6): 326-337.

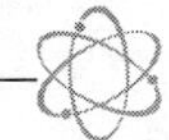

[27] 任纪舜,等．从全球看中国大地构造 2　中国及邻区大地构造图(1 : 5 000 000)简要说明[M]. 北京：地质出版社,1999.

[28] 翟裕生,等．区域成矿学[M]. 北京：地质出版社,1999.

[29] 陈毓川．中国主要成矿区带矿产资源评价[M]. 北京：地质出版社,1999.

[30] 刘兴忠．中国铀矿地质工作的主要成矿与回顾[C]. 中国铀矿地质研究成果荟萃．中国核工业总公司地质总局,等, 1996.

[31] 施俊法,等．21 世纪初地质调查挑战与机遇[J]. 地调情报,2003.

[32] 刘传德,谢莜莹．秦山核电厂在我国核电发展中的示范作用[R].

[33] 沈俊雄．大亚湾核电厂经验(6)[M]. 北京:原子能出版社,1996.

[34] 欧阳予．积极推进大型核电机组自主化．2004 中国核能论坛汇编[C],中国核学会核能动力分会,2004.

[35] 国家中长期科技发展纲要(2006—2020 年)[R],科学时报,2006 年 2 月 10 日,A5—A8 版.